西北政法大学陕西省理论经济学优势学科建设经费资助出版

# 粘性价格与中国经济波动

赵新伟 / 著

NIANXING JIAGE YU ZHONGGUO JINGJI BODONG

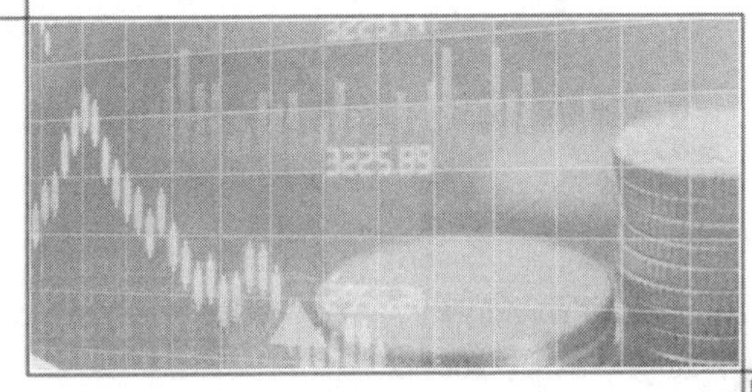

中国财经出版传媒集团
经济科学出版社
Economic Science Press

**图书在版编目（CIP）数据**

粘性价格与中国经济波动/赵新伟著．—北京：经济科学出版社，2019.9
ISBN 978－7－5218－0980－0

Ⅰ.①粘…　Ⅱ.①赵…　Ⅲ.①中国经济－经济波动－研究　Ⅳ.①F124.8

中国版本图书馆 CIP 数据核字（2019）第 203972 号

责任编辑：程晓云
责任校对：蒋子明
版式设计：齐　杰
责任印制：王世伟

**粘性价格与中国经济波动**
赵新伟　著
经济科学出版社出版、发行　新华书店经销
社址：北京市海淀区阜成路甲 28 号　邮编：100142
总编部电话：010－88191217　发行部电话：010－88191522
网址：www.esp.com.cn
电子邮件：esp@esp.com.cn
天猫网店：经济科学出版社旗舰店
网址：http://jjkxcbs.tmall.com
北京季蜂印刷有限公司印装
710×1000　16 开　14 印张　260000 字
2019 年 9 月第 1 版　2019 年 9 月第 1 次印刷
ISBN 978－7－5218－0980－0　定价：48.00 元
**（图书出现印装问题，本社负责调换。电话：010－88191510）**

# 前 言

学界对经济波动问题的研究由来已久，对经济波动问题进行研究，不可回避的一个前提问题是价格及价格的波动问题，即社会总体价格水平确定模式以及社会总体价格水平是否是自由波动的？价格水平的波动与经济波动有什么关系？现代主流宏观经济学的观点认为：现实经济中，总体价格水平的确定方式不是自由波动的，而是具有粘性价格特征。现实经济中越来越多的经验证据也表明，价格粘性是普遍存在的。但在经济波动问题的研究过程中，大多数研究没有关注价格定价模式或者微观粘性价格变动对于宏观经济波动的影响。国外对这一方面的研究比较少，并且没有得出统一的结论。大多数研究侧重分析粘性价格与通胀惯性关系的研究，对于其他方面如利率变动、社会整体产出水平的变化等，基本没有涉及。国内研究大多数集中在笼统的价格总体水平及要素价格水平的变化如：能源价格、房地产价格等对宏观经济波动的影响方面。此外，在普遍强调微观基础的 DSGE 模型分析中，一些研究也涉及到了粘性价格，但这里对粘性价格的处理是将价格粘性作为一个既定的前提条件或隐含条件，并未实际分析粘性价格微观的动态变化对一国宏观经济波动的影响。

从这样的切入点，本书对粘性价格理论进行了详细的阐述，并以粘性价格微观理论为基础，将粘性价格作为一个微观可观测变量纳入宏观经济的分析框架，并引入金融摩擦、粘性信息、福利损失等问题，分析在中国市场价格存在粘性的条件下，粘性价格、粘性信息等变量对中国宏观经济变量如：产出波动、通货膨胀率、名义利率水平等的动态影响与机制，并对不同模型框架下我国经济主体的福利损失状况进行了比较。

通过分析，本书得出了一些有意义的结论：

(1) 不同的价格确定模式对我国宏观经济变量影响不同。在粘性价格模式下，由于市场价格水平不能及时对外部冲击做出反应，各经济变量受政策冲击的影响比较大；而在弹性价格模式下，由于价格可以随着市场的状况进行及时调整，因此经济系统受到的冲击比较小，无论是从各变量冲击响应的持续时间，还是冲击响应的波动范围来看，粘性价格模式下各变量受冲击的影响都比弹性价格模式下各变量受冲击的影响要大得多。

(2) 粘性信息对于中国宏观经济变量的影响要远大于粘性价格对于中国宏观经济变量的影响。当经济存在粘性信息的条件下，对中国经济系统一个正向的货币供应量冲击会使经济系统的各个宏观变量产生比较明显的经济波动，而且粘性信息下经济波动的幅度要比粘性价格与弹性价格大得多，持续时间也长，大多数变量的冲击反应时间为10期以上。而粘性价格下，宏观经济变量的反应时间要远低于10个时期，特别是对于产出缺口、名义利率水平与通货膨胀率水平等关键的宏观经济变量来说，其波动幅度、波动持续时间都比粘性信息条件下要低得多。

(3) 中国粘性价格对金融摩擦的作用渠道与效果影响巨大。当经济中存在粘性价格时，中国经济变量特别是产出水平受金融摩擦的冲击比较大，产出水平的周期性波动比较明显，波动持续的时间比较长，波动幅度也比较大；当经济中不存在粘性价格时，产出水平受冲击较小，产出水平的周期性波动不明显，波动时间比较短。因此，价格粘性可以增强金融摩擦对经济变量的影响，特别是会使产出水平等一些影响社会经济的关键变量产生周期性变化，放大外部冲击对实体经济的影响，会使经济产生比较明显的衰退、繁荣循环。

(4) 从福利损失来看，粘性信息框架下中国宏观经济变量的波动幅度及福利损失要比粘性价格与弹性价格下大得多。粘性信息下，中国各个宏观经济变量对长期稳态值的偏离幅度及变量方差比粘性价格与弹性价格下的变量方差要大得多，特别是部门平均产出水平。这表明，粘性信息下，经济波动更加强烈；从三者的福利损失比较来看，粘性信息框架下的我国经济主体的福利损失也远大于粘性价格与弹性价格框架下的福利损失情况。

(5) 以粘性价格模型为基础，从另一个角度检验并比较了零通胀与最优货币政策对我国主要经济变量通胀率、利率水平及产出缺口的影响。分析发现，零通胀政策与最优货币政策相比，其对相对价格扭曲的影响更大，但降低通胀的效果更明显。从具体的变量来看，无论是哪种政策，从长期来看，都可以最终达到一个稳定的状态，但是稳定状态的实现过程不同，产出缺口在零通胀政策下波动幅度更大，最优货币政策下产出波动幅度较小。

赵新伟<br>2019. 8

# 目 录

# 第 1 章

# 绪 论

## 1.1 研究背景

改革开放 40 年以来，我国经济保持了持续快速增长，从 1978 年到 2017 年，我国年均 GDP 增长速度近 10%。这样高速的经济增长在世界其他国家都是不多见的，但与我国经济高速增长所伴随的，是经济的波动问题，在这一时期，我国经济的大起大落现象也比较严重。图 1－1 描述了我国 1978～2017 年的经济增长与价格水平的变化情况。由图 1－1 可以看出，在这 39 年时间内，我国经济波动幅度巨大，具有非常明显的经济周期的特征。经济增长最高的年份 1985 年 GDP 增长率接近 15%，最低的年份 1992 年 GDP 增长率不到 5%，特别是在 20 世纪 90 年代以前，我国经济大幅波动的特征非常明显，90 年代以来，经济增长率逐步稳定，但从长期来看，经济增长也呈现出明显的波动趋势。

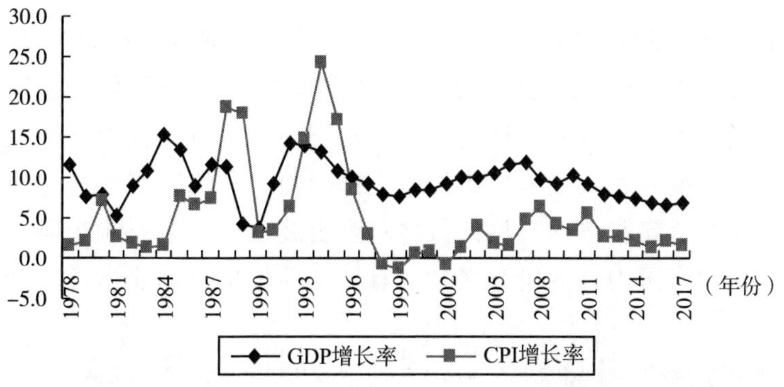


**图 1－1 我国 1978～2017 年 GDP 年均增长率与通货膨胀率**

经济波动会削弱人民的幸福感，长期的剧烈经济波动还会引起社会的动荡。在经济的高速增长时期，投资与政府支出快速增长，社会生产能力达到最大；而到了经济萧条时期，大量的投资与产能被闲置甚至浪费。经济波动会造成社会经济效率低下，甚至会危及一个国家经济系统的稳定。那么中国经济波动是由什么原因造成的呢？我国经济波动与社会总体价格水平的变化有什么样的关系？市场中商品总体价格的确定模式对经济波动的影响是怎么样的呢？货币政策冲击对经济波动有什么样的影响？这些问题的回答，对深化了解我国的经济增长与经济波动、减少经济的波动性、促进经济稳定增长具有重要的理论与现实意义。

## 1.2 问题的提出

学界对经济波动问题的研究由来已久，对经济波动问题进行研究，不可回避的一个前提问题是价格及价格的波动问题，即社会总体价格水平确定模式以及社会总体价格水平是否是自由波动的？价格水平的波动与经济波动有什么关系？对这个问题的不同回答往往会得出不同的结论。现代主流宏观经济学的观点认为：现实经济中，总体价格水平的确定方式不是自由波动的，而是具有粘性价格特征[①]（Chari et al.，2000；Holden et al.，2004；Neiss，2005）。现实经济中越来越多的经验证据也表明，价格粘性是普遍存在的。因此，要研究总体经济波动问题，需要考虑现实经济中价格水平的确定模式问题或者价格粘性问题。但在经济波动的问题研究中，大多数研究没有关注总体价格定价模式或者微观粘性价格变动对于宏观经济波动的影响，国内外对于这方面的研究都比较少。

从粘性价格理论的发展过程来看，粘性价格理论经过了几十年的发展，现在已成为现代宏观经济学重要的研究内容，也是连接微观经济主体与进行宏观经济分析的桥梁。没有粘性价格理论，现代宏观经济学将缺乏宏观分析的微观基础。在粘性价格的理论内容中，对粘性价格理论的微观解释与经验验证发展比较充分，形成了形形色色的解释粘性价格的基础理论，但以粘性价格微观理论为基础，将粘性价格纳入宏观经济分析的研究框架内，利用宏观经济分析模型，分析粘性价格对通货膨胀惯性、粘性价格对产出波动的动态影响机制方面，理论发展薄弱。从现有国内外的研究文献来看，粘性价格对通胀惯性、产出水平波

---

① 这里的市场价格指一般商品市场的价格，不包括金融市场中金融工具的价格，金融工具的价格粘性与一般商品市场的价格粘性影响渠道不同，参见 Christiano（2010）。

动的动态影响研究结论很含糊，没有形成统一的观点，这一部分的研究内容也比较少。

从目前经济波动研究的分析框架来看，目前国内外对于经济波动的分析，大多采用DSGE模型分析方法，DSGE模型在对宏观经济变量进行分析时，一般将价格粘性作为一个既定的前提条件或隐含条件，假设商品价格具有粘性并且价格调整采用固定比例变化方法（Calvo，1983），在此前提条件下，分析外生冲击或货币政策对宏观经济变量的影响。虽然DSGE模型以粘性价格理论为前提，但在具体的分析过程中，却并未直接分析粘性价格微观的动态变化对经济宏观变量的影响（Midrigan，2011；Karanassou，2005）。目前宏观经济学的主流观点认为，粘性价格是宏观经济变量变化的基础，粘性价格的微观变化会对宏观经济变量产生重要影响。因此，在考虑宏观经济变量的变化过程中，不可避免地要考虑粘性价格微观变化与宏观层面经济行为的关系。

从上述三个方面出发，本书将以粘性价格微观理论为基础，将粘性价格纳入宏观经济的分析框架，并引入金融摩擦、粘性信息等问题，研究在价格存在粘性的条件下，粘性价格与金融摩擦、粘性信息的关系以及粘性价格对产出波动、通货膨胀等宏观经济变量的动态影响与机制问题，并对不同价格框架下的福利损失状况进行比较。

## 1.3 研究的目的与意义

本书以粘性价格微观理论为基础，通过建立微观价格波动与宏观经济波动的关系，研究在商品价格存在粘性的条件下，粘性价格对我国经济波动的影响与动态机制问题，并对不同价格框架下的福利损失状况进行比较。

本书的研究目的有四个：

第一，从理论上对粘性价格的发展脉络进行详细梳理。粘性价格理论是现代宏观经济分析的理论基础，也是被普遍接受的一种关于现实经济价格确定模式的理论，要对我国经济波动进行宏观分析，了解我国经济波动的微观基础及微观商品价格确定模式的机制，微观价格的波动形成及变化会对整个经济的总体运行起到非常重要的作用，因此，需要对微观价格理论的内容及发展过程有深刻了解。

第二，建立宏观经济模型，分析粘性价格的微观变化与宏观经济波动之间的关系。将粘性价格理论纳入宏观经济模型的分析框架内，分析微观粘性价格的变化对宏观经济变量通货膨胀、经济波动的影响，并对不同框架下的福利损失进行分析，这是本书的重点，也是写作的主要目的。通过研究微观经济价格与宏观经济行为的关系，有助于为粘性理论的检验提供新的经验证据，从理论上为粘性理论的发展提供微观基础。

第三，从粘性信息的角度对我国经济波动问题进行分析与阐释。粘性信息理论可以很好地解决粘性价格对现实经济进行解释时出现的一些问题，如：不能很好地解释通货膨胀的持续性，不能解释加速原理，也不能产生良好的动态性等。因此，本书将粘性信息纳入宏观经济分析的理论框架内，从粘性信息的角度来对我国的经济波动问题进行研究与阐释。

第四，引入金融摩擦，分析金融摩擦及粘性价格对我国宏观经济变量的影响。金融摩擦指由于一个国家金融市场的缺陷所导致的市场摩擦。国内外学者在分析金融摩擦问题时，大多未考虑粘性价格问题，这使得对金融摩擦的研究缺乏现实基础与理论依据。本书认为，金融摩擦的影响和传导与一国价格水平模式密切相关。因此，要分析金融摩擦对经济的影响，必须考虑粘性价格问题。因此，本书引入金融摩擦，将粘性价格模型与金融摩擦结合起来，分析金融摩擦及粘性价格对我国宏观经济变量的动态影响及效果。

本书的研究具有一定的现实与理论意义。

第一，从现实方面看，从微观价格的角度对我国经济波动问题进行分析，有助于我国制定合理的财政与货币政策，熨平经济周期的波动影响，减少经济总体的波动性。经济波动对一国经济系统的发展与经济效率的提高具有重要意义。凯恩斯主义经济学产生后，各个政府都把降低经济的周期性波动作为政府的重要职责，我国政府也非常重视宏观经济的波动问题；此外企业的微观价格波动对我国经济的宏观波动具有重要的影响，从微观价格角度方面对我国经济波动问题进行分析，厘清微观价格波动与宏观经济表象之间的关系，也有助于我国政府制定更加贴合我国经济发展实际的宏观政策。

第二，从理论方面看，将粘性价格理论纳入宏观经济模型的分析框架内，研究粘性价格的微观变化与宏观经济波动之间的关系，有助于粘性价格理论的发展与完善。通过对现有文献中粘性价格理论的产生背景与发展过程的研究可以发现，在粘性价格的理论内容中，对粘性价格理论的微观解释与经验验证发展比较充分，这些理论从不同的方面对现实世界中出现的粘性价格现象进行了解释，如菜单成本、长期合同、隐含合同、公平定价、尾数定价、粘性信息等理论，为微观经济主体与宏观经济变量的联系提供了桥梁，丰富和发展了宏观经济学的研究内容。而以粘性价格微观理论为基础，将粘性价格纳入宏观经济的分析框架下，利用宏观经济分析模型，分析粘性价格对通货膨胀惯性、粘性价格对产出波动的动态影响机制方面，理论发展薄弱。从现有国内外的研究文献来看，粘性价格对通胀惯性、产出水平波动的动态影响研究结论很含糊，没有形成统一的观点，这一部分的研究内容也比较少。究其原因：一是在于粘性价格理论的产生基础是应对理性预期学派与新古典经济学派的批评而产生，因此，其理论重点在于构建凯恩斯主义经济学的微观基础，从现实世界中寻找支持粘性价格的证据，而对于如何将粘性价格理论与宏观经济学结合起来，构建包含微观基础与宏观表现的综合经济模型，分析微观层面的粘性价格波动对宏观通货膨胀、产出波动的动态影响方面关注较少。二是在 DSGE 模型产生之前，经济学者缺乏足够的工具来对粘性价格的影响进行分析，对于基于粘性价格理论的建模与数据分析内容较少。因此，将粘性价格理论纳入宏观经济模型的分析框架内，研究粘性价格的微观变化与宏观经济波动之间的关系，有助于粘性价格理论的发展与完善。

## 1.4 研究方法

本书将粘性价格理论引入宏观经济模型，分析了在粘性价格存在的条件下，粘性价格微观变动对宏观经济变量的影响。在分析过程中，本书采用了多种研究方法：

(1) 归纳与演绎的分析方法。本书对粘性价格理论的产生渊源、内容、验证、国内对粘性价格的研究、述评、粘性价格与经济波动研究等多个方面进行了详细的归纳与理论综述，从理论发展的视角对粘性价格理论的脉络进行了详细的梳理，为粘性价格理论在我国的推广提供了借鉴。

(2) 数理建模法。采用数理建模的技术，在本书的主体部分第 3 章、第 4 章、第 5 章分别构建了基于粘性价格、粘性信息以及引入金融摩擦的宏观经济分析模型，将粘性价格、粘性信息及金融摩擦纳入宏观经济的分析框架，分析了微观主体的价格变化以及外部市场冲击对宏观经济变量的影响，这部分的分析主要采用 DSGE - VAR 模型分析方法。

(3) 定量分析方法。在整个本书的写作过程中，定量分析是整篇本书采用最多的方法，在本书的主要章节，主要采用不同的定量分析工具与数据分析方法，如 DSGE - VAR 模型方法、GMM 系统分析法、贝叶斯估计方法等对粘性价格与宏观经济变量的关系进行规范分析与测度，分析了在不同的粘性价格条件下，不同的市场假定条件及外部冲击对宏观经济变量的影响。

## 1.5 研究结构

本书以粘性价格理论为微观基础，构建宏观经济分析模型，研究粘性价格的微观波动对于宏观经济变量，如通货膨胀、经济波动的影响效果，并引入粘性信息、金融摩擦，对不同的问题展开了细致讨论，本书共分九章，其结构安排如下：

第 1 章为绪论，围绕粘性价格理论与经济波动问题，阐述了本书的研究背景、研究目的与意义、研究方法与结构、创新点及可能存在的不足等问题。

第 2 章为粘性价格、经济波动文献研究综述。主要从三个方面对相关研究的文献综述及研究方法进行了梳理与述评。一是粘性价格理论的文献综述，从粘性价格理论产生的渊源、粘性价格理论的内容、粘性价格理论的验证、国内对粘性价格的研究以及粘性价格理论的述评 5 个方面对粘性价格理论进行了阐述；二是经济波动研究内容的文献综述；三是粘性价格与经济波动关系的文献综述。

第 3 章为中国粘性价格与经济波动的经验事实，本章将在上一章理论介绍的基础上，对中国粘性价格与经济波动的经验事实进行阐述。通过对中国粘性价格与经济波动的数据进行分析，总结出中国粘性价格与经济波动的经验事实，为后续的研究打好基础。

第 4 章为粘性价格与经济波动基本模型分析。该章将粘性价格纳入宏观经济的分析框架内，构建了一个包含微观价格粘性的宏观经济框架模型，分析微观粘性价格的变化对宏观经济变量通货膨胀、经济波动的影响，分析方法为 DSGE - VAR 模型分析方法，通过利用我国 1993Q1 ~ 2016Q4 的季度数据，比较了在不同的模型分析框架下，粘性价格对不同经济变量产出缺口、通胀率及利率水平的影响机理，分析了货币政策冲击在不同的价格框架下对宏观经济变量的影响，并对不同模型框架下的经济主体福利损失情况进行了比较。

第 5 章为引入粘性信息的扩展模型分析。该章在第 4 章构建的包含粘性价格的宏观经济框架模型的基础上，将粘性信息引入宏观经济分析模型，并利用我国 1993Q1 ~ 2016Q4 的季度数据，采用 DSGE 模型方法分析了在企业经济存在粘性信息的条件下，主要经济变量的动态变动以及微观粘性信息对宏观经济变量的影响，并对货币政策冲击与经济主体的福利损失状况进行了比较。

第 6 章为引入金融摩擦的扩展模型分析。与前两章的分析结构一致，该章引入了市场金融摩擦，分析在粘性价格存在的条件下，市场金融摩擦对宏观经济波动的影响。该章构建了一个包含金融摩擦与粘性价格的扩展 DSGE 模型，同时利用我国 1993Q1 ~2016Q4 的季度数据，分析在粘性价格的条件下，金融摩擦对实体经济主要经济变量产出缺口、利率水平及通胀率的影响渠道及效果，并比较了在不同的金融摩擦条件下，货币政策冲击对宏观经济变量的影响及经济主体的福利损失状况。

第 7 章以 DSGE 模型为基础，将 DSGE 模型与 VAR 模型结合起来，利用二者的特点，构建了一个包含家庭、中间产品部门、最终产品部门以及劳动力供给的四部门 DSGE - VAR 模型，采用贝叶斯估计方法，利用 DSGE - VAR 模型来分析我国货币政策对主要经济变量产出缺口、通胀率及利率水平的影响，并将 DSGE 与 DSGE - VAR 模型结合起来，利用我国 1993Q1 ~2015Q4 的季度数据，比较了在不同的模型分析框架下，货币政策对不同经济变量产出缺口、通胀率及利率水平的影响机理，最后对两种模型的货币政策分析能力进行了比较。

第 8 章构建了包括企业与家庭的不同政策下粘性价格模型来分析零通胀政策与最优政策对于经济系统的影响。并采用我国 1994 ~2014 年的年度数据，检验并比较了不同的政策对我国主要经济变量通胀率、利率水平及产出缺口的影响。

第 9 章对本书做了总结，揭示了对粘性价格、粘性信息与经济波动进行研究的结论，并指出了未来的研究方向。

# 第 2 章

# 粘性价格、经济波动相关文献研究综述

## 2.1 粘性价格理论

本章对粘性价格与经济波动的相关理论进行阐述，粘性价格理论是现代宏观经济分析的理论基础，也是现代宏观经济学重要的研究内容，一定程度上可以说是现代宏观经济学的立论基础，也是连接微观经济主体与进行宏观经济分析的桥梁。没有粘性价格理论，现代宏观经济学将缺乏宏观分析的微观基础。本章对粘性价格理论的阐述从理论产生的渊源、粘性价格理论的内容、粘性价格理论的验证、国内对粘性价格的研究以及粘性价格理论的述评五个方面展开，从理论发展的视角对粘性价格理论的脉络进行了详细的梳理。

### 2.1.1 粘性价格理论渊源

粘性价格一般指市场价格不会随着社会供求的变化而迅速调整的一种价格现象。粘性价格理论产生于凯恩斯经济学对工资刚性的假定。是现代宏观经济学重要的研究内容，也是新凯恩斯主义分析理论的基础，同时粘性价格也是 20 世纪 90 年代后区分宏观经济学的两大流派新古典经济学和新凯恩斯主义经济学的重要标志。粘性价格理论产生的时间比较早，早在 20 世纪 20 年代国外学者就关注价格粘性现象。凯恩斯经济学与古典经济学对市场中价格是否自由波动的假设不同，古典经济学认为市场中价格可以随着供求或者其他影响因素的调整而自由波动，从而使市场自动出清，实现市场自动供需平衡与效率。而凯恩斯学派认为现实中价格不是自由波动的，而是存在粘性特征，另外，一般工资水平具有刚性特征，因此，价格粘性与工资刚性的存在使得市场无法出清，经济水平在长期无法实现均衡，由于粘性价格的存在导致名义变量对社会实际的产出与就业产生了冲击，这是现实社会中产生经济危机的主要原因，因此，要想实现市场出清，缓解经济危机，需要加强政府对市场的干预，使市场实现均衡。这是凯恩斯学派的主要观点，但早期的凯恩斯学派并未为粘性价格理论建立一个完善的微观基础，忽视供给分析，因此，不能从理论上对粘性价格提供一个合理的解释，因此，受到了新古典宏观经济学派的抨击。特别是20世纪70年代，以卢卡斯为代表的理性预期学派认为，凯恩斯主义经济学缺乏对经济个体进行理性预期假设的分析，不能使经济主体实现经济利益的最大化，违背了经济学理论中最基本的“经济人”的假设。

为应对理性预期学派的挑战，凯恩斯经济学派的继承者——新凯恩斯主义经济学家从不同的方面对粘性价格理论进行了完善，一个重要的工作就是构建粘性价格理论的微观基础，他们对粘性价格理论与工资刚性理论进行了深入阐述与完善，发展了信贷配给与利率粘性理论，深入地分析了微观经济主体在资本市场、劳动市场、产品市场等各个市场追求自身利益最大化的过程与理性选择，揭示了不同市场中导致非市场出清和宏观经济失衡的因素，阐述了微观经济主体的个体理性选择与宏观经济现象，如失业、经济周期性波动、总供求失衡以及经济危机的内在联系，为凯恩斯经济学构建了一个坚实的理论基础，对经济学理论的发展起到了巨大的推动作用，也使新凯恩斯经济学逐渐取得了宏观经济学的主流地位，使粘性价格分析成为现代宏观经济模型分析的起点。20世纪80年代后，粘性价格理论不断发展完善，特别是“滞涨”现象出现后，新凯恩斯主义者在“滞涨”的基础上从不同的方面对价格粘性理论做了解释与突破性研究，如交错调整价格理论、尾数定价理论、菜单成本理论（Ball，1994）、信息成本定价理论（Mankiw，2002）和公平定价理论（Coibion，2010）等，特别是信息成本定价理论，通过与信息经济学结合起来①，将粘性价格理论扩展为粘性信息理论，利用带有粘性信息的菲利普斯曲线和具有粘性信息的一般均衡理论来解释总需求对价格与产出水平等主要经济变量的动态影响。使得新凯恩斯主义分析框架具有了更加广泛的微观理论基础，也开辟了宏观经济学分析的研究视野。

### 2.1.2　粘性价格理论内容

新凯恩斯主义经济学认为粘性价格分为两种情况：名义粘性与实际粘性，当

---

① 关于粘性信息与粘性价格的更多内容，参见Reis（2002）。

社会名义需求发生变化后，如果名义价格与名义工资不能相应的进行调整，称为名义粘性；实际粘性是从相对工资与相对价格来看，如果在其他条件不变的情况下，一种工资相对另一种工资变化不大，或者一种工资相对于另一种价格，一种价格相对于另一种价格变化幅度很小，称为名义粘性。新凯恩斯主义经济学者从不同的角度对价格名义粘性与实际粘性进行了解释。解释名义粘性的理论有菜单成本论、长期劳动合同论、尾数定价理论等；解释实际粘性的有厂商信誉理论、隐含合同论、公平定价理论、信息成本理论等。

1. 名义价格粘性理论

（1）菜单成本理论。菜单成本理论是解释垄断竞争市场中名义价格粘性的一种常见理论，菜单成本理论认为，在垄断竞争型市场，如铁路、钢铁、石油、机电、汽车等行业的企业，自己可以选择价格，但是不能控制产品的销售量，因此也不能根据企业的实际情况来不断调整价格，企业如果想要调整产品价格，需要耗费一些小成本，这些小成本类似于饭店里要打印一张新菜单时所用的耗费，可以称为菜单成本。企业的菜单成本包括重新制定和打印商品的价目表和产品目录，通过不同的传播渠道公布企业的价格信息，与老客户重新就价格进行谈判以及时间成本等。菜单成本的思想最早追溯到 20 世纪 30 年代（Hicks，1935），巴罗（Barro，1972）首次对菜单成本概念及理论进行了系统的阐述。厂商只有在价格调整后的收益大于菜单成本时，才会进行价格调整，因此，由于菜单成本的存在，阻碍了企业根据实际情况自由的调整价格，使得价格具有粘性特征。菜单成本理论是目前最具有微观经济基础的解释名义价格粘性的理论，曼昆（Mankiw，1985）构建了一个不同垄断厂商的经济模型，论证了当商品价格遭受外部冲击时会偏离均衡价格，只有当调整价格引起的边际收益大于边际菜单成本时，企业才会调整价格，否则，企业将按照原来的价格进行销售，此外，企业之间的竞争与相互购买也增强了价格粘性的程度。由于菜单理论未能对企业调整产品价格时的边际收益与边际菜单成本进行比较与证明，这使得菜单成本缺乏说服力，此外，随着计算机等一些电子技术的推广与普及，调整价格的菜单成本变得非常微小，与企业庞大的利润相比微乎其微，不足以对企业的价格决策产生影响，因此，受到了一些经济学家的批评，因此，切凯蒂（Cecchetti，1986）又提出了一种特殊的理论，即利用价格调整的风险成本而不是实际成本来解释价格粘性理论。当企业考虑调整价格策略时，会面临着各种各样的问题及不可预计的后果，如不同的客户、要素供应商、产品经销商、企业的竞争对手等对企业调整价格会产生不同的反应，同时由于产品价格调整也会对企业自身的销售、利润及企业自身发展产生很大的影响，这些问题及后果的存在对企业来说是一种风险成本，而这种风险成本比企业的实际菜单成本要大得多，只有当企业调整价格的边际收益大于企业的边际风险成本，企业才会考虑调整价格，价格有弹性，反之价格具有粘性。进入20世纪90年代以后，不同的学者如利维（Levy et al.，1997）、阿瑞加（Arigaa et al.，2001）和米德里根（Midrigan，2006）等，又对菜单成本理论进行了补充与完善，不断丰富了粘性价格的理论体系。

（2）长期合同理论。长期合同理论是解释现实经济社会中名义价格粘性的一种理论，该理论有相似的两种类型：名义工资粘性理论与成本粘性理论，一般认为该理论为解释名义价格粘性理论提供了有益的思路。名义工资粘性理论认为，美国的大多数行业是工会化的行业，如航空、钢铁、建筑、铁路、汽车、电机等行业，而零售、服装等行业是非工会化的行业，非工会化的行业一般会效仿工会化的行业行为，但不论是工会化还是非工会化的行业，都有一个共同特征，即劳资双方一般倾向于通过签订劳动合同的方式来确定企业职工工资，合同签订的时间一般为三年，这样，在企业与工会之间就形成了三年一次的谈判周期，但对于企业来说，所有合同的签订不是同步的，而是交错签订的，因此，在同一年中，不断有新的劳资合同被签订，也有旧的劳资合同期满，而在同一年中，企业劳资合同的标准基本一致，这样的一个结果就是，从企业的长期来看，企业与工会方签订的劳资合同的内容基本不变，此外，由于签订劳动合同时，企业与工会为了各自利益，劳资双方都要对通货膨胀率、失业率、物价水平、消费水平等进行详细调查，双方还将花费大量的人力、物力就合同内容进行谈判，因此，追求利益最大化的厂商一般倾向于签订长期合同，这样从长期来看，长期工资合同的签订，导致了企业中名义工资粘性的存在。与这一理论相类似，企业与其他客户如生产要素供应商、产品经销商在开展业务的过程中也会签订生产要素购买合同或产品销售合同，而这些合同的存在，使得企业的成本具有相对粘性，因此，企业成本粘性特征也使得企业的产品价格具有相对粘性，这也导致了名义粘性价格的存在。

（3）尾数定价理论。尾数定价理论也是目前解释名义价格粘性的代表性理论之一，该理论最早由卡西亚普（Kashyap，1995）提出，尾数定价理论认为，企业特别是零售企业在销售商品时，为了吸引消费者购买该商品，一般倾向于把商品价格的最后一位数字设定为特定的数字，即使企业面临成本或其他的外部冲击，企业一般会保持商品价格的尾数不变，这种现象的存在，也使得商品名义价格具有粘性特征。克诺特（Knotek，2010）通过实证分析发现，相对于单纯的菜单成本理论，尾数定价理论能够更加拟合现实世界的价格粘性现象。利维（Levy et al.，2011）发现，不同国家的尾数定价模式由于受国家文化、传统等因素的影响，因此，对于不同国家尾数定价模式的分析，要结合不同国家的实际情况来进行。

### 2. 实际价格粘性理论

（1）厂商信誉理论。厂商信誉理论是解释现实经济中实际价格粘性的理论，其主要观点是：企业为了维护自身的商品信誉，会追求优质高价，这样的结果会使企业的产品具有实际的粘性价格。对于购买商品的消费者来说，如果没有对商品和企业的完全信息，消费者对企业和产品的了解仅仅靠“好货不便宜，便宜无好货”这样的信念，因此只能通过对产品价格的高低来判断产品的质量。因此，从企业的角度来看，为了维持其在消费者心中的高质量形象，企业轻易不会降低价格。企业如果想要降低价格，对于消费者来说，其传递的信息将是企业的产品质量下降，因此，即使企业的产品质量没有改变，也会使消费者产生错误判断，因此，会降低产品的销售量，从而降低收益。因此，在这样的信念引导下，无论是产品的生产者还是产品的购买者，都倾向于产品有一个较高的价格，这对于企业来说，也是一种激励，促使企业保持产品的质量，同时获取高额的收益。即便是当经济不景气，企业处于经济危机的边缘，也不会轻易降低商品价格。

（2）隐含合同论。隐含合同理论是解释实际价格粘性的另一种理论，其主要解释现实世界中的实际工资粘性现象。该理论认为，虽然企业与工人之间并没有签订正式的合同，但他们中间存在一种非正式的稳定工资的合同，类似于亚当·斯密的“看不见的手”的比喻，企业与工人之间的稳定工资的协议类似于“看不见的握手”。对于企业来说，企业是风险的中性者，而工人对于风险的态度也是风险厌恶型的，因此，他们都有一种签订稳定工资协议的愿望。企业付给工人的工资对于劳动者来说，并不是根据其当期的边际收益率来确定的，而是根据其工人长期的边际收益率的平均值来确定，因此，从长期来看，企业付给工人的工资具有稳定性，因此，实际工资具有粘性特征，此外，隐含合同理论还将政府发放的各类救济金也纳入了工资的范畴，这样，从长期来看，也保证了企业实际工资水平的粘性，隐含合同理论是对实际工资粘性的比较成功的解释。

（3）公平定价理论。公平定价理论最早是由罗登堡（Rotemberg，2005）提出的，该理论认为，消费者在购买商品时，会从公平角度判断企业价格的合理性，如果企业在销售产品的过程中肆意调价，消费者会认为企业的调价有失公平，因此，会停止从该企业手中继续购买商品，从而对企业构成一种惩罚，因此，当企业在对产品进行重新定价时，即使产品的最优价格已经发生变化，企业由于受消费者惩罚措施的影响，也不会立即调整产品价格，而是维持企业产品的原价，因此，这样的结果会使企业产品的价格具有粘性。此外，消费者对于较大幅度的价格上涨反应比较大，消费者认为企业的产品成本与价格的上涨具有比例关系，当企业产品价格上涨幅度比较大时，消费者认为将有失公平，因此，将拒绝接受这种大幅度的价格上涨，而对于幅度比较小的产品价格上涨则能够接受。杜恩（Dhyne，2006）认为，一般的企业为了稳定企业的销售量会与客户保持长期的合作关系，为了获取客户的信任，只有当企业产品成本发生较大的变化时，企业才会调整价格。安德森和西门子（Andersonand Simester，2012）观测了超过 50000 名客户，分析他们遇到购买的产品价格下降后的反应，通过分析发现，大多数客户如果发现他们以前购买的商品价格下调后，许多客户将停止从该产品销售商手中购买商品，而且购买价格越高的客户，其反应越强烈。

（4）信息成本理论。信息成本理论，又叫粘性信息理论，起源于卡尔沃（Calvo，1983），其主要思想是在企业调整价格的过程中，由于获取信息的成本不同，仅有一部分企业会改变价格，而剩余的企业则维持原来的价格，这样，综合的结果就会使企业产品价格具有粘性。曼昆和里斯（Mankiw and Reis，2002）发展了粘性信息理论，该理论认为，企业在市场中获取经济信息会有成本，而且不同的企业获取信息的能力不同，因此，对于不同的企业来说，其对市场的判断及了解是不一样的，因此，在每一个时期，只有部分企业可以掌握最新的信息，掌握最新信息的企业可以调整价格，而没有更新信息的企业则不会调整产品价格，从总体来看，在每一个时期，调整产品价格的企业占一定的比例，而企业是否调整产品，主要取决于企业掌握的市场信息，这是粘性信息理论与前面的粘性价格理论最大的区别。粘性信息理论提出后，许多学者利用不同国家和地区的数据进行了经验研究，得出了许多开创性成果，粘性信息理论的产生促进了信息经济学与宏观经济学的融合。

### 3. 粘性价格总量定价模式研究

在现实经济中，价格粘性是一种普遍的经济现象，可以被观察到，越来越多的经验证据表明，现实世界中的价格粘性也是确实存在的（Alvarez et al.，2006；Hannan and Berger，1991），特别是粘性信息理论的出现，为粘性价格理论的发展扩展了思路。新凯恩斯主义者通过建立合理的宏观经济模型，利用粘性价格理论来模拟分析宏观经济周期、货币政策的运用等，然而，从企业微观角度来看，对宏观经济变量产生影响的不是单个企业的价格确定方式，而是经济中同类产品价格的加总变化，因此，从微观企业的价格确定与宏观经济模型分析的关系来看，人们更关注总量价格的变化如何影响宏观经济波动，这就涉及到另外一个问题，即对粘性价格的总量定价模式问题的探讨。

微观企业粘性价格的生成机制与企业改变价格的时机有很大的关系，在不同的粘性价格理论下，企业改变价格的时机或价格形成机制不同，一般来说，将粘性价格的形成机制分成两类：时间相关定价模式（TDP）与状态相关定价模式（SDP），在信息成本理论下，企业中总量定价模式为 TDP 形式，即企业微观价格的确定与时间有关，而在尾数定价、公平定价、菜单成本理论中，企业微观价格的确定模式与企业所处的状态相关（Rotemberg，1982；Dotsey et al.，1999；Golosov and Lucas，2007）。时间相关定价模式（Taylor，1980；Calvo，1983）认为，企业商品价格的确定模式与其他变量没有关系，只与时间有关系，在每一个时间段中，企业由于掌握的市场信息不同，只有一部分的企业会改变价格，而其他的企业则维持原来的价格，改变价格的厂商与维持原价的厂商随机选择，加总两部分的厂商的产品价格，从总体上会使企业产品的价格呈现出粘性特征。在 SDP 分析框架下，企业价格的确定模式与企业的所处的外部环境状态或者企业自身的状态有关系，微观企业会根据利润最大化来确定其产品的价格，外部市场环境的变化或行业冲击都会对企业确定价格的方式产生影响。识别企业价格确定模式可以有助于加强对企业行为与市场环境的分析，了解市场及行业环境对企业的影响及效果。如果企业产品的定价模式为 TDP 模式，表明企业受外部环境的影响比较小，企业所处的行业市场化程度比较低，而在 SDP 模式下，表明企业所处的行业市场化程度较高，行业或者外部的市场冲击对企业行为有重要的影响。

### 2.1.3 粘性价格的经验证据

由于粘性价格理论在宏观经济理论体系中的重要地位，因此，各国经济学者都非常重视粘性价格在现实世界中的经验验证。在实践中，通过对大量微观企业的微观数据的分析为粘性价格理论提供了强大的现实基础。越来越多的微观数据表明，微观经济以及微观企业的名义价格粘性确实是存在的，粘性价格理论在现实中也得到了有力的验证。在粘性价格理论实证研究早期，由于微观数据不易获取，所以对于早期的粘性价格实证分析，研究范围和研究内容都比较分散，比如在菜单理论的验证过程中，由于缺乏与企业成本相关的数据，菜单理论的验证一直非常困难（Calrton，1986），所以在早期对于粘性价格理论的验证，只能采用验证代理变量的方式，即验证样本期的价格变化大小和频率来间接地寻找支持菜单理论的证据。进入 21 世纪后，随着人们对粘性价格理论的认识逐渐深入，许多国家加强了对粘性价格微观价格数据可获得性的研究，粘性价格的估算与分析方法也逐渐完善；特别是许多国家建立了关于微观经济的数据库，这些数据库的建立，使得对微观价格的收集与处理，从而对一个国家的商品价格确定方式进行分析成为可能；此外，最近十几年，互联网电商产业的发展也使得利用网络与计算机技术来对数以万计的微观产品价格进行分类与整理成为现实，这也促进了对于粘性价格理论的验证。

粘性价格理论实证研究主要侧重以下几个方面：

### 1. 各种粘性价格理论的实证检验

（1）菜单成本理论的经验验证。切凯蒂（Cecchetti，1986）分析了美国1953～1979年38种杂志的价格，发现杂志的价格大小与调整频率符合菜单成本的预测，菜单成本的大小在样本观测期内会随着价格调整的幅度而变化。威利斯（Willis，2000）利用与切凯蒂（Cecchetti）相同的微观数据，采用跨期优化方法分析了美国杂志价格调整的菜单成本，得出的结论是杂志价格调整的菜单成本是经营收入的4%，卡西亚普（Kashyap，1992）利用美国35年的12种零售商品的价格数据对商品调整价格的菜单成本进行了分析，通过分析发现，商品的菜单成本具有明显的异质性特征，菜单成本的调价幅度与调整频率在不同的商品中间具有差异性。20世纪90年代后期以来，一些学者对菜单成本理论进行了补充与完善，如利维等（Levy et al.，1997）、阿瑞加等（Arigaa et al.，2001）和米德里根（Midrigan，2006）等，他们通过在菜单成本理论中引入了厂商预期、存货以及需求因素等，分析这些因素对企业调整价格的菜单成本的影响，丰富了菜单成本理论的理论体系。比尔斯和克勒诺（Bils and Klenow，2004）通过对美国350种商品和服务价格的波动频率进行分析，发现不同品种的商品波动频率不同，一半以上的商品价格波动时间小于4个月，也间接印证了菜单成本理论。欧克曼和杜恩（Aucremanne and Dhyne，2004）分析了比利时1989～2000年间583类商品与服务的80000种的商品价格，通过分析发现，无论是种类间还是产品种类内部，商品价格的价格调整存在明显的异质性。博伊文等（Boivin et al.）利用FAVAR模型分析方法，分析了不同国家多种商品的价格变化，分析得出：一般商品价格的波动是多种因素共同作用的结果，其中85%来源于部门自身因素，15%来源于外部冲击。戈罗德尼科伊和沃博茨（Gorodnichenkoy and Weberz，2013）分析了价格粘性对于股票市场的影响，认为菜单成本是价格粘性的重要因素。菜单成本理论是对于粘性价格解释比较成功的理论，也是最早被实证经验所证实的粘性价格的理论，该理论的最大问题在于菜单成本的直接成本数据不容易获取，因此，只能通过对菜单成本的间接代理量来进行验证，缺乏对于菜单成本理论的直接证据。

（2）尾数定价理论的经验验证。布林德（Blinder et al.，1998）等通过对200家公司商品价格定价方式的调查研究发现，88%的零售企业认为，尾数定价方式是他们企业确定商品价格的重要方式，此外，47%的公司认为，公司对商品价格的定价会充分考虑尾数定价理论的重要性。2011年，利维等（Levy et al.）利用电商企业提供的产品价格数据，对尾数定价理论进行了经验检验。他通过对293个电商企业与一家美国大型连锁超市进行问卷调查，利用企业的微观数据得出在上述企业的商品价格定价模式中，9是最常见的尾数价格，而且尾数价格9比其他尾数价格具有更大的价格粘性，这为尾数价格理论提供了最直接的现实世界的经验证据。思尼锐（Snir，2012）使用美国大型连锁超市的微观商品价格数据，进一步分析了消费者对价格尾数是9的商品的认知与接受程度以及与商品价格的关系，通过分析发现，将尾数价格确定为9会干扰消费者对于不同商品价格的比较，同时大多数消费者会低估商品的价格，因此，消费者对于尾数为9的商品价格具有更高的敏感度，也更容易接受，因此，对于大多数尾数价格为9的商品来说，具有更大的价格粘性。除了尾数价格是9的商品具有粘性价格以外，切凯蒂（Cecchetti，1986）在对美国的自动售货机的商品价格进行调研时发现，自动售货机与小的便利店出售的商品中，以0和5来确定价格尾数的现象也非常普遍。克诺特（Knotek，2011）研究发现，对于一些小额的商品或者是在需要现金支付的商品的销售中，零售商偏好利用0和5作为价格尾数，因此，在这些商品中，以0和5为价格尾数的商品比其他价格的商品更具有价格粘性。黄滕、金雪军（2014）认为吉利数字对我国零售商品价格的确定具有重要影响，商家倾向于如8等一些吉利数字，而如4一类的商品价格会尽量回避。尾数价格理论解释了在商品价格中，具有一些特殊的尾数价格的商品具有价格粘性的现象，但对于其他的非尾数价格商品，商品价格的粘性特征无法准确解释。

（3）信息成本理论的经验验证。曼昆和里斯（Mankiw and Reis）从工资与失业的角度出发，利用最小二乘法对美国企业的信息更新速度进行了分析，发现从企业的角度来说，大概一年更新一次企业关于工资与工作的信息。卡罗尔（Carroll，2003）受疾病传播模型的启发，具体演化了人们对通胀预期的形成过程，利用密歇根的调查数据对信息粘性程度进行了估计，估计结果为0.27，表明密歇根约有1/4的人口使用最新的信息进行决策。为信息成本理论提供了直接的证据。基莉（Kiley，2007）利用极大似然法对粘性价格与粘性信息模型进行了估计，并利用美国1965~2002年和1983~2002年的企业微观数据，对美国企业的信息粘性程度进行了估计，估计结果分别为0.39和0.59，信息粘性程度较高。杜波（Dupor，2010）基于粘性信息与粘性价格的假设，建立了双粘性的菲利普斯曲线，同时对美国信息粘性与价格粘性进行了估计，估计结果显示，在美国每个季度约有14%的企业会更新价格，约有42%的企业会更新信息。可汗和朱（Khan and Zhu，2007）采用英国、美国和加拿大的微观经济数据，对这三个国家的粘性信息进行了实证检验，通过分析发现，美国和加拿大的企业平均更新信息的时间为4个季度，而英国企业的平均更新频率是7个季度，因此，英国企业产品的价格粘性更强。多普克（Dopke，2008）利用美国和欧洲国家的企业数据，分析了不同国家的信息传输速度，分析发现，与美国企业相比，意大利、法国与德国的企业信息传输时间更长，因此，也间接验证了粘性信息的存在。

（4）粘性价格总量定价模式的经验验证。这一方面的研究主要集中在对于总量价格的定价模式。在现实经济中，价格粘性是一种普遍的经济现象，可以被观察到，越来越多的经验证据表明，现实世界中的价格粘性也是确实存在的（Alvarez et al.，2006；Hannan and Berger，1991），然而，从企业微观角度来看，对宏观经济变量产生影响的不是单个企业的价格确定方式，而是经济中同类产品价格的加总变化，因此，从微观企业的价格确定与宏观经济模型分析的关系来看，人们更关注总量价格的变化如何影响宏观经济波动，这就涉及另外一个问题，即对粘性价格的总量定价模式问题的探讨。微观企业粘性价格的生成机制与企业改变价格的时机有很大的关系，在不同的粘性价格理论下，企业改变价格的时机或价格形成机制不同，一般来说，将粘性价格的形成机制分成两类：时间相关定价模式（TDP）与状态相关定价模式（SDP），在信息成本理论下，企业中总量定价模式为TDP形式，即企业微观价格的确定与时间有关，而在尾数定价、公平定价、菜单成本理论中，企业微观价格的确定模式与企业所处的状态相关。时间相关定价模式（Taylor，1980；Calvo，1983）认为，企业商品价格的确定模式与其他变量没有关系，只与时间有关系，在每一个时间段中，企业由于掌握的市场信息不同，只有一部分的企业会改变价格，而其他的企业则维持原来的价格，改变价格的厂商与维持原价的厂商随机选择，加总两部分的厂商的产品价格，从总体上会使企业产品的价格呈现出粘性特征。在SDP分析框架下，企业价格的确定模式与企业的所处的外部环境状态或者企业自身的状态有关系，微观企业会根据利润最大化来确定其产品的价格，外部市场环境的变化或行业冲击都会对企业确定价格的方式产生影响。识别企业价格确定模式可以有助于加强对企业行为与市场环境的分析，了解市场及行业环境对企业的影响及效果。如果企业产品的定价模式为TDP模式，表明企业受外部环境的影响比较小，企业所处的行业市场化程度比较低，而在SDP模式下，表明企业所处的行业市场化程度较高，行业或者外部的市场冲击对企业行为有重要的影响。粘性价格总量定价模式有两种，SDP与TDP，SDP模式认为企业微观价格的确定模式与企业所处的状态相关（Rotemberg，1982；Dotsey et al.，1999；Golosov and Lucas，2007）。时间相关定价模式TDP（Taylor，1980；Calvo，1983）认为，企业商品价格的确定模式与其他变量没有关系，只与时间有关系。卡普林和斯波尔博（Caplin and Suplber，1987）通过对零售商品的价格进行分析后发现，SDP模型可以很好地拟合一般零售商品的价格变化，即一般零售商品的价格调整与时间没有关系，而是与企业所处的经济状态有关系，符合SDP模式的特征。狄亚士等（Dias et al.，2002）将美国CPI的数据成分分成非管制部门与管制部门两类，分别分析了这两类商品的价格变动情况，通过分析发现，管制部门的商品价格比非管制部门的商品具有更强的价格粘性，通过脉冲响应分析，返现管制部门的商品价格变动比非管制部门的商品价格变动滞后了两个时期，印证了商品价格确定的SDP模式的存在性。杜恩等（Dhyne et al.，2006）通过对价格变化频率的测算方法进行改进，测算了不同国家部分商品的价格波动频率，发现不同国家的商品价格波动呈现非常明显的异质性，商品价格的波动与国家制度、消费习惯有很大的关系。克勒诺和奥列克西（Klenow and Oleksiy，2008）利用非参数方法分析了美国CPI数据的波动情况，分析发现，对于给定类型的商品价格，商品价格的变化与时间没有关系，而与价格的变化幅度以及商品占社会总商品的比重有关系，因此，企业价格确定模式为SDP模式。对于TDP定价模式，比较典型的模型有泰勒（Taylor，1980）的固定时间调整模型与卡尔沃（Calvo，1983）的固定比率调整模型。基莉（Kiley，2007）利用危险率函数研究了日本企业的价格定价模式，通过分析发现，日本大多数企业的定价符合TDP模式，只有少部分企业的定价符合SDP模式。多西和金（Dotsey and King，2005）对两种定价模式进行了比较分析，分析发现，在给定的货币政策冲击影响下，SDP价格确定模式中厂商重新定价的速度比TDP模式下要快，这表明，在SDP模式下，货币政策对产出水平的影响时间要短。贾斯提尼亚诺和亚历杭德罗（Justiniano and Alejandro，2008）对土耳其6000多种商品的价格变动趋势进行了分析，分析发现，土耳其大多数商品的价格确定模式符合TDP。从总的方面来说，对于TDP与SDP的实证检验，由于各个国家市场结构、经济基础及政策法规各有差异，但在现实世界中两种定价模式都得到了验证。一般来说，在欧美等发达国家，SDP的检验与解释效果更好（Dhyne et al.，2006；Klenow，2008；Lein，2010），而在日本及一些发展中国家，TDP模式对于现实数据的拟合效果更明显（Gagnon，2009）。

## 2. 对于各个国家粘性价格结果与程度的测算

粘性价格理论产生后，一些经济学者就围绕粘性价格理论在现实世界的存在性进行验证，并利用各种方法对不同国家商品价格粘性程度进行了估计与测算。在价格粘性早期的研究中，由于商品价格数据的可得性比较低，因此，一般对报纸、杂志与零售百货商品的价格粘性进行测算，发现名义价格调整缓慢，价格具有较强的粘性，价格粘性的持续时间为一年左右，如切凯蒂（Cecchetti，1986）通过对美国38种杂志价格变动情况进行调查，发现美国杂志价格粘性的时间范围为1.4~1.5年左右。布林德（Blinder，1988）对美国200家企业的商品价格数据进行了分析，发现美国企业的商品价格平均调整时间为3.5个月。比尔斯和克勒诺（Bils and Klenow，2004）通过对美国350种商品和服务价格的波动频率进行分析，发现不同品种的商品波动频率不同，一半以上的商品价格波动时间小于4个月。欧克曼和杜恩（Aucremanne and Dhyne，2004）分析了比利时1989~2000年间583类商品与服务的80000种的商品价格，通过分析发现，无论是种类间还是产品种类内部，商品价格的价格调整存在明显的异质性，约12%的商品价格调整时间少于2个月，约13%的商品价格调整时间大于2年。博伊文等（Boivin et al.）利用FAVAR模型分析方法，分析了不同国家多种商品的价格变化，分析得出：一般商品价格的波动是多种因素共同作用的结果，其中85%来源于部门自身因素，15%来源于外部冲击，一般商品的价格调整时间为4~5个月。如前所述，在粘性价格前期的研究中，由于微观商品价格数据不容易获取，人们对于粘性价格的估计受到限制，进入21世纪后，粘性价格的估算与分析方法逐渐完善，特别是许多国家建立了关于微观经济的数据库，这些微观数据库与大量微观数据的获取，使得对微观价格的收集与处理，从而对一个国家的商品价格确定方式进行分析成为可能；因此，从2005年后，西方国家对于粘性价格程度的测算研究更加活跃。如：博伊文等（Boivin et al.，2007）、克勒诺和威尔斯（Klenow and Willis，2007）、克勒诺和克里夫斯托夫（Klenow and Kryvstov，2008）、高根（Gagon，2009）、中村和斯坦森（Nakamura and Steinsson，2008）；奥兹曼和塞文奇（Ozmen and Sevinc，2011）、亚伯和托诺吉（Abe and Tonogi，2011）、卡瓦略（Cavallo，2010，2012）等。我国国内对于粘性价格程度的测算比较少，国内部分学者如：渠慎宁等（2012）采用中国消费品的微观价格数据分析了我国消费品价格的粘性程度，发现服务商品价格调整时间比较短，而工业消费品、食品比服务价格粘性程度更强。蔡晓陈（2012）利用季度GDP缩减指数，利用Calvo方法倒推出我国的粘性价格程度为3~4个月。金雪军（2013）、杭斌

(2013) 等也对我国的名义价格粘性特征进行了统计分析。分析发现，我国名义价格粘性有以下两个特点：一是我国部分行业存在比较明显的名义价格粘性，但与欧美国家相比，我国名义商品价格粘性持续时间更短，我国总体价格水平持续时间为2~3个月，平均为2.7个月，除掉促销及季节因素外，总体价格粘性持续时间为3.4个月，远低于欧美国家的平均水平，表明经济社会中，影响价格波动的因素比较多；其次，我国商品价格粘性在不同的行业间呈现出非常明显的差异性，服务行业粘性价格比较明显，粘性价格持续时间比较长，而制造行业粘性价格不明显，粘性价格持续时间短，此外，企业规模越大，市场程度越高，竞争越充分，价格粘性越低。

3. 在宏观经济分析框架内粘性价格对其他经济变量影响渠道与影响效果的估算

这一部分的研究内容主要侧重分析将粘性价格纳入宏观经济的分析框架下，利用宏观经济模型，在粘性价格微观理论的基础上，分析粘性价格与通货膨胀惯性、粘性价格对产出波动的动态影响机制方面，伦尼曼和马塔（Lunnemann and Matha，2005）利用欧盟15国的商品价格数据，对粘性价格与地区通货膨胀惯性进行了分析，研究发现服务价格、管制服务的价格与地区通货膨胀惯性正相关，马托斯（Matos，2010）通过对巴西商品价格的微观数据也证实了商品价格粘性与通胀惯性正相关的关系，而切凯蒂（Cecchetti，2006）分析认为价格粘性与地区通胀惯性具有负向的关系，比尔克（Bilke，2005）通过对法国CPI数据的分析发现，服务价格和工业品价格粘性对地区通货膨胀惯性的影响更大，而食品价格和能源价格对通货膨胀惯性的影响比较小。赵新伟、余力（2017）构建了一个包含金融摩擦与粘性价格的扩展DSGE模型，分析在粘性价格的条件下，金融摩擦对实体经济主要经济变量的影响渠道及效果。通过分析发现：粘性价格对金融摩擦的作用渠道与效果以及经济波动影响巨大。苏梽芳（2014）根据国家发改委发布的109种消费品和服务价格数据对我国价格粘性程度与通货膨胀惯性进行了分析发现，我国价格粘性与通胀惯性是正相关的关系。但由于我国价格粘性有明显的异质性，二者关系比较微弱。

### 2.1.4 国内对于粘性价格理论的研究

国内对于粘性价格的研究主要侧重于对于国外粘性价格理论的转述、我国价格粘性的测度以及粘性价格对通货膨胀惯性及其他宏观经济变量的影响方面，实证分析的内容比较少。

在对国外理论的述评方面，龙中（1996）对粘性价格理论的概念及产生进行了介绍，并对实际价格粘性与名义价格粘性的理论解释进行了阐述。王军（2009）对新凯恩斯主义的粘性信息理论进行了简要述评，分析了粘性信息与粘性价格的关系，并对粘性信息产生的背景进行了介绍，认为粘性信息之所以会产生，主要原因在于理性疏忽。李海明（2009）从时间角度梳理了粘性价格与粘性信息的发展脉络，阐述了新凯恩斯主义由粘性价格理论到粘性信息理论的演进过程，认为构建宏观经济学的微观基础，要重视对更深层次的价值理论的回归和研究。彭兴韵（2011）对粘性信息的来源、度量及与宏观经济变量的关系进行了阐述。

对粘性价格理论的实证分析主要集中在两个方面：第一个是对我国粘性价格程度的测度，第二个是对粘性价格与其他宏观经济变量的关系方面。在对我国粘性价格程度的测度方面，如前所述，渠慎宁等（2012）采用中国消费品的微观价格数据分析了我国消费品价格的粘性程度，发现服务商品价格调整时间比较短，而工业消费品、食品比服务价格粘性程度更强。蔡晓陈（2012）利用季度 GDP 缩减指数，利用 Calvo 方法倒推出我国的粘性价格程度为 3 ~ 4 个月。金雪军（2013）、杭斌（2013）等也对我国的名义价格粘性特征进行了统计分析。分析发现，我国名义价格粘性有以下两个特点：一是我国部分行业存在比较明显的名义价格粘性，但与欧美国家相比，我国名义商品价格粘性持续时间更短，我国总体价格水平持续时间为 2 ~ 3 个月，平均为 2.7 个月，除掉促销及季节因素外，总体价格粘性持续时间为 3.4 个月，远低于欧美国家的平均水平，表明经济社会中，影响价格波动的因素比较多；二是我国商品价格粘性在不同的行业间呈现出非常明显的差异性，服务行业粘性价格比较明显，粘性价格持续时间比较长，而制造行业粘性价格不明显，粘性价格持续时间短，此外，企业规模越大，市场程度越高，竞争越充分，价格粘性越低。

在第二个方面，主要利用 DSGE 模型分析方法，将粘性价格理论纳入新凯恩斯的分析框架内，分析在存在粘性价格的条件下，价格粘性对宏观经济变量如通货膨胀惯性、经济波动以及财政与货币政策等问题。赵新伟、余力（2017）构建了一个包含金融摩擦与粘性价格的扩展 DSGE 模型，分析在粘性价格的条件下，金融摩擦对实体经济主要经济变量的影响渠道及效果。通过分析发现：粘性价格对金融摩擦的作用渠道与效果以及经济波动影响巨大。苏梽芳（2014）根据国家发改委发布的 109 种消费品和服务价格数据对我国价格粘性程度与通货膨胀惯性进行了分析，分析发现，我国价格粘性与通胀惯性是正相关的关系。但由于我国价格粘性有明显的异质性，二者关系比较微弱。其他如：李雪松和王秀丽，

2011；侯成琪等，2011；赵新伟和余力，2016；王艺明和蔡昌达，2012；王云清等，2013；等等。

### 2.1.5 粘性价格理论述评

粘性价格理论是现代宏观经济学重要的研究内容，也是新凯恩斯主义分析理论的基础，同时粘性价格也是20世纪90年代后区分宏观经济学的两大流派新古典经济学和新凯恩斯主义经济学的重要标志。一定程度上可以说价格粘性理论是现代宏观经济学的立论基础，也是连接微观经济主体与进行宏观经济分析的桥梁。没有粘性价格理论，现代宏观经济学将缺乏宏观分析的微观基础，也是构建现代宏观经济分析模型进行经济周期、货币政策分析的基础。

20世纪70年代以后，为应对理性预期学派及新古典经济学的挑战，新凯恩斯主义经济学者通过对粘性价格理论与工资刚性理论进行了进一步阐述与完善，构建粘性价格理论的微观基础，发展了信贷配给与利率粘性理论，深入分析了微观经济主体在资本市场、劳动市场、产品市场等各个市场追求自身利益最大化的过程与理性选择，揭示了不同市场中导致非市场出清和宏观经济失衡的因素，阐述了微观经济主体的个体理性选择与宏观经济现象如：失业、经济周期性波动、总供求失衡以及经济危机的内在联系，为凯恩斯经济学构建了一个坚实的理论基础，也出色地回答了理性预期学派的挑战，也使新凯恩斯经济学逐渐取得了宏观经济学的主流地位。

20世纪80年代后，粘性价格理论不断发展完善，特别是“滞涨”现象出现后，新凯恩斯主义者在“滞涨”的基础上从不同的方面对价格粘性理论做了解释与突破性研究，如交错调整价格理论，尾数定价理论、菜单成本理论（Ball，1994）、信息成本定价理论（Mankiw，2002）和公平定价理论（Coibion，2010）等，特别是信息成本定价理论，通过与信息经济学结合起来[①]，将粘性价格理论扩展为粘性信息理论，利用带有粘性信息的菲利普斯曲线和具有粘性信息的一般均衡理论来解释总需求对价格与产出水平等主要经济变量的动态影响，为宏观经济学与信息经济学的融合提供了新的思路，同时也开创了宏观经济学另一分支——新兴不完全信息经济学。对经济学理论的发展起到了巨大的推动作用。

通过前述对粘性价格理论的梳理可以看到，粘性价格理论研究的内容主要包括以下三个方面：

---

① 关于粘性信息与粘性价格的更多内容，参见Reis（2002）。

第一，理论层面对于粘性价格的微观基础的解释。

由于凯恩斯主义经济学没有对粘性价格理论提供一个完善的微观基础，无法解释粘性价格理论的形成，这成为许多非凯恩斯经济学者的批评的原因，特别是理性预期学派，他们认为凯恩斯主义经济学缺乏对经济个体进行理性预期假设的分析，不能使经济主体实现经济利益的最大化，违背了经济学理论中最基本的"经济人"的假设。因此，对粘性价格理论从微观方面进行理论解释是新凯恩斯主义经济学产生的最主要目的，也是对理性预期学派的挑战的最直接的回复。这一部分研究内容在粘性价格理论中发展最充分、理论的时间跨度也是最长的、对经济学的发展贡献最大。

为应对理性预期学派的挑战，许多新凯恩斯主义学者从不同的方面对粘性价格理论的微观基础进行了解释，形成了不同的理论，如前所述，对粘性价格理论的微观解释大体上可以分成两类：名义粘性价格理论与实际粘性价格理论，这些理论从不同的方面对现实世界中出现的粘性价格现象进行了解释，如菜单成本、长期合同、隐含合同、公平定价、尾数定价、粘性信息等理论，为微观经济主体与宏观经济变量的联系提供了桥梁，丰富和发展了宏观经济学的研究内容。特别是粘性信息理论的提出，开创了宏观经济学的一个分支——新兴不完全信息经济学。

第二，粘性价格理论各种微观解释的经验检验。

新凯恩斯主义经济学者提出一个新的粘性价格理论的解释后，许多学者就会对这种理论的现实表现及相关证据进行经验检验。粘性价格理论的经验检验分三个方面：

一是对各种粘性价格理论的直接经验检验。总的来说，粘性价格理论的大多数微观解释理论都通过各种方式在现实世界中得到了检验，如菜单成本理论、尾数定价理论、粘性信息理论与粘性价格总量定价模式等。但在粘性价格理论实证研究早期，由于微观数据不易获取，所以对于早期的粘性价格实证分析，研究范围和研究内容都比较分散，比如在菜单理论的验证过程中，由于缺乏与企业成本相关的数据，菜单理论的验证一直非常困难（Calrton，1986），所以在早期对于粘性价格理论的验证，只能采用验证代理变量的方式即验证样本期的价格变化大小和频率来间接的寻找支持菜单理论的证据。后来随着人们对粘性价格理论的认识逐渐深入，许多国家加强了对于粘性价格微观价格数据可获得性的研究，粘性价格的估算与分析方法也逐渐完善，因此，对粘性价格理论的直接经验检验比较顺利。

二是对于各个国家粘性价格程度的测算。粘性价格理论检验的一个重要方面就是测算不同国家粘性价格的程度，这也是现实中对粘性价格理论的直接支持证据。各个国家测算的粘性价格程度不同，但都支持一个观点，那就是粘性价格在现实世界中是确实存在的。如前所述，在粘性价格理论实证研究早期，由于微观数据不易获取，各个国家商品价格的粘性程度测算比较困难。进入 20 世纪后，许多国家加强了对于粘性价格微观价格数据可获得性的研究，特别是一些国家建立了关于微观经济的数据库，并逐渐通过官方开放了编制 CPI 价格指数的商品级价格数据，这些微观数据库与大量微观数据的获取，使得对微观价格的收集与处理，从而对一个国家的商品价格确定方式进行分析成为现实；此外，最近十几年，互联网电商产业的发展与大数据分析方法的出现也使得利用网络与计算机技术来对数以万计的微观产品价格进行分类与测算成为可能，这也促进了各个国家对于粘性价格程度的估算研究，因此，从 2005 年后，西方国家对于粘性价格程度的测算研究更加活跃。

三是粘性价格对其他经济变量影响渠道与影响效果的估算。这一部分的研究内容主要侧重分析将粘性价格纳入宏观经济的分析框架下，利用宏观经济分析模型，以粘性价格微观理论为基础，分析粘性价格对通货膨胀惯性、粘性价格对产出波动的动态影响机制，试图建立粘性价格微观基础与宏观表象之间的关系。从现有国内外的研究文献来看，粘性价格对通胀惯性、产出水平波动的动态影响研究结论很含糊，没有形成统一的观点，这一部分的研究内容也比较少。究其原因，一是在于粘性价格理论的产生基础是应对理性预期学派与新古典经济学派的批评而产生，因此，其理论重点在于构建凯恩斯主义经济学的微观基础，从现实世界中寻找支持粘性价格的证据，而对于如何将粘性价格理论与宏观经济学结合起来，构建包含微观基础与宏观表现的综合经济模型，分析微观层面的粘性价格波动对宏观通货膨胀、产出波动的动态影响方面关注较少。因此，如何构建微观价格粘性与宏观变量之间关系的动态经济模型是以后粘性价格理论发展的方向；二是在 DSGE 模型产生之前，经济学者缺乏足够的工具来对粘性价格的影响进行分析，因此，对于基于粘性价格理论的建模与数据分析内容较少，这也是本书写作的目的，本书希望通过构建基于粘性价格分析框架的宏观经济分析模型，来阐述粘性价格对于我国经济波动的影响渠道与效果。

## 2.2 经济波动理论

经济波动一般指随着时间的推移，经济变量围绕长期趋势的不断变化过程。

早期的经济波动一般指经济周期，对于经济波动问题的研究一直是经济学研究的重要课题，国内外的许多学者对这一领域的研究做出了大量的贡献，早期对于经济波动的研究主要侧重对于经济周期波动的原因及影响等方面。20 世纪初，对于经济波动的研究逐渐转向经济波动的动态机制研究，特别是凯恩斯主义经济学出现后，对于经济波动的研究一直是宏观经济学研究的中心问题。

### 2.2.1　国外经济波动问题研究文献综述

国外对经济波动的最早研究可以追溯到 19 世纪末对于一国经济周期衡量指标体系的建立。目前国外对于经济波动的研究主要集中在两个方面：一是对于经济波动的影响因素及动态机制方面的研究；二是对于经济波动的宏观数量分析方法的改进及应用性研究。

（1）在对经济波动的影响因素及动态机制的研究。这一方面，多数学者关注引起一个国家经济波动的外部或内部因素及这些因素对经济波动的动态影响。对经济波动具有重要影响的因素包括：要素价格、财政政策与货币政策、社会总体价格指数、外部冲击、市场结构等方面。如：巴斯基和基利恩（Barskyand Kilian，2004）分析了 20 世纪 70 年代以来中东国家石油价格的波动与经济波动的关系，对中东地区石油价格的波动与经济波动进行了定量分析，通过分析发现，中东地区的石油价格波动与经济波动不具有同步性。西蒙斯（Sims，2007）分析了美国 1970 ~2008 年房地产价格与其他商品价格及居民总体消费之间的关系，通过分析发现，相对于其他商品价格而言，房地产价格水平与居民消费水平及总体经济波动的关系更相关。巴斯基和基利恩（Barsky and Kilian，2002）分析了石油价格波动对于全球宏观经济的影响，利用石油市场结构模型对石油价格与经济波动进行了分析，他们发现，石油价格的波动会对全球经济产生负向的冲击，而这是造成全球经济波动的重要原因。亚科维洛和奈里（Iacoviello and Neri，2010）利用美国 1952 ~2008 年的美国房地产价格与消费支出的数据，分析了美国房地产价格对消费支出及经济波动的影响，分析发现，二者变动趋势趋于一致，房地产价格与消费支出的相关系数为 0. 38。伯南克和格特勒（Bernanke and Gertler，1999）利用 DSGE 模型模拟了一个小型开放国家的能源价格冲击对于整体经济波动的影响，分析发现，在利率放开的条件下，能源价格冲击是影响一个国家经济波动的主要因素。佩兹曼（Peltzman，2000）分析了各国股票价格变化与一国经济波动的关系，认为无论在发达国家还是发展中国家中，股票价格等一些资本工具价格的巨大波动是造成一个国家宏观经济波动的重要原因，但目前来说，股票市场价格的变化对于经济波动的长期影响还不能准确度量，这增加了一个国家经济波动的复杂性。

（2）对于经济波动的宏观数量分析方法的改进及应用性研究。对这一领域的研究是目前经济波动理论中最活跃的部分。经济波动的研究从一开始产生就伴随着对于经济波动数量方法的研究，经济波动理论的发展很大程度上也取决于宏观数量分析方法的改进。最早对于宏观经济数量分析方法的建立主要目的是用现实世界的各类数据来检查经济波动的理论，特别是凯恩斯主义的各种理论。费恩（Finn，1994）建立了由 5 个方程组成的测算美国食品需求的方程模型，这种通过建立系统方程的方法很快就被应用到了对于经济波动的研究。乔治和斯塔德勒（George and Stadler，2000）建立了一个衡量美国经济体系发展的 16 个方程组，来观测美国宏观经济的波动情况，此后，大量的宏观经济分析模型被建立和发展。

目前对于宏观经济模型的建立主要有两种模式。第一种模式是向量自回归模型（VAR），这种模型产生于 20 世纪 80 年代，这种模型可以避免联立方程组的结构约束问题，增强模型变量中各个影响因素的识别程度，因此，此后的结构向量自回归模型（SVAR）、向量误差修正模型（VECM）一度在 20 世纪 90 年代成为宏观经济波动分析的主流工具。但 VAR 模型有明显的缺点，最突出的问题就是 VAR 模型缺乏经济理论基础，不能体现经济理论内容，VAR 模型最大的作用是帮助在对宏观经济进行数据分析时选择变量，而对于经济数据与经济理论的关系，VAR 模型不能有效解释。

第二种模式是目前对于经济波动的主流分析方法，动态随机一般均衡模型（DSGE）。动态随机一般均衡模型包括两种分析范式，RBC 分析框架下的 DSGE 模型与新凯恩斯分析框架下的 DSGE 模型。RBC（真实经济周期）模型属于新古典经济学的理论范畴，其主要基本假设是完全竞争与灵活价格波动，而新凯恩斯 DSGE 模型对 RBC 模型进行了修正，假定市场为垄断竞争市场，价格与工资具有粘性特征。国外目前对 DSGE 的文献研究较多，主要侧重于利用 DSGE 模型分析一国经济波动及动态变化趋势。如：斯密茨和沃特斯（Smets and Wouters，2007）通过构建一个中型的 DSGE 模型，将个体最优化分析与线性化转换结合起来，并将许多实际与名义上的摩擦考虑进去，如消费水平与习惯、投资与成本水平、工资水平与价格黏性、固定资产利用率等，从而得出宏观经济方程与最优货币政策建议，为各国政府的宏观系统经济分析提供了理论依据。西蒙斯和克里斯托弗（Sims and Christopher，2002）将银行部门作为一个独立的市场参与主体加入到 DSGE 模型中，形成了一个比较完整的金融市场体系，并对金融市场中存在的信息不对称以及代理人问题进行了分析。阿道夫森（Adolfson，2008）在前人研究的基础上构建了一个基于开放经济的小型 DSGE 模型，并对模型的进出口商品价格进行了限定，假定进出口商品价格刚性，允许不完全的汇率转换，并分析了这种小型开放经济 DSGE 模型的最优化问题。加利（Gali，2007）在刚性工资假定的基础上阐述了稳定通货膨胀率与稳定产出缺口之间的关系，并分析了最优产出缺口的实现条件。爱尔兰（Ireland，2004）认为劳动力市场的成本包括雇佣成本与解雇成本，在存在劳动调整成本的前提下，分析了在货币政策冲击对产出与失业率的持续性影响。贾斯提尼亚诺和亚历杭德罗（Justiniano and Alejandro，2008）在最优化分析的基础上建立了一个包含多部门的 DSGE 模型，并对模型进行了分析与求解，最后刻画了多部门冲击对总产出及其他经济变量的影响。科格利和蒂莫西（Cogley and Timothy，2008）将各产业部门之间的联系以网络结构的形式进行表示，在此基础上，建立了基于网络结构的 DSGE 模型，并从网络经济分析出发，研究了部门冲击特别是网络经济对地区总产出的影响。安德鲁、维兰德和威廉姆斯（Andrew，Wieland and Williams，2003）以货币与部门产品价格刚性为基础建立了一个 DSGE 模型，通过分析发现，在一国各部门中，生产耐用品的制造业与建筑业受货币冲击的影响最大，而总产出受货币冲击的影响与其他各部门受冲击的影响较小。

### 2.2.2　国内经济波动问题研究文献综述

国内对经济波动问题的研究主要是利用 DSGE 模型来对我国的经济波动从变动趋势、影响因素等方面进行分析，侧重实证分析方法。陈昆亭和龚六堂（2004）将人力资本分析引入 RBC 模型中，认为在中国经济波动与经济增长的形成过程中，引入人力资本分析的 DSGE 模型可以更好地进行解释。秦学志、张康、孙晓琳（2010）在投入产出模型原理的基础上构建了局部均衡 DSGE 模型，分析了政府投资对地区经济增长的贡献，并考察了政府投资对地区经济各部门构成的形成影响，段志刚、王其文、李善同（2006）计算了 1992～2000 年我国投入产出表的时序数据，并利用 DSGE 模型分析了政策冲击对我国投入产出系数的影响及变化趋势。黄颐琳（2006）构建了包含可分解的劳动力 DSGE 模型，以劳动力供给为基础，分析了劳动力供给、技术冲击及政策冲击等因素对中国经济波动的影响。

# 2.3 粘性价格与宏观经济波动

## 2.3.1 国外粘性价格与宏观经济波动研究综述

这一部分的研究内容主要侧重分析粘性价格与通胀惯性关系，这一部分的研究文献比较少，伦尼曼和马塔（Lunnemann and Matha，2005）利用欧盟15国的商品价格数据，对粘性价格与地区通货膨胀惯性进行了分析，研究发现服务价格、管制服务的价格与地区通货膨胀惯性正相关，马托斯（Matos，2010）通过对巴西商品价格的微观数据也证实了商品价格粘性与通胀惯性正相关的关系，而切凯蒂（Cecchetti，2006）[11]分析认为价格粘性与地区通胀惯性具有负向的关系，比尔克（Bilke，2005）通过对法国CPI数据的分析发现，服务价格和工业品价格粘性对地区通货膨胀惯性的影响更大，而食品价格和能源价格对通货膨胀惯性的影响比较小，另外与这些研究相关的主要是分析要素价格的变化对于总体经济波动的影响方面。克拉克（Clark，2006）利用美国微观商品的价格数据分析了粘性价格与通胀惯性的关系，分析发现：耐用品与非耐用品的商品价格对于通胀惯性没有显著影响。

其他大多数学者主要侧重要素价格与一般价格水平对于经济波动的影响分析。亚科维洛和奈里（Iacoviello and Neri，2010）利用美国1952~2008年的美国房地产价格与消费支出的数据，分析了美国房地产价格对消费支出及经济波动的影响，分析发现，二者变动趋势趋于一致，房地产价格与消费支出的相关系数为0.38。巴斯基和基利恩（Barsky and Kilian，2004）利用石油市场结构模型对石油价格与经济波动进行了分析，发现，石油价格的波动会对全球经济产生负向的冲击，而这是造成全球经济波动的重要原因。库纳多（Cunado，2003）[84]、汉森（Hansen，2003）对欧美国家的石油价格水平与一国经济波动问题进行了分析，研究发现在欧美国家国际原油价格波动对这些国家的经济系统具有显著的影响，而且二者关系为负，当原油价格上升时，欧美国家产出水平下降，而通货膨胀率和失业率则会出现大幅上升，持续时间在一年左右。奥比克（Aubhik，2007）、鲍克（Balke，2002）、布朗（Brown，2012）、费恩（Finn，2014）分别对发达国家能源价格与宏观经济波动关系进行了分析，通过分析发现，大多数国家的能源价格与宏观经济波动具有负向影响。

### 2.3.2 国内粘性价格与宏观经济波动研究综述

国内对于粘性价格与宏观经济波动的研究较少，从文献统计情况来看，涉及到这个问题的只有两篇文献，赵新伟、余力（2017）与苏梽芳（2014），大多数研究集中在笼统的价格总体水平及要素价格水平变化，如能源价格、房地产价格等对宏观经济波动的影响方面。赵新伟、余力（2017）构建了一个包含金融摩擦与粘性价格的扩展 DSGE 模型，分析在粘性价格的条件下，金融摩擦对实体经济主要经济变量的影响渠道及效果。通过分析发现：粘性价格对金融摩擦的作用渠道与效果以及经济波动影响巨大。苏梽芳（2014）根据国家发改委发布的 109 种消费品和服务价格数据对我国价格粘性程度与通货膨胀惯性进行了分析，分析发现，我国价格粘性与通胀惯性是正相关的关系。但由于我国价格粘性有明显的异质性，二者关系比较微弱。李宏瑾和徐爽（2006）考察了我国地区房地产价格波动对于整体经济发展的影响，该研究以珠三角 16 个城市的房地产价格为基础，构建了一个简单的两期模型，对房地产价格对居民消费结构、经济波动的影响进行了分析。此外，部分学者还分析了能源价格、要素价格扭曲等因素对我国经济波动的影响。

## 2.4 国内外研究存在的不足及进一步研究的空间

国外对于粘性价格理论及粘性价格与宏观经济波动的研究产生时间不长，但研究内容比较丰富，主要集中在对于粘性价格理论内容的微观解释方面，通过一些形形色色的粘性价格理论的阐述，构建了粘性价格理论的微观基础，深入分析了微观经济主体在资本市场、劳动市场、产品市场等各个市场追求自身利益最大化的过程与理性选择，揭示了不同市场中导致非市场出清和宏观经济失衡的因素，为凯恩斯经济学构建了一个坚实的理论基础。特别是信息成本定价理论的研究，通过与信息经济学结合起来①，将粘性价格理论扩展为粘性信息理论，利用带有粘性信息的菲利普斯曲线和具有粘性信息的一般均衡理论来解释总需求对价格与产出水平等主要经济变量的动态影响，为宏观经济学与信息经济学的融合提供了新的思路，同时也开创了宏观经济学另一分支——新兴不完全信息经济学。

① 关于粘性信息与粘性价格的更多内容，参见 Reis（2002）。

对经济学理论的发展起到了巨大的推动作用，从粘性价格与经济波动的研究内容、分析方法来看，还存在一些不足。

第一，未将粘性价格真正纳入宏观经济的分析框架，研究微观粘性价格的变动对宏观经济波动的影响机制问题。粘性价格的变化对于宏观经济整体的影响揭示过少，研究结论模糊，没有得出统一的结论。这部分研究主要的侧重点集中在粘性价格与通胀惯性的研究方面，如伦尼曼和马塔（Lunnemann and Matha，2005）利用欧盟15国的商品价格数据，对粘性价格与地区通货膨胀惯性进行了分析，研究发现服务价格、管制服务的价格与地区通货膨胀惯性正相关，马托斯（Matos，2010）通过对巴西商品价格的微观数据也证实了商品价格粘性与通胀惯性正相关的关系，而切凯蒂（Cecchetti，2006）分析认为价格粘性与地区通胀惯性具有负向的关系，而对于其他方面如粘性价格对利率变动、社会整体产出水平的变化等方面基本没有涉及到。

第二，没有考虑金融市场的金融摩擦问题。金融摩擦指由于一个国家金融市场的缺陷所导致的市场摩擦。具体表现在金融摩擦会阻止金融市场资金的有效流动，即由资金供给方向资金需求方的自由流动。国内外学者在分析金融摩擦问题时，并未考虑粘性价格问题，大多为了分析问题的方便，假定价格是自由波动的，这使得对金融摩擦的研究缺乏现实基础与理论依据。本书认为，金融摩擦的影响和传导与一国价格水平模式密切相关。因此，要分析金融摩擦对经济的影响，需要考虑粘性价格问题。

第三，没有将粘性信息理论与宏观经济分析进行有效统一。从粘性价格理论的分析路径来看，新凯恩斯主义经济学主要是论证工资与价格粘性或刚性对宏观经济运行结果所产生的影响。但经验检验发现，价格粘性模型对现实经济的拟合存在一些问题，针对这些问题，曼昆和里斯（Mankiw and Reis）等在粘性价格的基础上提出了粘性信息的菲利普斯曲线模型（Sticky Information Phillips Curve），认为，人们在利用信息进行决策时，不是利用最新的信息来进行决策，而是利用过期的或者具有“粘性”的信息来进行决策，而且信息在经济主体间的传播具有滞后性。但与粘性价格理论一样，分析的重点侧重对于粘性信息理论的验证与各个国家粘性信息程度的测度，而没有将微观粘性信息的变化与宏观经济变量结合起来，分析微观粘性信息对宏观经济总体行为的影响。

针对以上对于国内外研究中存在的不足，本书将从这些方面着手，逐步展开本书的研究工作。

# 2.5　其他相关理论综述

## 2.5.1　粘性信息理论

自 20 世纪 90 年代以来，新凯恩斯理论主要采用具有垄断竞争市场和名义刚性的动态随机一般均衡模型来进行经济分析，通过建立反映价格指数动态波动规则的新凯恩斯主义菲利普斯曲线来对经济变量的动态性进行阐释。从总的分析路径来看，新凯恩斯主义经济学主要是论证工资与价格粘性或刚性对宏观经济运行结果所产生的影响。但经验检验发现，价格粘性模型不能很好地解释通货膨胀的持续性、加速原理等，也不能产生良好的动态性，甚至会出现一些与经验事实相矛盾的结论，如通货紧缩导致繁荣、价格水平可以立即调整等结论。

为完善新凯恩斯主义理论，经济学家从不同的方面对粘性价格理论进行了拓展。开创性的研究者是曼昆和里斯（Mankiw and Reis）等。曼昆和里斯（Mankiw and Reis）等在粘性价格的基础上提出了粘性信息的菲利普斯曲线模型（Sticky Information Phillips Curve），认为，人们在利用信息进行决策时，由于信息成本与决策需要，不是利用最新的信息来进行决策，而是利用过期的或者具有“粘性”的信息来进行决策，而且信息在经济主体间的传播具有滞后性，这导致了价格粘性的存在，与传统的粘性价格模型相比，粘性信息模型可以准确地说明货币政策对通货膨胀作用的延迟，其对货币政策的描述更为准确；2006 年，曼昆和里斯（Mankiw and Reis）进一步建立了具有粘性信息的一般均衡理论模型，指出市场中存在的价格粘性或刚性问题，主要原因在于人们在确定价格时所使用的信息具有粘性或者滞后性所导致的，人们之所以不使用更新的信息，不是因为没有更新的信息，而是由于使用过期的信息更有成本优势或者更易于决策，是一种“理性疏忽”。

粘性信息理论提出后，许多学者利用不同国家和地区的数据进行了经验研究，得出了许多开创性成果，粘性信息理论的产生促进了信息经济学与宏观经济学的融合。国外大多数研究关注现实社会中粘性信息理论的验证及测度。曼昆和里斯（Mankiw and Reis）利用美国的工资与失业数据，对美国企业的信息更新速度进行了分析，发现从企业的角度来说，大概一年更新一次企业关于工资与工作的信息。基莉（Kiley，2007）利用面板数据与贝叶斯方法对粘性价格与粘性信息模型进行了估计，并利用美国 1965～2002 年和 1983～2002 年的企业微观数据，对美国企业的信息粘性程度进行了估计，估计结果分别为 0.39 和 0.59，信息粘性程度较高。卡罗尔（Carroll，2003）受疾病传播模型的启发，具体演化了人们对通胀预期的形成过程，利用密歇根的调查数据对信息粘性程度进行了估计，估计结果为 0.27，表明密歇根约有 1/4 的人口使用最新的信息进行决策。为信息成本理论提供了直接的证据。杜波（Dupor，2010）基于粘性信息与粘性价格的假设，建立了双粘性的菲利普斯曲线，同时对美国信息粘性与价格粘性进行了估计，估计结果显示，估计结果显示，美国企业有接近一半会在一个季度更新信息，约有 1/7 的企业会更新价格。可汗和朱（Khan and Zhu，2007）采用英国、美国和加拿大的微观经济数据，对这三个国家的粘性信息进行了实证检验，通过分析发现，美国和加拿大的企业平均更新信息的时间为 4 个季度，而英国企业的平均更新频率是 7 个季度，因此，英国企业产品的价格粘性更强。多普克（Dopke，2008）利用美国和欧洲国家的企业数据，分析了不同国家的信息传输速度，分析发现，与美国企业相比，意大利、法国与德国的企业信息传输时间更长，因此，也间接验证了粘性信息的存在。国内利用微观数据对我国信息粘性程度的研究比较少，但都以实证方法验证了我国粘性信息的存在。卞志村（2016）通过 Kalman 滤波对产出缺口及通胀率预期进行了估计，进而利用双粘性模型和粘性信息模型对我国的信息粘性程度进行了估算，研究显示，中国企业平均每 4～9 个季度更新 1 次信息，每 3 个季度更新 1 次价格，王军（2016）研究了不同的产业结构与我国粘性信息的关系，分析发现：粘性信息在我国不同的产业结构间存在明显的差异，第一产业粘性信息程度比较低，企业平均 2.2 个季度更新一次信息集，第二产业信息粘性程度较高，企业平均 2.9 个季度更新一次信息集，而第三产业企业平均 2.3 个季度更新一次信息。此外，崔百胜（2013）利用包含粘性信息的 DSGE 模型，分析了信息在提前公布与当期公布的情况下，其对于通货膨胀与名义利率等变量的影响。

从粘性信息的研究综述来看，粘性信息的研究还存在一些待完善的地方：一是分析侧重对于粘性信息理论的验证与各个国家粘性信息程度的测度，而没有将微观粘性信息的变化与宏观经济变量结合起来，分析微观粘性信息的变化对宏观经济总体行为的影响，从粘性信息理论的发展过程来看，利用粘性信息理论分析宏观经济的变化与波动应该是粘性信息理论的目的。二是没有对粘性信息与粘性价格对于一国整体经济的影响进行比较研究，从经济主体的福利效应来看，粘性价格与粘性信息对于经济主体的福利损失也没有进行揭示。

### 2.5.2　DSGE - VAR 与 DSGE 模型方法

最近几十年，DSGE（Dynamic Stochastic General Equilibriu）模型作为一种全新的宏观经济计量方法获得了很大的发展，无论是在理论方面，还是在实践方面，DSGE 正逐渐取代传统的 LMM 模型而成为宏观经济决策的有力分析与支持工具。DSGE 模型将数量分析作为主要分析方法，利用模型估计（Estimation）与校准（Calibration），将二者结合起来，评估模型的优劣，同时 DSGE 模型以个体最优化作为分析基础，不但可以有效避免卢卡斯批判（Lucas Critique），而且可以充分考虑市场中各参与主体的限制条件与效用情况，进行最优化分析。

国内外许多学者对 DSGE 模型也进行了多方面的研究与扩展。如：斯密茨和沃特斯（Smets and Wouters，2007）通过构建一个中型的 DSGE 模型，将个体最优化分析与线性化转换结合起来，并将许多实际与名义上的摩擦考虑进去，如消费水平与习惯、投资与成本水平、工资水平与价格黏性、固定资产利用率等，从而得出宏观经济方程与最优货币政策建议，为各国政府的宏观系统经济分析提供了理论依据。斯密茨和沃特斯（Smets and Wouters，2007）通过构建一个中型的 DSGE 模型，将个体最优化分析与线性化转换结合起来，并将许多实际与名义上的摩擦考虑进去，如消费水平与习惯、投资与成本水平、工资水平与价格黏性、固定资产利用率等，从而得出宏观经济方程与最优货币政策建议，为各国政府的宏观系统经济分析提供了理论依据。西蒙斯和克里斯托弗（Sims and Christopher，2002）将银行部门作为一个独立的市场参与主体加入到 DSGE 模型中，形成了一个比较完整的金融市场体系，并对金融市场中存在的信息不对称以及代理人问题进行了分析。阿道夫森（Adolfson，2008）在前人研究的基础上构建了一个基于开放经济的小型 DSGE 模型，并对模型的进出口商品价格进行了限定，假定进出口商品价格刚性，允许不完全的汇率转换，并分析了这种小型开放经济 DSGE 模型的最优化问题。加利（Gali，2007）在刚性工资假定的基础上阐述了稳定通货膨胀率与稳定产出缺口之间的关系，并分析了最优产出缺口的实现条件。爱尔兰（Ireland，2004）认为劳动力市场的成本包括雇佣成本与解雇成本，在存在劳动调整成本的前提下，分析了在货币政策冲击对产出与失业率的持续性影响。贾斯提尼亚诺和亚历杭德罗（Justiniano and Alejandro，2008）在最优化分析的基础上建立了一个包含多部门的 DSGE 模型，并对模型进行了分析与求解，最后刻画了多部门冲击对总产出及其他经济变量的影响。科格利和蒂莫西（Cogley and Timothy，2008）将各产业部门之间的联系以网络结构的形式进行表示，在此基础上，建立了基于网络结构的 DSGE 模型，并从网络经济分析出发，研究了部门冲击特别是网络经济对地区总产出的影响。安德鲁、维兰德和威廉姆斯（Andrew，Wieland and Williams，2003）以货币与部门产品价格刚性为基础建立了一个 DSGE 模型，通过分析发现，在一国各部门中，生产耐用品的制造业与建筑业受货币冲击的影响最大，而总产出受货币冲击的影响与其他各部门受冲击的影响较小。国内对于 DSGE 模型的分析与研究也比较多。如：陈昆亭和龚六堂（2004）将人力资本分析引入 RBC 模型中，认为在中国经济波动与经济增长的形成过程中，引入人力资本分析的 DSGE 模型可以更好地进行解释。秦学志、张康、孙晓琳（2010）在投入产出模型原理的基础上构建了局部均衡 DSGE 模型，分析了政府投资对地区经济增长的贡献，并考察了政府投资对地区经济各部门构成的形成影响，段志刚、王其文、李善同（2006）计算了 1992 ~ 2000 年我国投入产出表的时序数据，并利用 DSGE 模型分析了政策冲击对我国投入产出系数的影响及变化趋势。黄颐琳（2006）构建了包含可分解的劳动力 DSGE 模型，以劳动力供给为基础，分析了劳动力供给、技术冲击及政策冲击等因素对中国经济波动的影响。

这些研究一般在 DSGE 模型假设的基础上，利用市场完全出清与价格完全调整，分析市场主体的最优化行为，研究的范围比较广泛，比如：货币政策、劳动力市场、财政政策以及经济波动等问题，在模型分析时引入一些外生冲击，利用极大似然法来对模型参数进行估计，从而探讨经济体系中各变量如何随时间变化的动态性质，特别是后来引入了价格与工资刚性以及贝叶斯估计的采用，使得 DSGE 模型成为一种兼具模型校准、结构性估计与预测的新凯恩斯 DSGE 模型，也使得 DSGE 模型成为现代宏观经济学中应用最为广泛的分析方法，被世界许多国家央行所采用。

但在理论与实践中，DSGE 模型还存在一些有待完善的地方。第一，实践方面，大型 DSGE 模型预测效果并未如人们想象的那样理想。如上所述，由于 DSGE 模型在经济预测，政策评估方面有比较优越的性能，因此，在 21 世纪初期，许多国家都以 DSGE 模型为基础建立了自己国家的政策分析与预测系统，如：欧洲央行的 NAWM，美国联邦储委的 Edge 与 Erceg 模型，英国的 BEGQM 等，但不久之后的次贷危机使得这些模型的预测能力受到了极大的考验。与 LMM 一样，DSGE 模型不能准确预测 20 世纪 70 年代后西方国家普遍存在的滞涨（Tagflatio）。也让人们对 DSGE 模型的预测能力有了怀疑，人们更多开始关注 DSGE 的现实基础以及对现实经济问题的解释与预测问题。第二，理论方面，传统的 DSGE 模型以价格与工资弹性为假设前提，而这两点在现实经济，特别是市场经济体制中，情况各异，特别是工资弹性问题。第三，传统的 DSGE 模型的分析框架以完全竞争市场为基础，没有考虑现实经济中比较突出的垄断与市场独占问题，这一点在市场经济国家比较普遍，因此，DSGE 的分析框架的适用性有待商榷。最后，对于传统的 DSGE 模型来说，另外一个突出问题就是有可能会对变量特征进行错误的定义与识别，即：对于 DSGE 要解释的宏观经济时间序列数据，DSGE 模型对这些数据的移动平均数的交叉系数特征不进行限定。这样的一个结果就是，单就预测能力来说，DSGE 模型的预测结论要比采用良好校准方法的 VAR 模型差得多。因此，要追求模型的良好预测能力，传统的 DSGE 不能作为一个最优的选择。但是从另一个方面来说，传统的 DSGE 模型具有自己的优势，即 DSGE 模型可以非常精确的刻画政策制度的变化对于预期形成以及市场主体决策的影响。因此，传统的 DSGE 模型的政策分析结论比 VAR 模型结论的可信度要大得多。从以上分析可以看出，DSGE 模型与 VAR 模型在进行时间序列数据分析时各有优缺点，如何将 DSGE 模型与 VAR 模型的优势结合起来，构建一个易操作的政策分析模型，是一个比较现实的问题。

# 第 3 章

# 中国粘性价格与经济波动的经验事实

第 2 章阐述了经济波动与粘性价格的相关理论文献综述，为本书的研究奠定了理论基础，本章将在上一章理论介绍的基础上，对中国粘性价格与经济波动的经验事实进行阐述。要解释经济现象，首先必须要了解经济现象，而在经济社会中，经济现象是通过大量的经验事实表现出来的，经验事实是通过大量数据分析得出的具有普遍性、代表性的事实。它是经济现象的具体表现形式，也是经济理论所要解释的对象，在本章，我们将对中国粘性价格与经济波动的数据进行分析，总结出中国粘性价格与经济波动的经验事实，为后续的研究打好基础。

## 3.1 粘性价格的经验验证

由于粘性价格理论在宏观经济理论体系中的重要地位，因此，各国经济学者都非常重视粘性价格在现实世界中的经验验证。在实践中，通过对大量微观企业的微观数据的分析，为粘性价格理论提供了强大的现实基础。越来越多的微观数据表明，微观经济以及微观企业的名义价格粘性确实是存在的，粘性价格理论在现实中也得到了有力的验证。在粘性价格理论实证研究早期，由于微观数据不易获取，所以对于早期的粘性价格实证分析，研究范围和研究内容都比较分散，比如在菜单理论的验证过程中，由于缺乏与企业成本相关的数据，菜单理论的验证一直非常困难（Baharad，2004），所以在早期对于粘性价格理论的验证，只能采用验证代理变量的方式即验证样本期的价格变化大小和频率来间接地寻找支持菜单理论的证据。进入 21 世纪后，随着人们对粘性价格理论的认识逐渐深入，许多国家加强了对于粘性价格微观价格数据可获得性的研究，粘性价格的估算与分析方法也逐渐完善；特别是许多国家建立了关于微观经济的数据库，这些数据库的建立，使得对微观价格的收集与处理，从而对一个国家的商品价格确定方式进行分析成为可能；此外，最近十几年，互联网电商产业的发展也使得利用网络与计算机技术来对数以万计的微观产品价格进行分类与整理成为现实，这也促进了对于粘性价格理论的验证。

粘性价格理论的经验检验主要侧重以下几个方面：一是各种粘性价格理论的实证检验，如：菜单成本理论的经验验证，尾数定价理论的经验验证，信息成本理论的经验验证，粘性价格总量定价模式的经验验证等；二是对于各个国家粘性价格结果与程度的测算。

对于各个国家粘性价格结果与程度的测算，国外的研究比较多。粘性价格理论产生后，一些经济学者就围绕粘性价格理论在现实世界的存在性进行验证，并利用各种方法对不同国家商品价格粘性程度进行了估计与测算。在价格粘性早期的研究中，由于商品价格数据的可得性比较低，因此，一般对报纸、杂志与零售百货商品的价格粘性进行测算，发现名义价格调整缓慢，价格具有较强的粘性，价格粘性的持续时间为一年左右，如切凯蒂（Cecchetti，1986）通过对美国 38 种杂志价格变动情况进行调查，发现美国杂志价格粘性的时间范围为 1.4 ~ 1.5 年左右。布林德（Blinder，1998）对美国 200 家企业的商品价格数据进行了分析，发现美国企业的商品价格平均调整时间为 3.5 个月。比尔斯和科勒诺（Bils and Klenow，2004）通过对美国 350 种商品和服务价格的波动频率进行分析，发现不同品种的商品波动频率不同，一半以上的商品价格波动时间小于 4 个月。格拉顿（Grattan，1999）分析了比利时 1989 ~ 1997 年间 583 类商品与服务的 80000 种的商品价格，通过分析发现，无论是种类间还是产品种类内部，商品价格的价格调整存在明显的异质性，约 12% 的商品价格调整时间少于 2 个月，约 13% 的商品价格调整时间大于 2 年。博伊文（Boivin et al.，2009）利用 FA-VAR 模型分析方法，分析了不同国家多种商品的价格变化，分析得出：一般商品价格的波动是多种因素共同作用的结果，其中 85% 来源于部门自身因素，15% 来源于外部冲击，一般商品的价格调整时间为 4 ~ 5 个月。如前所述，在粘性价格前期的研究中，由于微观商品价格数据不容易获取，人们对于粘性价格的估计受到限制，进入 21 世纪后，粘性价格的估算与分析方法逐渐完善，特别是许多国家建立了关于微观经济的数据库，这些微观数据库与大量微观数据的获取，使得对微观价格的收集与处理，从而对一个国家的商品价格确定方式进行分析成为可能；因此，从 2005 年后，西方国家对于粘性价格程度的测算研究更加活跃。

## 3.2 粘性价格的测算方法

粘性价格的测算方法与粘性价格的总量定价模式有很大的关系，从企业微观角度来看，对宏观经济变量产生影响的不是单个企业的价格确定方式，而是经济中同类产品价格的加总变化，因此，从微观企业的价格确定与宏观经济模型分析的关系来看，人们更关注总量价格的变化如何影响宏观经济波动，这就涉及到另外一个问题，即对粘性价格的总量定价模式问题。微观企业粘性价格的生成机制与企业改变价格的时机有很大的关系，在不同的粘性价格理论下，企业改变价格的时机或价格形成机制不同，一般来说，将粘性价格的形成机制分成两类：时间相关定价模式（TDP）与状态相关定价模式（SDP），在信息成本理论下，企业中总量定价模式为 TDP 形式，即企业微观价格的确定与时间有关，而在尾数定价、公平定价、菜单成本理论中，企业微观价格的确定模式与企业所处的状态相关。时间相关定价模式（Taylor，1980；Calvo，1983）认为，企业商品价格的确定模式与其他变量没有关系，只与时间有关系，在每一个时间段中，企业由于掌握的市场信息不同，只有一部分的企业会改变价格，而其他的企业则维持原来的价格，改变价格的厂商与维持原价的厂商随机选择，加总两部分的厂商的产品价格，从总体上会使企业产品的价格呈现出粘性特征。在 SDP 分析框架下，企业价格的确定模式与企业所处的外部环境状态或者企业自身的状态有关系，微观企业会根据利润最大化来确定其产品的价格，外部市场环境的变化或行业冲击都会对企业确定价格的方式产生影响。

一般对于经济系统粘性价格程度的处理，采用时间依存模式，时间依存模式要考虑两个方面的因素：一个是商品价格的调整幅度，另一个是商品价格的调整频率，这两个因素都会对一个国家经济系统的价格粘性程度测算产生影响。对于粘性价格程度的测算，一直是粘性价格理论研究的一个重要内容，对于粘性价格的测算普遍采用的做法是通过估计商品价格变化的频率来近视估算一个国家价格粘性的程度，有两种比较有代表性的测算方法，一种是 GR 法，该种方法是戈皮纳特和里戈本（Gopinath and Rigobon，2008）提出的，其估算过程为：首先计算一定时期内单个商品价格的变化频率，然后按照商品类别计算不同类商品的调价频率中位数，最后将所有类别商品汇总，计算整个大类商品的调价频率，从而得到商品的价格粘性。另一种是 BK 法，由比尔斯和科勒诺（Bils and Klenow，2004）提出的，其方法是直接计算每个小类的商品价格调整频率，然后计算大类的商品加权调价频率，从而得到总体价格粘性系数，这两种方法都有广泛的应用。

## 3.3　粘性价格的经验事实

我国国内对于粘性价格程度的测算比较少，一些学者对我们部分商品市场的价格粘性进行了衡量与测算。渠慎宁等（2012）采用中国消费品的微观价格数据分析了我国消费品价格的粘性程度，发现服务商品价格调整时间比较短，而工业消费品、食品比服务价格粘性程度更强。蔡晓陈（2012）利用季度 GDP 缩减指数，利用 Calvo 方法倒推出我国的粘性价格程度为 3 ~ 4 个月。金雪军（2013）利用网络挖掘技术，收集了从 2010 ~ 2015 年期间的商品价格数据，建立了涵盖大样本产品的微观价格数据库，对我国商品市场的名义价格粘性程度进行了测度，发现我国价格粘性高程度比较低，总体价格持续时间为 3.4 个月。陆旸（2015）根据中国人民银行企业调查数据，利用状态依存模型，估计了中国制造企业的价格粘性程度与非对称性，通过分析发现，中国制造企业的价格粘性具有非对称性特征，企业的价格粘性与我国价格水平的通胀与通缩有很大关系，企业的异质性会影响产品的价格粘性。卞志村（2016）建立了状态空间模型，并在泰勒规则的基础上，利用卡尔曼（Kalman）滤波估计了我国的双粘性模型，即粘性价格模型与粘性信息模型，通过分析发现，中国企业平均 3 个季度更新一次价格，4 个季度更新一次信息，而且粘性价格模型对我国通胀的解释力严重不足。黄滕（2013）也对我国的名义价格粘性特征进行了统计分析。

由于对我国粘性价格的测算不是本书的侧重点，因此，我们这里对于我国商品市场的粘性价格程度的处理，不采用大量的篇幅与专门的技术方法进行估算，而是采用比较简单的方法，按照卡尔沃（Calvo）粘性价格模型中对于厂商粘性价格的处理方式，用一定时期（一个月）厂商不改变价格的概率 $\alpha=0$ 来近似衡量经济系统中粘性价格程度的大小，当 $\alpha$ 表明价格具有完全弹性，$\alpha$ 取值越大，表明经济系统的粘性价格程度越强。$\alpha$ 的取值我们参考其他学者的估算结果①，

① 按照曼昆（Mankiw，2002）的估算方法，Calvo 粘性价格模型中的 $\alpha$ 取值与商品市场价格持续时间（月）有一个简单的换算关系，参见 Mankiw（2002）。

具体做法是对其他学者的 α 估值取加权平均数，参照卡尔沃（Calvo，1983）、侯成琪和龚六堂（2014）、渠慎宁等（2012）、蔡晓陈（2012）的估算结果，我们得到我国粘性价格的系数为 0.732。

通过对我国粘性价格的经验检验可以发现，我国名义价格粘性有以下两个特点：第一，我国部分行业存在比较明显的名义价格粘性，但与欧美国家相比，我国名义商品价格粘性持续时间更短，我国总体价格水平持续时间为 2～3 个月，平均为 2.7 个月，除掉促销及季节因素外，总体价格粘性持续时间为 3.4 个月，远低于欧美国家的平均水平，表明经济社会中，影响价格波动的因素比较多。第二，我国商品价格粘性在不同的行业间呈现出非常明显的差异性，服务行业粘性价格比较明显，粘性价格持续时间比较长，而制造行业粘性价格不明显，粘性价格持续时间短，此外，企业规模越大，市场程度越高，竞争越充分，价格粘性越低。

## 3.4 经济波动的指标选择

对经济波动的测算与衡量由来已久，经济波动一般指随着时间的推移，经济变量围绕长期趋势的不断变化过程。早期的经济波动一般指经济周期，衡量经济波动的指标有很多，如总产出水平、收入水平、进出口总量、投资等都可以衡量一个国家的经济波动，为系统反映我国宏观经济波动的综合变化，我们采用 6 个指标来衡量我国经济波动，分别是：产出缺口水平、通货膨胀率、名义利率水平、实际工资水平、居民总体消费水平、实际货币余额，我们分别用以下符号表示：$y_t$ 为产出缺口，$R_t$ 是名义利率水平，$\pi_t$ 是通胀率，$w_t$ 为实际工资水平，$c_t$ 为居民总体消费水平，$m_t$ 为实际货币余额。

产出缺口 $y_t$ 是一个国家实际产出水平与潜在阐述水平的差额，反映了一国经济资源的利用情况。通过对产出缺口的数量及变化方向进行估算，可以把握一国经济发展的方向，对经济的周期性变化进行适时调控。对产出缺口的终值，我们采用 BK 滤波（Baxter and King，1999）的方法进行估算①。通过对季节调整序列数据进行对称线性滤波分解，可以将季节序列数据分解成周期成分、不规则成

① 按照 Mishkin 的分类，产出缺口的估算方法有三种：一是总量法，二是生产函数法，三是动态随机一般均衡法，BK 滤波是产出缺口的一种估算方法，通过对宏观变量进行统计分析，在变量数据中分离出趋势部分、周期部分与不规则成分，通过对周期性部分与趋势部分进行关联性检验，从而对产出缺口进行估算，具体估算方法参见 Mishkin（2007），这里不再做详细阐述。

分和趋势成分。线性滤波可以用公式表示为：$c_t = \sum_{j=-K}^{k} a_j y_{t-j}$，其中权重 $a_j$ 可由频率反应函数推导得到，K 的选取一般为 3 年的长度，季度数据取 K = 12。

通胀率 $\pi_t$ 用居民消费价格环比指数来衡量，由于居民消费价格环比指数属于月度数据，因此需要对通胀率的月度数据进行频率转化，具体方法是将三个月的通胀率数据进行几何平均，从而得到季度数据。

名义利率水平 $R_t$ 我们用银行的贷款利率来代替，银行贷款按照期限来分共有 5 种，分别为 6 个月内贷款、6 个月到 1 年内贷款、1 年到 3 年内贷款、3 年到 5 年内贷款、5 年以上的贷款，贷款利率也是月度数据，需要进行转化，首先将 5 种类型的贷款利率进行加权平均，求得贷款利率的均值，然后按照张小宇（2012）的处理办法，将贷款利率月度数据折算为季度数据，公式为：$i_t = i_{t1} \frac{f_{t1}}{\sum f} + i_{t2} \frac{f_{t2}}{\sum f} + i_{t3} \frac{f_{t3}}{\sum f}$，$\sum f$ 为季度内贷款总量，$i_{tj}$ 为季度内第 j 个月份的贷款利率水平，$i_t$ 为折算后的利率水平。

实际货币余额 $m_t$ 我们采用广义货币供应量的概念，用 M2 的数据来代替，居民总体消费水平 $c_t$ 用社会零售商品总额来表示，实际工资水平 $w_t$ 用人均可支配收入代替，限于数据的可得性，部分变量只有年度数据，为保证变量数据的可比性，我们将年度数据拆分为季度数据①，同时，将实际货币余额 $m_t$、居民总体消费水平 $c_t$ 的月度数据按照加权平均的方式折算为季度数据。本书所有数据来源于 CCER 数据库、中经网数据库以及国家统计局官方网站，所有数据见附录附表 3－1 到附表 3－6 所示。

## 3.5　经济波动指标的 HP 滤波分析

本书数据分析所用的全部数据为季度数据而没有使用年度数据，避免了使用年度数据后将经济信息的周期性因素剔除的问题，但季度数据的一个问题是存在季节性因素与长期趋势性因素，季节性因素与长期趋势性因素的存在会使经济分析出现无法预期的结果，因此，我们需要对本书的所有季度数据进行处理，处理

① 一般来说，将月度数据折算为季度数据比较容易，采用的方法也比较多，而将年度数据拆分为季度数据会损失部分信息，具体参见高铁梅（2016）。

的方法为霍德里奇－普雷斯科特（Hodrich－Prescott）滤波分析法①，简称 HP 滤波分析法，HP 滤波法是经济分析中对数据进行处理的常用方法，其主要目的是对时间序列数据进行去势分析，相当于对经济数据的波动过程求方差的最小值。其基本原理是可以把一般的时间序列数据看作周期因素、增长因素与季节因素的综合，假定时间序列数据的增长因素是随时间平滑变化的，如果我们对时间序列数据进行了季节性处理，那么数据就只有周期性因素与增长性因素，如果增长核算方法提供了数据增长因素的计算方法，同时，时间序列数据中周期性因素的误差比较低，因此，计算时间序列数据的周期性因素就是计算数据观察值与数据增长因素的差。

其基本原理是：

假设经济时间序列为：$Y=\{y_1, y_2, \cdots, y_n\}$，趋势要素为：$G=\{g_1, g_2, \cdots, g_n\}$。其中，n 为样本的容量。因此，HP 滤波可以将 $y_t(t=1, 2, \cdots, n)$ 分解为：

$$y_t = g_t + c_t \tag{3-1}$$

其中，$g_t$ 和 $c_t$ 均为不可观测值。

一般地，时间序列 Y 中不可观测部分趋势 G 常被定义为下面最小化问题的解：

$$\min\{\sum_{t=1}^{n}\pi(y_t - g_t)^2 + \lambda\sum_{t=1}^{n}[B(L)g_t]^2\} \tag{3-2}$$

其中，B(L)B(L) 是延迟算子多项式：

$$B(L) = (L^{-1} - 1) - (1 - L) \tag{3-3}$$

将式（3－3）代入式（3－2），则 HP 滤波的问题就是使下面损失函数最小，即：

$$\min\{\sum_{t=1}^{n}(y_t - g_t)^2 + \lambda\sum_{t=1}^{n}[(g_{t+1} - g_t) - (g_t - g_{t-1})]^2\} \tag{3-4}$$

HP 滤波分析方法的具体计算过程参见附录。

首先，我们对各变量按照各自的方法将年度数据与月度数据折算为季度数据，由于缺少 GDP 平减指数的数据，我们用定基 CPI 指数来折算各个变量的名义数值，从而得到通货膨胀率、名义利率水平、工资水平、居民总体消费水平、货币余额对应变量的实际值；其次，为了与后面章节的模型方程的对数线性化对应，我们对折算后的各变量 1993Q1～2016Q4 的季度数据取对数，并利用 HP 滤波法进行去势分析，避免季度数据由于季节性因素而导致的不稳定问题。

---

① Hodrich－Prescott 滤波法理论基础是对时间数据进行谱分析，可以把 HP 滤波看作是一个近似的高通滤波器（High－Pass Filter），在实际的数据分析中，可以把时间序列看作是不同频率的数据的叠加，滤波分析就是在这些所有不同频率的数据中，分离出频率较高的数据成分，去掉频率较低的成分，并对短期的随机波动项进行度量。其具体推导方法参见附录。

图 3－1 为宏观经济波动的关键变量的 HP 滤波处理结果，图中实线代表宏观变量数据的实际值，两条虚线分别代表对实际数据进行 HP 滤波分离后的周期因素与趋势性因素，由图 3－1 可以看到，产出缺口水平、通货膨胀率、名义利率水平、实际工资水平、居民总体消费水平、实际货币余额 6 个变量经过 HP 滤波处理后，去掉了趋势性的波动因素与季节性因素的影响，处理后的数据具有明显的周期性与平滑性。

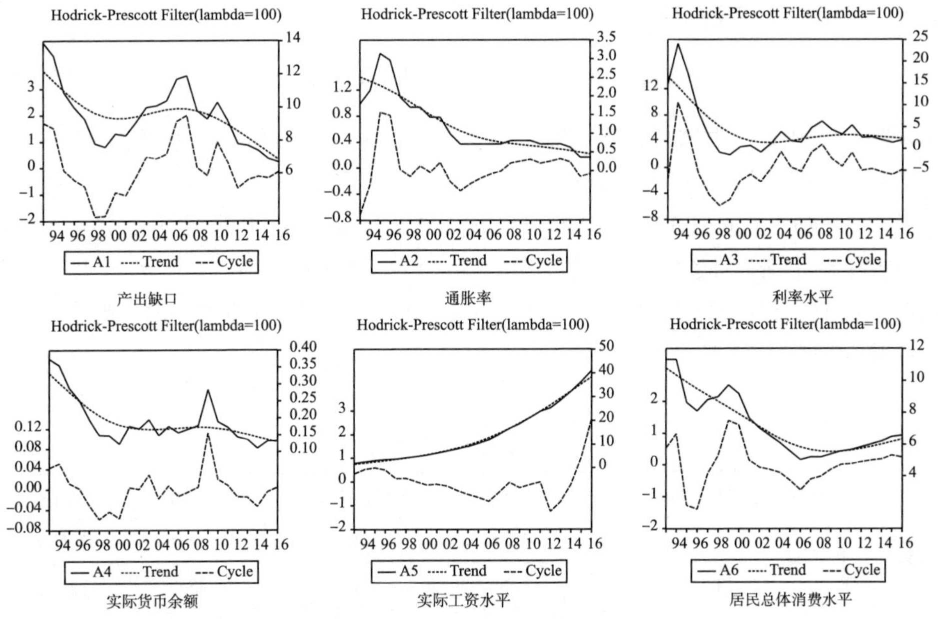


**图 3－1　观测变量的 HP 滤波处理结果**

通过对我国经济波动的六个指标：产出缺口水平、通货膨胀率、利率水平、实际工资水平、居民总体消费水平、实际货币余额 1993～2016 年的季度数据进行折算与数据处理，我们可以得到：

第一，我国经济波动具有明显的阶段性。由图 3－1 可以看到，以 1998 年为标志，我国经济波动呈现出比较明显的阶段性，产出缺口、通胀率、利率水平、实际工资水平和居民总体消费水平在 1998 年之前波动幅度比较大，而 1998 年之后，我国宏观经济变量波动幅度明显下降。这主要原因在于我国 1998 年实行了市场体制改革，并加强了货币政策及财政政策对经济的调控，因此，经济增长比较稳定，经济波动不明显。

第二，部分经济波动的指标变化方向不同，通胀率与利率水平在分析期内逐渐下降，而实际工资水平在分析期内则逐年上升。

## 3.6 经济波动指标的平稳性检验

利用 ADF 检验法对经济波动各指标数据进行单位根检验。检验中的方程取含有常数项和时间趋势以及没有常数项和时间趋势两种情况，滞后阶数 k 的判定是通过 AIC 准则来确定：

$$AIC(k)=\ln\sigma_k^2+2\frac{k}{n} \quad k=1,2,3,\cdots,m \qquad (3-5)$$

式（3－5）中，n 为估计方程的有效观测值数，k 为回归解释变量的个数（即滞后阶数），$\sigma^2$ 为方差的极大似然估计值。

取 $AIC(k)=\min\{AIC(k)\mid k=1,2,3,\cdots,m\}$，最大滞后量 m 取 4，按照上述方法确定滞后阶数，对上述产出缺口水平、通货膨胀率、名义利率水平、实际工资水平、居民总体消费水平、实际货币余额原序列、一阶差分分别进行单位根检验，结果如表 3－1 所示：

**表 3－1　各变量的平稳性检验**

| 变量 | 检验类型（C，T，K）① | ADF 统计量 | 5%临界值 | 1%临界值 | 结论 |
|---|---|---|---|---|---|
| $y_t$ | （C，T，4） | －1.46 | －3.4652 | －4.3745 | 不稳定 |
| $R_t$ | （C，T，1） | －3.86 | －3.4686 | －4.4572 | 稳定 |
| $\pi_t$ | （C，T，1） | －1.89 | －3.2543 | －4.3473 | 不稳定 |
| $w_t$ | （C，T，4） | －1.32 | －3.5326 | －4.4253 | 不稳定 |
| $c_t$ | （C，T，1） | －1.38 | －3.2356 | －4.5248 | 不稳定 |
| $m_t$ | （C，T，1） | －1.56 | －3.5865 | －4.5236 | 不稳定 |
| $\Delta y_t$ | （0，0，4） | －3.67 | －3.1324 | －4.2343 | 稳定 |
| $\Delta\pi_t$ | （0，0，2） | －3.87 | －3.1324 | －4.1217 | 稳定 |
| $\Delta w_t$ | （0，0，4） | －3.67 | －3.5423 | －4.1235 | 稳定 |
| $\Delta c_t$ | （0，0，2） | －4.65 | －3.12 | －4.3214 | 稳定 |
| $\Delta m_t$ | （0，0，2） | －4.87 | －3.2455 | －4.5235 | 稳定 |

① 检验形式中的 c 和 t 表示带有常数项和趋势项，K 表示滞后阶数，在判断有无截距或趋势项、滞后阶数时，用 AIC 准则为标准，0 表示不包括 c 或 t，加入滞后项是为了使残差项为白噪声。

由表 3 - 1 可以看到，对产出缺口水平、通货膨胀率、名义利率水平、实际工资水平、居民总体消费水平、实际货币余额进行 ADF 单位根检验后，在分析期内，除利率水平外，产出缺口水平、通货膨胀率、实际工资水平、居民总体消费水平、实际货币余额这些变量时间序列都是非平稳序列，但经过一阶差分后，都是一阶稳定性数据，并且在 1% 的显著水平下显著，利率水平时间序列数据为平稳序列。因此，我国经济波动的指标数据可以用于后续章节的时间序列分析。

## 3.7　本章小结

本章我们对中国粘性价格与经济波动的数据进行了分析，总结了中国粘性价格与经济波动的经验事实，通过分析发现：第一，我国部分行业存在比较明显的名义价格粘性，但与欧美国家相比，我国名义商品价格粘性持续时间更短，表明经济社会中，影响价格波动的因素比较多；第二，我国商品价格粘性在不同的行业间呈现出非常明显的差异性；第三，我国经济波动具有明显的阶段性。以 1998 年为标志，产出缺口、通胀率、利率水平、实际工资水平和居民总体消费水平在 1998 年之前波动幅度比较大，而 1998 年之后，我国宏观经济变量波动幅度明显下降。

# 第 4 章

# 粘性价格、福利损失与中国经济波动

第 3 章对我国粘性价格与宏观经济波动的经验事实进行了阐述，从本章开始，我们将利用粘性价格理论对我国宏观经济波动进行实证分析，这一章与后面的第 5 ~ 8 章构成了本书的主体部分。第 4 章是本书实证分析的基础，该章将粘性价格纳入宏观经济的分析框架下，构建宏观经济分析的基本模型，并将粘性价格与弹性价格模型下的货币政策进行了推导，分析了粘性价格与弹性价格对通货膨胀、产出波动的动态影响机制，为后续的实证分析提供了思路。

后面的第 5、第 6 章，我们通过构建结构化与模块化的分析框架，在模型分析中逐步引入不同的影响经济波动的宏观经济因素，从不同的角度来论证我国宏观经济波动问题。第 5 章本书对粘性价格模型进行了拓展，对粘性价格存在的深层次原因粘性信息进行了深入分析，并将粘性信息纳入到宏观经济的分析框架，对粘性价格、粘性信息与经济波动的关系问题进行了阐述。第 6 章我们引入了金融摩擦，考虑了在存在粘性价格的情况下金融摩擦对我国经济波动的影响。第 7 章和第 8 章分别讨论了粘性价格前提下，DSGE – VAR 模型与 DSGE 模型以及零通胀政策与最优货币政策对经济变量的影响。

本章的研究思路如下：以粘性价格微观理论为基础，将粘性价格纳入宏观经济的分析框架内，通过构建包含粘性价格的 DSGE 分析模型，分析价格存在粘性的条件下，粘性价格对一个国家主要宏观经济变量：产出缺口、通货膨胀率、名义利率水平、投资水平、居民总体消费水平、劳动需求、实际货币余额、实际工资水平、银行信贷总量的动态影响与机制问题，并对不同模型框架下的经济主体福利损失情况进行了比较。

## 4.1 引　　言

对于经济波动的研究一直是宏观经济学研究的中心问题，早期对于经济波动的研究主要侧重对于经济周期波动的原因及影响等方面。20 世纪初，对于经济波动的研究逐渐转向经济波动的动态机制研究，特别是凯恩斯主义经济学出现后。对经济波动问题的研究，不可回避的一个前提问题是价格及价格的波动问题，即社会总体价格水平确定模式以及社会总体价格水平是否是自由波动的，价格水平的波动与经济波动有什么关系？这就涉及到社会商品价格的确定模式问题，现代主流宏观经济学的观点认为：现实经济中，总体价格水平不是自由波动的，而是具有粘性价格特征，（Chari et al.，2000；Holden et al.，2004；Neiss，2005），现实经济中越来越多的经验证据也表明，价格粘性是普遍存在的。因此，要研究总体经济波动问题，需要考虑现实经济中价格水平的确定模式问题或者价格粘性问题。但在经济波动问题的实际研究中，大多数研究没有关注总体价格定价模式或者微观粘性价格变动对于宏观经济波动的影响，国外对于这方面的研究很少，国内研究几乎是空白。

国外对于直接分析粘性价格与宏观经济波动的关系研究方面，研究文献比较少，研究结论模糊，没有得出统一的结论。大多数研究侧重分析粘性价格与通胀惯性关系的研究，如伦尼曼和马塔（Lunnemann and Matha，2005）利用欧盟 15 国的商品价格数据，对粘性价格与地区通货膨胀惯性进行了分析，研究发现服务价格、管制服务的价格与地区通货膨胀惯性正相关，马托斯（Matos，2010）通过对巴西商品价格的微观数据也证实了商品价格粘性与通胀惯性正相关的关系，而切凯蒂（Cecchetti，2006）分析认为价格粘性与地区通胀惯性具有负向的关系，而对于其他方面如粘性价格对利率变动，社会整体产出水平的变化等方面基本没有涉及到。国内对于粘性价格与宏观经济波动的研究几乎是空白，从文献统计情况来看，涉及到这个问题的只有两篇文献，赵新伟、余力（2017）与苏梽芳（2014），大多数研究集中在笼统的价格总体水平及要素价格水平变化，如能源价格、房地产价格等对宏观经济波动的影响方面。

在采用贝叶斯估计方法利用 DSGE 模型对经济波动进行分析时，大多数研究也涉及到了粘性价格，但这里对粘性价格的处理是将价格粘性作为一个既定的前提条件或隐含条件，假设商品价格具有粘性并且价格调整采用卡尔沃（Calvo，1983）的固定比例变化方法，在此前提条件下，分析外生冲击或货币政策对宏观经济变量的影响，因此，在 DSGE 模型中，对于粘性价格与宏观经济波动的关系是回避的，在具体的分析过程中，却并未实际分析粘性价格微观的动态变化对经济宏观变量的影响（Midrigan，2011；Karanassou，2005）。目前宏观经济学的主流观点认为，粘性价格是宏观经济变量变化的基础，粘性价格的微观变化会对宏观经济变量产生重要影响，因此，在考虑宏观经济变量的变化过程中，需要考虑粘性价格微观变化与宏观层面经济行为的关系。

从这样的角度出发，本章将以粘性价格微观理论为基础，将粘性价格纳入宏观经济的分析框架，研究在价格存在粘性的条件下，粘性价格对产出缺口、名义利率水平、通货膨胀等宏观经济变量的动态影响与机制问题，并与弹性价格下的宏观经济变量波动进行了对比分析。

### 4.1.1 粘性价格 DSGE 模型构建

参照卡尔沃（Calvo，1983）、斯梅特和沃特斯（Smets and Wouters，2003）的分析方法建立包含粘性价格的 DSGE 分析模型，该模型包含家庭、最终产品、中间产品部门以及粘性价格等几个部门：

1. 家庭

我们假定经济系统由各个异质的无限多个家庭所组成，每个家庭按照所提供的不同的劳动服务的质量 h 来进行分类，$h \in (0, 1)$，在 t 时期，一般家庭 h 的跨期效用函数可以表示为：

$$E_0 \sum_{t=0}^{\infty} \beta^t \left( \frac{C_t^{1-\sigma} - 1}{1 - \sigma} - \frac{H_t^{1+\chi}}{1 + \chi} \right) \tag{4-1}$$

式中：β 是时间折现系数（$0 < \beta < 1$）；$C_t^{1-\sigma}$ 是消费价格指数；$H_t$ 是家庭在 t 时期的工作时间，χ 是劳动供给弹性，σ 是风险厌恶系数。家庭在零售市场购买不同类别的商品，并通过迪克西特—斯蒂格里茨（Dixit - Stiglitz，1977）模型可以对产品进行组合，组合公式为：

$$C_t = \left( \int_0^1 C_t(z)^{(\varepsilon-1)/\varepsilon} dz \right)^{\varepsilon/(\varepsilon-1)}, \ (\varepsilon > 1) \tag{4-2}$$

式中：$C_t(z)$ 是对产品 z 的需求量；ε 为不同产品之间的替代弹性。家庭获得产品的最小总成本为 $P_t(z)$，最小总成本以需求曲线的形式表示如下：

$$C_t(z) = \left( \frac{P_t(z)}{P_t} \right)^{-\varepsilon} C_t \tag{4-3}$$

这里社会平均价格水平 $P_t$ 被定义为：

$$P_t = (\int_0^1 P_t(z)^{1-\varepsilon} dz)^{1/(1-\varepsilon)} \quad (4-4)$$

在每一个时期，t=0，1，…，家庭在每一个时期的预算限制下选择消费 $C_t$、劳动力 $H_t$ 和名义债券组合 $B_{t+1}$ 来最大化公式（4-1），预算限制为：

$$C_t + E_t\left(O_{t,t+1}\frac{B_{t+1}}{P_{t+1}}\right) = \frac{B_t}{P_t} + (1+\eta)\frac{W_t}{P_t}H_t + \Phi_t - T_t \quad (4-5)$$

式中：$Q_{t,t+1}$是计算在 t+1 时期消费物品的实际价值的随机折现因子；$W_t$ 是名义工资水平；$T_t$ 是定额税；$\Phi_t$ 是实际的个人收入。劳动津贴是工资的一个比例，而且会给予特殊的家庭，这里 η 表示劳动津贴的固定比例。此外，劳动津贴的大小会抵消非完全竞争市场的价格扭曲。家庭最优化的一阶条件是：

$$C_t^{\sigma} H_t^{\chi} = (1+\eta)\frac{W_t}{P_t} \quad (4-6)$$

$$Q_{t,t+1} = \beta\left(\frac{C_t}{C_{t+1}}\right)^{\sigma} \quad (4-7)$$

$$E_t\left(Q_{t,t+1}\frac{1}{P_{t+1}}\right) = \frac{1}{R_t P_t} \quad (4-8)$$

$R_t$ 为 t 期的利率水平，将式（4-22）代入式（4-23）可得到欧拉方程：

$$\beta R_t E_t\left[\left(\frac{C_t}{C_{t+1}}\right)^{\sigma}\frac{P_t}{P_{t+1}}\right] = 1 \quad (4-9)$$

### 2. 最终产品部门

假定存在两种产品部门：最终产品部门和中间产品部门，这两类产品生产企业都按照卡尔沃（Calvo，1983）粘性价格模型来确定价格。将公司作为一个整体，α 为企业不改变价格的概率，1-α 为允许改变价格企业的概率。此外，每个企业生产分类的产品 z，其生产函数为规模报酬不变的生产函数，如式（4-10）所示：

$$Y_t(z) = A_t H_t(z) \quad (4-10)$$

式中：$Y_t(z)$ 是企业在 t 时期的产量水平；$H_t(z)$ 是企业的劳动时间；企业技术发展过程的对数形式遵循 AR(1) 过程：

$$a_t = \rho_a a_{t-1} + e_{at}, \ (0 \leqslant \rho_a < 1) \quad (4-11)$$

式中：$a_t (=\log A_t)$ 为在 t 时期对数形式的技术水平；技术冲击 $e_{at}$是独立同分布的随机变量，其均值为 0，标准差为 $\sigma_a$。企业在 t 时期为了实现最优价格可以改变产品价格，为了最大化未来的预期收益，其最优价格为 $P_t^*$：

$$\sum_{k=0}^{\infty}\alpha^{k}E_{t}\left[Q_{t,t+k}\left(\frac{P_{t}^{*}}{P_{t+k}}-mc_{t+k}\right)\times\left(\frac{P_{t}^{*}}{P_{t+k}}\right)^{-\varepsilon}Y_{t+k}\right] \quad (4-12)$$

式中：$Q_{t,t+k}(=\beta^{k}(C_{t}/C_{t+k})^{\sigma})$ 是 t + k 时期消费商品的随机折现因子；$Y_t$ 是总需求，$Y_{t}=[\int_{0}^{1}Y_{t}(z)^{(\varepsilon-1)/\varepsilon}dz]^{\varepsilon/(\varepsilon-1)}$；此外，$mc_t$ 表示 t 时期的实际边际成本，$mc_{t}=\frac{W_{t}}{A_{t}P_{t}}$。

由式（4－12）可以看出，上述所描述的实际边际成本的值不取决于企业的产量水平，只要企业的生产函数表现为规模报酬不变，而且投入品在一个完全竞争的市场上是完全弹性的就可以确定边际成本。根据式（4－12）可以得到下面的一阶条件：

$$\sum_{k=0}^{\infty}\alpha^{k}E_{t}\left[Q_{t,t+k}\left(\frac{P_{t}^{*}}{P_{t+k}}-\frac{\varepsilon}{\varepsilon-1}mc_{t+k}\right)\times P_{t+k}^{\varepsilon}Y_{t+k}\right]=0 \quad (4-13)$$

此外，上述所述的卡尔沃（Calvo）粘性价格模型可以修改为如式（4－14）所示的方程：

$$P_{t}=[(1-\alpha)(P_{t}^{*})^{1-\varepsilon}+\alpha P_{t-1}^{1-\varepsilon}]^{1/(1-\varepsilon)} \quad (4-14)$$

通过对这个方程进行变换可以得到：

$$p_{t}=(1-\alpha)(p_{t}^{*})^{1-\varepsilon}+\alpha(1+\pi_{t})^{\varepsilon-1} \quad (4-15)$$

式中：$p_{t}^{*}=P_{t}^{*}/P_{t}$ 表示 t 时期新价格的相对价格；$\pi_{t}=(P_{t}-P_{t-1})/P_{t-1}$ 表示 t－1 期与 t 期的通货膨胀率。

假定经济系统的最终产品由完全竞争的企业提供，最终产品可被家庭用于投资或者消费。最终产品 $Y_t$ 是中间产品的一个集合体，其公式如下：

$$Y_{t}=[\int_{0}^{1}Y_{t}(z)^{\frac{1}{up}}dz]^{up} \quad (4-16)$$

式中：$up=\frac{\theta_{p}}{\theta_{p-1}}$并且 $\theta_p>1$ 是不同产品的替代弹性。同时代表性的产品厂商按照生产函数最大化其产品收益，生产函数的一阶条件为：

$$Y_{t}(z)=\left(\frac{P_{t}(z)}{P_{t}}\right)^{-\frac{up}{up-1}}Y_{t},\forall z\in[0,1] \quad (4-17)$$

式中：$P_t$ 为最终产品价格，最后，由于最终产品部门是一个完全竞争的市场，因此，企业生产可以获得正常利润，其市场均衡的价格可以表示为：

$$P_{t}=[\int_{0}^{1}P_{t}(z)^{\frac{1}{1-up}}dz]^{1-up} \quad (4-18)$$

### 3. 中间产品部门

假定中间产品部门由具有垄断特征的垄断竞争企业 Z 组成，其产品生产遵照柯布—道格拉斯生产函数：

$$Y_t(z)=\varepsilon_t^A(u_tK_{t-1}(z))^{\alpha}L_t(z)^{1-\alpha}-\Omega \tag{4-19}$$

式中：$\varepsilon_t^A$ 是外生的产品的生产率冲击并且 $\Omega>0$，$\Omega$ 是固定成本；企业的资本为：$\tilde{K}_t(z)=utK_{t-1}(z)$，雇佣的劳动力为 $L_t(z)$；$u_t$ 为可调整的资本利用率。同时，企业在垄断竞争市场上最小化其生产成本，考虑到实际工资水平与资本的利息费用，企业 Z 对于劳动力与资本的最优选择为：

$$\frac{w_tL_t(z)}{r_t^k\tilde{K}_t(z)}=\frac{1-\alpha}{\alpha}\forall_z\in[0,1] \tag{4-20}$$

$w_t$ 为 t 期的实际工资率，$r_t^k$ 为 t 期实际的资本租金率，劳动力需求与资本需求的比值为一个常数，因此，边际成本 $mc_t=\frac{w_t^{(1-\alpha)}[r_t^k]^{\alpha}}{\varepsilon_t^Aa^{\alpha}(1-\alpha)^{(1-\alpha)}}$ 也为一个常数。

t 时期企业的名义收益为：

$$\prod\nolimits_t(P_t(z))=((1-\tau_{p,t})P_tmc_t)\left[\frac{P_t(z)}{P_t}\right]^{-\frac{up}{up-1}}Y_t-P_tmc_t\Omega \tag{4-21}$$

式中：$\tau_{p,t}$是企业在不同时期缴纳的所得税的税率。在每一个时期，企业可以按照利润最大化的原则来调整其产品的名义价格水平 $P_t^*(z)$，在每一个时期，如果企业产品价格具有粘性，则企业价格水平的变化遵循以下方程：

$$P_t(z)=\pi_{t-1}^{\alpha}[\pi^*]^{(1-\alpha)}P_{t-1}(z)\equiv\Gamma_{t,t-1}^{\alpha}P_{t-1}(z) \tag{4-22}$$

$\pi^*$ 为长期的稳态通胀率水平，$\pi_{t-1}^{\alpha}$ 为前期的通胀率水平，$\Gamma_{t,t-1}^{\alpha}$ 为企业不同时期的价格转换概率，因此，产品的名义价格水平与前期的通胀率水平以及长期的通胀率水平有关系。令 $\lambda_t$ 为资本收益率，$\tilde{v}_t$ 为 t 时期利润最大化公司的价值，$v_t$ 为在 t 时期未实现利润最大化的公司的价值，其二者的关系为：

$$\tilde{v}_t=\max_{P_t^*}\left\{\prod\nolimits_t(P_t(z))+E_t\left[\beta\frac{\lambda_{t+1}}{\lambda_t}\frac{P_t}{P_{t+1}}((1-\alpha_p)\tilde{v}_{t+1}+\alpha_pv_{t+1}(P_t^*))\right]\right\} \tag{4-23}$$

以及：

$$v_t(P_{t-1}(z))=\prod(\Gamma_{t,t-1}P_{t-1}(z))+E_t[\beta\frac{\lambda_{t+1}}{\lambda_t}\frac{P_t}{P_{t+1}}((1-\alpha_p)\tilde{v}_{t+1}+\alpha_pv_{t+1}(\Gamma_{t,t-1}P_{t-1}(z)))] \tag{4-24}$$

### 4. 粘性价格部门

我们参照卡尔沃（Calvo，1983）来分析公司粘性价格的确定过程。在每一个时期，公司可以按照 $1-\alpha$ 的概率来改变价格 $p_t$，这个概率不受时间和公司的影响，每一个时期的平均持续时间为$\frac{1}{1-\alpha}$。如果一个公司不能调整其产品价格，则价格水平按以下规则波动。

$$p_t(z)=\Gamma_{t-1}^{\alpha}\Gamma_t^{1-\alpha}p_{t-1}(z) \tag{4-25}$$

公司被要求调整其价格水平来最大化其预期收益：

$$E_t\left[\sum_{j=0}^{\infty}\alpha_p^j\,\Xi_{t,t+j}\left((1-\tau_{t+j})p_t(z)Y_{t+j}(z)\left(\frac{P_{t-1+j}}{P_{t-1}}\right)^{\alpha}\left(\frac{\overline{P}_{t-1+j}}{P_{t-1}}\right)^{1-\alpha}-MC_{t+j}P_{t+j}(Y_{t+j}(z)+\Omega)\right)\right] \tag{4-26}$$

这里：

$$Y_{t+j}(z)=\left(\frac{\overline{p}_t(z)}{P_t}\right)^{-\frac{\mu}{\mu-1}}\left[\frac{P_t}{P_{t+j}}\left(\frac{P_{t-1+j}}{P_{t-1}}\right)^{\alpha}\left(\frac{\overline{P}_{t+j}}{\overline{P}_t}\right)^{1-\alpha}\right]^{-\frac{\mu}{\mu-1}}Y_{t+j} \tag{4-27}$$

并且：$\Xi_{t,t+j}=\beta^{j}\frac{\Lambda_{t+j}P_t}{\Lambda_t P_{t+j}}$是一单位货币对家庭的边际价值，$\Lambda_t$ 是 t 期的随机折现因子，$MC_{t+j}$是真实的边际成本，$\mu$ 是不同时期的随机折现率，$\tau_t$ 是 t 期公司的税收，其会随着时间的变化而变化，$\overline{p}_t$ 为 t 期的稳态均衡价格。由于我们前面对资本收益率的假定，边际成本在不同的厂商之间是一个定值：

$$MC_t=\frac{W_{R,t}^{(1-\alpha)}R_t^{k\alpha}}{E_t^A\alpha^{\alpha}(1-\alpha)^{(1-\alpha)}} \tag{4-28}$$

名义最优价格 $p_t^*$ 的一阶条件为：

$$E_t\left[\sum_{j=0}^{\infty}\alpha_p^j\,\Xi_{t,t+j}Y_{t+j}(z)P_{t+j}\left((1-\tau_{t+j})\frac{\tilde{p}_t(z)}{\overline{P}_t}-\frac{P_t}{P_{t+j}}\left(\frac{P_{t-1+j}}{P_{t-1}}\right)^{\alpha}\left(\frac{\overline{P}_{t-1+j}}{\overline{P}_{t-1}}\right)^{1-\alpha}-\mu MC_{t+j}\right)\right]=0 \tag{4-29}$$

粘性价格水平的均值可以表示为：

$$P_t^{\frac{1}{1-\mu}}=\alpha_p(\Gamma_{t-1}^{\alpha}\Gamma_t^{1-\alpha}P_{t-1}(z))^{\frac{1}{1-\mu}}+(1-\alpha_p)(\overline{p}_t(z))^{\frac{1}{1-\mu}} \tag{4-30}$$

### 5. 社会资源限制

在任何价格决定的粘性价格模型中，相对价格在不同的企业中是不同的，大多数情况是，当不同企业有不同的相对价格时，由不同类型商品衡量的总需求与由生产要素投入确定的总产出有差异。为了分析这种差异，企业私人产出采用线性形式：

$$A_tH_t = Y_t\int_0^1\left(\frac{P_t(z)}{P_t}\right)^{-\varepsilon}dz \tag{4-31}$$

式中：$H_t = \int_0^1 H_t(z)dz$，因此将相对价格失真定义为：

$$\Delta_t = \int_0^1\left(\frac{P_t(z)}{P_t}\right)^{-\varepsilon}dz \tag{4-32}$$

总产出与要素投入的关系可以写为：

$$Y_t = \frac{A_t}{\Delta_t}H_t \tag{4-33}$$

因此，t 时期的社会资源限制可以表述为：

$$\frac{A_t}{\Delta_t}H = C_t + G_t \tag{4-34}$$

式中：$G_t$ 是 t 时期的政府支出水平，政府购买是社会消费水平的一个组成部分；$G_t = g_tC_t$，$g_t$ 是外生变量。此外，将 Calvo 模型中相对价格失真的定义写为：

$$\Delta_t = (1-\alpha)(p_t^*)^{-\varepsilon} + \alpha(1+\pi_t)^{\varepsilon}\Delta_{t-1} \tag{4-35}$$

将式（4－15）代入式（4－35）可以得到相对价格失真公式的变化形式：

$$\Delta_t = (1-\alpha)\left[\frac{1-\alpha(1+\pi_t)^{\varepsilon-1}}{1-\alpha}\right]^{\varepsilon/(\varepsilon-1)} + \alpha(1+\pi_t)^{\varepsilon}\Delta_{t-1} \tag{4-36}$$

在以上四部门分析的基础上构建包含粘性价格的 DSGE 模型并对方程进行对数线性化。

### 4.1.2 DSGE 模型方程的对数线性化

在对称性均衡条件下，$P_t(i) = P_t$，$Y_t(i) = Y_t$，$K_t(i) = K_t$，$L_t(i) = L_t$，当政府预算约束均衡时，政府对家庭的转移支付等于其发行货币的收入，即 $X_t = M_t - M_{t-1}$，信贷市场满足 $B_t = D_t$；此外，DSGE 稳态时，参数满足如下关系：$R = 1/\beta$，$\pi = 1$，$I = \delta K$，$r^k = R^k - (1-\delta)$，$a'(1) = r^k$，$R^k/R = 1 - \beta/\phi$，对 DSGE 模型涉及的部分方程进行对数线性化。经过对数线性化后，除外生冲击外，构建的 DSGE 模型包含以下 17 个方程：

$$\hat{Y} = \hat{Z}_t + \alpha(\hat{u}_t + \hat{k}_t) + (1-\alpha)\hat{L}_t \tag{4-37}$$

$$R_t = \psi_1\pi_t + \psi_2\bar{y}_t + \sigma_R\varepsilon_{1,t} \tag{4-38}$$

$$\hat{I}_t = \frac{1}{\delta}(\hat{K}_{t+1} - (1-\delta)\hat{K}_t) \tag{4-39}$$

$$\hat{I}_t = \frac{\beta}{1+\beta}E_t\{\hat{I}_{t+1}\} + \frac{1}{1+\beta}\hat{I}_{t+1} + \frac{1}{\phi_t(1+\beta)}\hat{q}_t \tag{4-40}$$

$$\hat{R}_{t+1}^{k}+\hat{q}_{t}=\frac{(1-\delta)q}{(1-\delta)q+r^{k}}\hat{q}_{t+1}+\frac{r_{k}}{(1-\delta)q+r_{k}}\hat{r}_{t+1}^{k}+\hat{\pi}_{t+1} \tag{4-41}$$

$$\bar{y}_{t}-g_{t}=E[\bar{y}_{t+1}-g_{t+1}]-(R_{t}-E[\pi_{t+1}]) \tag{4-42}$$

$$\hat{\lambda}_{t}=\frac{1}{1-\beta h}[\hat{\alpha}_{t}-\frac{1}{1-h}(\hat{C}_{t}-h\hat{C}_{t+1})]-\frac{\beta h}{1-\beta h}E_{t}\{\hat{\alpha}_{t+1}-\frac{1}{1-h}(\hat{C}_{t}-h\hat{C}_{t+1})\} \tag{4-43}$$

$$(\hat{b}_{t}-\hat{m}_{t})-\hat{\lambda}_{t}=\frac{\beta}{1+\beta}E_{t}(\hat{R}_{t+1}) \tag{4-44}$$

$$\theta_{(np)}=[\beta,\ k,\ \rho_{g},\ \rho_{z},\ \sigma_{g},\ \sigma_{z}]' \tag{4-45}$$

$$p_{t}(z)=\prod_{t-1}^{\alpha}\prod_{t}^{1-\alpha}p_{t-1}(z) \tag{4-46}$$

$$g_{t}=\rho_{g}g_{t-1}+\sigma_{g}\varepsilon_{g,t} \tag{4-47}$$

$$z_{t}=\rho_{z}z_{t-1}+\sigma_{z}\varepsilon_{z,t} \tag{4-48}$$

$$\hat{r}_{t}^{k}=\phi_{u}\hat{u}_{t} \tag{4-49}$$

$$\theta=[\theta'_{(p)},\ \theta'_{(np)}]' \tag{4-50}$$

$$P_{t}^{\frac{1}{1-\mu}}=\alpha_{p}(\Gamma_{t-1}^{\alpha}\Gamma_{t}^{1-\alpha}P_{t-1}(h))^{\frac{1}{1-\mu}}+(1-\alpha_{p})(p_{t}(h))^{\frac{1}{1-\mu}} \tag{4-51}$$

$$\hat{M}_{t}-\hat{M}_{t-1}-\hat{\pi}_{t}=\hat{m}_{t}-\hat{m}_{t-1} \tag{4-52}$$

$$\hat{Y}_{t}=c_{y}\hat{C}_{t}+i_{y}\hat{I}_{t}+k_{y}a'(1)\hat{u}_{t}+\frac{\pi_{t}\theta z^{k}K}{u_{t}}\left(\hat{\pi}_{t}+\hat{R}_{t}^{k}+\hat{q}_{t-1}+\hat{K}_{t}+\frac{\eta\theta R^{k}K}{\theta}\right) \tag{4-53}$$

将式（4-5）、式（4-22）、式（4-46）、式（4-46）代入式（4-19），同时令 $y'_{2,t}=[\tilde{y}_{t},\ \pi_{t}]$，$y'_{t}=[y_{1,t},\ y'_{2,t}]$ 以及 $\theta_{(p)}=[\psi_{1},\ \psi_{2},\ \sigma_{R}]'$，可以得到：

$$y_{1,t}^{*}=\rho_{m}M_{t-1}+y'_{1,t}\beta_{1}+y'_{2,t}\beta_{2}+\sigma_{t}\theta_{t}+\varepsilon_{1,t} \tag{4-54}$$

$$y_{2,t}^{*}=\sum_{j=0}D_{t}^{\Delta}(\theta_{t},\ \theta_{t-1})\varepsilon_{t} \tag{4-55}$$

$y_{i,t}^{*}$为货币政策规则方程，式中：$M_{t-1}$为 t-1 期的货币供应量，$y'_{1,t}=\hat{Y}_{t}-\hat{Y}_{t-1}$，$y'_{2,t}=\prod_{t}^{1-\alpha}-\prod_{t-1}^{\alpha}$，$\sigma_{t}\theta_{t}$ 是外生冲击；$D_{t}^{\Delta}(\theta_{t})$ 为待估计的未知参数；同时，令：$\varepsilon_{t}=[\varepsilon_{1,t},\ \varepsilon_{g,t},\ \varepsilon_{z,t}]'$，$\varepsilon_{1,t}$，$\varepsilon_{g,t}$，$\varepsilon_{z,t}$为独立同分布的标准正态随机扰动项。该 DSGE 模型及货币政策方程需进行求解。按照克莱因（Klein，2000）的方法，将模型的解表示成状态空间形式，然后建立刻画可观察变量与状态变量之间关系的测量方程，对数线性化模型的可观察变量对应于产出缺口、通货膨胀率、利率水平、货币供应量、工资、消费水平、就业人数、企业家净财富及银行贷款数据取对数后进行 HP 滤波再减去均值后的数值。

# 4.2 粘性价格下最优货币政策及均衡

## 4.2.1 粘性价格最优货币政策的推导

这一部分分析采用卢卡斯（Lucas，1983）的方法，在描述最优货币政策问题时需考虑劳动补贴的作用，特别是式（4－14）涉及到的最优定价条件问题。收益最大化条件式（4－14）指的是企业可以自己定价时，应当考虑企业长期的效益问题。此外，如果考虑到合适的补贴率及生产函数的规模报酬不变，价格方程也可以作为最优货币政策的限制条件。

如果经济中存在税收扭曲，则代表性家庭的预算约束就成为对合理分配限制的约束，由于政府对居民征收定额税，因此，代表性家庭的预算约束在最优化政策中不会被考虑到。此外，政府部门的约束包括社会资源限制，以及一系列与粘性价格相关的均衡条件扭曲。考虑到社会资源限制条件式（4－34）以及相对价格失真的变化过程式（4－36），最优货币政策会最大化代表家庭的预期效用。因此，最优货币政策问题除了社会资源限制外，还会考虑更多限制条件。

$V(\Delta_{t-1}, G_t, A_t)$ 表示 t 时期求解的贝尔曼（Bellman）[①] 最优政策模型的价值方程，最优化货币政策包括以下方程：

$$V(\Delta_{t-1}, G_t, A_t) = \max_{C_t, H_t, \pi_t, \Delta_t}\left\{\frac{C_t^{1-\sigma}-1}{1-\sigma} - \frac{H_t^{1+\chi}}{1+\chi} + \beta E_t[V(\Delta_t, G_{t+1}, A_{t+1})]\right\} \tag{4-56}$$

$$C_t + G_t \leqslant \frac{A_t}{\Delta_t}H_t \tag{4-57}$$

$$\Delta_t = (1-\alpha)\left[\frac{1-\alpha(1+\pi_t)^{\varepsilon-1}}{1-\alpha}\right]^{\varepsilon/(\varepsilon-1)} + \alpha(1+\pi_t)^{\varepsilon}\Delta_{t-1} \tag{4-58}$$

给定外生变量 $\{G_t, A_t\}_{t=0}^{\infty}$ 和相对价格扭曲的初始价格 $\Delta_{-1}$，最优化的一阶条件可以简化为：

$$C_t^{\sigma}H_t^{\chi} = \frac{A_t}{\Delta_t} \tag{4-59}$$

① Bellman 最优政策模型的求解参见附录内容。

$$\left[\frac{1-\alpha(1+\pi_t)^{\varepsilon-1}}{1-\alpha}\right]^{1/(\varepsilon-1)} = (1+\pi_t)\Delta_{t-1} \tag{4-60}$$

$$\phi_t = \frac{A_t}{\Delta_t^2 C_t^\sigma} H_t + \alpha\beta E_t[(1+\pi_{t+1})^\varepsilon \phi_{t+1}] \tag{4-61}$$

这里 $\phi_t$ 指的是式（4-56）的朗格拉日（Lagrang）乘数。

在前述分析的基础上，考虑最优通货膨胀率的动态变化问题。从以上分析我们可以看到，这个包括两个不同方程（4-56）和（4-58）的动态系统对于决定通货膨胀率的均衡动态以及 $t_0$ 时期的相对价格扭曲 $\Delta_{-1}$都是独立的，联立方程（4-58）与（4-60）然后得到一个非线性的结果：

$$\pi_t = \frac{\Delta_t - \Delta_{t-1}}{\Delta_{t-1}} \tag{4-62}$$

$$\Delta_t = \Delta_{t-1}[\alpha + (1-\alpha)\Delta_{t-1}^{\varepsilon-1}]^{-1/(\varepsilon-1)} \tag{4-63}$$

因此，方程（4-62）与方程（4-63）表明，最优货币政策在初始价格非离散的情况下，可以稳定价格水平，例如当 $\Delta_{-1}=1$ 时。从式（4-63）也可以看出，如果初始价格水平为离散状态，最优货币政策会出现一个渐进的转变过程，由相对价格扭曲到没有价格离散的稳定状态的过程。

此外，$\Delta_t < \Delta_{t-1}$，如果 $\Delta_{t-1} > 1$，$\varepsilon > 1$，方程（4-62）也表明，最优通胀率与相对价格失真的变化率相等。因此，我们可以得到：如果相对价格失真的初始价格水平较高，在最优货币政策的变化过程中，会发生通货紧缩。

### 4.2.2 粘性价格最优货币政策的均衡

将式（4-48）代入式（4-35），t 时期的真实工资水平为：

$$\frac{W_t}{P_t} = \frac{1}{1+\eta}\frac{A_t}{\Delta_t} \tag{4-64}$$

实际边际成本为：

$$mc_t = \frac{1}{(1+\eta)\Delta_t} \tag{4-65}$$

此外，从式（4-62）可以看出，在最优化政策下，t+k 时期与 t 时期的价格变化可以表示为：

$$\frac{P_{t+k}}{P_t} = \frac{\Delta_{t+k}}{\Delta_t} \tag{4-66}$$

由于财政政策可以抵消因产品市场的不完全竞争导致的价格失真，将式（4-66）与式（4-61）代入式（4-24），我们可以得到企业收益最大化的条件：

$$\sum_{k=0}^{\infty}\alpha^k E_t\left[Q_{t,t+k}\frac{P_{t+k}^{\varepsilon}Y_{t+k}}{\Delta_{t+k}}\left(\frac{P_t^*}{P_t}\Delta_t-1\right)\right]=0 \tag{4-67}$$

从这个方程中，我们可以看到，t时期企业的相对价格水平可以写为：

$$\frac{P_t^*}{P_t}=\frac{1}{\Delta_t} \tag{4-68}$$

为了计算最优化政策下名义利率水平，由式（4-62）可以看到，在最优化政策下，t+1期的通胀率由公式 $1+\pi_{t+1}=\Delta_{t+1}/\Delta_t$ 给出，它在时期t是已知的。假定 $Y_t=(1+g_t)C_t$ 和 $Y_t^*=(1+g_t)C_t^*$，将式（4-60）代入式（4-36），得到 $C_t=\Delta_t^{-(1+\chi)(\sigma+\chi)}C_t^*$，因此，名义利率水平可以写为：

$$R_t=\left(\frac{\Delta_{t+1}}{\Delta_t}\right)^{[(1-\sigma)\chi](\sigma+\chi)}R_t^* \tag{4-69}$$

这里 $R_t^*$ 是总体实际利率，它可以通过有效弹性价格均衡得出：

$$R_t^*=\{\beta E_t[(C_t^*/C_{t+1}^*)^{\sigma}]\}^{-1} \tag{4-70}$$

从以上分析可以看出，最优政策下的价格水平与初始的价格水平不同。由式（4-46）可知，在t时期的总体价格指数为：

$$P_t=\frac{P_{-1}}{\Delta_{-1}}\Delta_t \tag{4-71}$$

这里 $P_{-1}$ 和 $\Delta_{-1}$ 分别是初始的价格水平与相对价格失真。此外，由于 $\lim_{t\to\infty}\Delta_t=1$，方程（4-71）可表示成稳定状态的总体价格指数 $P^{\circ}=P_{-1}/\Delta_{-1}$，将 $P^{\circ}$ 代入式（4-56），得到：

$$P_t=P^{\circ}\Delta_t \tag{4-72}$$

从方程（4-72）可知：P是最优价格目标，因此可以得到，价格水平与目标价格偏差的对数形式与相对价格失真的对数形式是相等的。

此外，最优政策下的产出缺口取决于相对价格失真。令 $y_t$ 为t时期的产出缺口，定义为 $y_t=\log Y_t-\log Y_t^*$，此外，将式（4-66）和式（4-69）结合起来，可得：$\Delta_t=\exp(-(\sigma+\chi)/(1+\chi)x_t)$。将方程代入式（4-70），并对方程对数化，可以根据价格水平与目标的偏离程度得到最优货币政策方程为：

$$y_t=\frac{p_*}{1+\sigma}R_t+\frac{c_*^k}{1+\delta}\log\pi_t+\Delta_{t*}+\varepsilon_t \tag{4-73}$$

$\varepsilon_t$ 为对产出缺口有显著影响的其他变量。

## 4.3 模型参数估计与数值模拟

以上 DSGE 模型与 DSGE - VAR 模型方程线性化后，主要涉及 6 个宏观经济波动的关键变量，产出缺口水平、通货膨胀率、名义利率水平、实际工资水平、居民总体消费水平、实际货币余额，模型参数估计的数据采用季度数据，所有数据取自 CCER 数据库、中经网数据库以及国家统计局官方网站。这些宏观经济波动指标我们在第 3 章已经进行了 HP 滤波处理与数据的稳定性检验，这里我们不再做处理。

模型中的其他变量就业人数、净财富和银行贷款量分别用城镇单位就业人数、股票市值、金融机构贷款余额来代替。由于缺少 GDP 平减指数的数据，文中用定基 CPI 折算名义 GDP、名义消费品零售总额、名义工资水平、股票市价总值、金融机构各项贷款余额得到对应变量的实际值。

### 4.3.1 DSGE 模型参数的估计与先验分布假设

利用贝叶斯估计对 DSGE 模型参数进行估算，由于贝叶斯估计不能将所有参数估计出来，因此，在估计参数之前，我们需要对部分参数的参数值进行校准，校准的参数包括随机贴现率、劳动供给工资弹性、资本产出弹性、资本折旧率、粘性价格系数、弹性价格系数。随机贴现率在目前已有文献中已经通过校准方法得到，我们按照艾尔兰（Iriland，1997）的校准方法，赋值为 0.9607，劳动供给的工资弹性赋值为 0.42，资本产出弹性和资本折旧率参考斯梅特和沃特斯（Smets and Wouters，2003），我们分别赋值为 0.5 和 0.025。对于粘性价格的参数赋值，按照第 3 章我们对于粘性价格的处理方式，参照卡尔沃（Calvo，1983）的方法来进行处理，用一定时期厂商不改变价格的概率 $\alpha$ 来近似衡量经济系统中粘性价格程度的大小①，当 $\alpha = 0$ 表明价格具有完全弹性，$\alpha$ 取值越大，表明经济系统的粘性价格程度越强。这里为了区别粘性价格对于经济系统的影响，我们分别在模型中引入两种价格模式：粘性价格和弹性价格，并分别用 $\alpha_1$、$\alpha_2$ 表示，$\alpha_1$ 表示弹性价格，$\alpha_2$ 表示粘性价格，对粘性价格的参数赋值参照卡尔沃（Calvo，1983）、侯成琪和龚六堂

---

① 粘性价格系数的计算是粘性价格理论的重要内容，其估算方法很多，而且估算方法比较复杂，一种是 GR 法，该种方法是 Gopinath 和 Rigobon（2008）提出的，另一种是 BK 法，由 Bils 和 Klenow（2004）提出的，我们这里按照 Calvo 的方法，取一个简单的估算方法。

(2014) 的估算我们赋值为0.732①，因此，$\alpha_1$ 为0，$\alpha_2$ 为0.732，并对先验分布类型进行假设，其余参数的校准值与分布类型如表4－1所示：

表4－1 参数的先验分布与贝叶斯估计结果

| | 先验分布 | | | 后验分布 | | |
|---|---|---|---|---|---|---|
| 参数 | 分布类型 | 先验均值 | 标准差 | 最小值 | 后验均值 | 最大值 |
| $\varphi$ | 正态分布 | 4.00 | 1.50 | 2.27 | 2.66 | 3.21 |
| $\sigma_c$ | 正态分布 | 1.50 | 0.37 | 1.27 | 1.46 | 1.57 |
| h | 贝塔分布 | 0.70 | 0.10 | 0.45 | 0.50 | 0.58 |
| $\xi_w$ | 贝塔分布 | 0.50 | 0.10 | 0.57 | 0.61 | 0.62 |
| $\sigma_t$ | 正态分布 | 2.00 | 0.75 | 0.45 | 0.55 | 0.68 |
| $l_w$ | 贝塔分布 | 0.50 | 0.15 | 0.49 | 0.51 | 0.53 |
| $l_p$ | 贝塔分布 | 0.50 | 0.15 | 0.19 | 0.33 | 0.39 |
| $\psi$ | 贝塔分布 | 0.50 | 0.15 | 0.21 | 0.29 | 0.35 |
| $\lambda_p$ | 正态分布 | 1.25 | 0.12 | 1.77 | 1.84 | 1.89 |
| $\lambda_\pi$ | 正态分布 | 1.50 | 0.25 | 1.77 | 1.87 | 1.96 |
| $\rho$ | 贝塔分布 | 0.75 | 0.10 | 0.80 | 0.82 | 0.84 |
| $\gamma_y$ | 正态分布 | 0.12 | 0.05 | 0.09 | 0.10 | 0.11 |
| $\gamma_{\Delta y}$ | 正态分布 | 0.12 | 0.05 | 0.22 | 0.23 | 0.24 |
| $\pi$ | 伽马分布 | 0.62 | 0.10 | 0.64 | 0.65 | 0.66 |

表4－1中，$\varphi$、$\sigma_c$、h、$\xi_w$、$\alpha_2$、$l_w$、$l_p$、$\psi$、$\lambda_p$、$\lambda_\pi$、$\rho$、$\gamma_y$、$\gamma_{\Delta y}$，$\pi$ 分别表示企业投资成本、消费弹性系数、消费习惯、粘性工资水平、劳动力供给弹性、指数工资、指数价格、资本利用率、通胀率、内部收益率、产出增长率、投资增长率及稳态通胀率。表4－1的前三列给出了部分参数先验分布的分布类型、先验均值与标准差情况，后三列给出了参数后验分布的最小值、最大值以及均值。由表4－1可以看出，投资成本、消费弹性、消费习惯以及粘性工资先验分

① 侯成琪和龚六堂（2014）利用中国CPI的分类方法，按照用途将我国商品划分为八大类：食品、烟酒及用品、衣着、家庭设备用品及维修服务、医疗保健及个人用品、交通和通信、娱乐教育文化用品及服务、居住，分别测算了八大类商品的价格粘性，通过分析发现，我国商品价格粘性具有明显的异质性，食品及居住价格粘性指数最低，而家庭设备价格粘性指数最高，我们这里的价格粘性是通过对不同商品类别进行了赋权并取加权平均数得到。

布类型分别为正态分布与贝塔分布，投资成本的先验均值为 4，标准差为 1.5，消费弹性均值为 1.5，标准差为 0.37；投资成本后验分布的最小值为 2.27，最大值为 3.21，均值为 2.66；消费弹性后验分布的最小值为 1.27，最大值为 1.57，均值为 1.46，消费习惯以及粘性工资后验分布的均值都比较小，分别为 0.5 与 0.61。表明投资成本波动比较大，而消费弹性变化范围较小，此外，消费习惯与粘性工资先验均值及标准差都比较低，表明消费习惯与粘性工资的调整周期都比较短，小于一年的时间。劳动力供给弹性的先验分布类型为正态分布，均值为 2，标准差为 0.75，其后验分布的最小值、最大值及均值都比较小，分别为 0.45、0.68、0.55，表明由于我国劳动力资源比较丰富，劳动力供给弹性比较大。指数工资、指数价格及资本利用率的先验分布类型都为贝塔分布，其先验分布均值都为 0.5，标准差分别为 0.1 与 0.15，后验分布的均值分别为 0.51、0.33 及 0.29。通胀率、内部收益率、产出增长率及内部产出增长率的分布类型都为正态分布，其先验均值分别为 1.25、1.50、0.12 及 0.12，标准差为 0.12、0.25、0.05 及 0.05，内部收益率、产出增长率及投资增长增长率的先验分布标准差都比较小，表明在观测期内三者的波动幅度比较小，后验分布均值为 1.84、1.87、0.1 及 0.23，通胀率及内部收益率的后验分布均值比较大，而产出增长率及投资增长率的后验分布均值较小。稳态通胀率分布类型为伽马分布，先验分布标准差都为 0.1，后者后验均值为 0.65，比较小。

### 4.3.2 数值模拟

为验证以上 DSG 理论模型的合理性，我们采用 MCMC 数值模拟算法来对模型变量进行检验。在数值模拟时，对部分方程形式进行限定，消费采用对数效用方程形式，工作时间采用二次方程形式，二者作为基准的参数值。

在动态化的过程中，假定初始状态经济维持在一个具有长期通胀率的稳定状态。此外，相对价格失真水平的变化方程式（4－32）表明稳定状态由以下方程确定：

$$\Delta = \frac{1-\alpha}{1-\alpha(1+\pi)^{\varepsilon}}\left(\frac{1-\alpha(1+\pi)^{\varepsilon-1}}{1-\alpha}\right)^{\frac{\varepsilon}{\varepsilon-1}} \tag{4-74}$$

这里 $\Delta$ 和 $\pi$ 分别表示相对价格失真的稳定状态值和通胀率，表明选择一个长期的平均通胀率对应于采用长期的相对价格失真。作为参照，相对价格失真的初始水平与 2% 的年通胀率水平相当。这也表明，通过式（4－74）可以得到一个稳定价格水平的必要条件是：

$$\alpha(1+\pi)^{\varepsilon} < 1 \tag{4-75}$$

采用 Crystal Ball 软件的 OptQuest 模块建立基于式（4－1）、式（4－31）、式（4－37）以及式（4－49）的优化模型，抽样数为 1000，模拟产生 1000 个样本长度的时间序列。模型的参数值设定如表 4－2 所示。同时设 S＝24，迭代次数设为 4，重复模拟实验 1000 次来获得参数估值的均值、标准差和均方差（RMSE）。

**表 4－2　　相关参数值**

| 参数 | 取值 | 参数描述 |
|---|---|---|
| $\pi$ | 0.001 | 长期的平均通货膨胀率 |
| $\varepsilon$ | | 不同商品的需求弹性值 |
| $\chi$ | 3 | 劳动的供给弹性 |
| $\chi$ | 3 | 劳动的供给弹性 |
| $\sigma$ | 2 | 风险厌恶系数 |
| $\beta$ | 0.99 | 时间折现因子 |
| g | 0.11 | 政府消费支出的均值 |
| $\sigma_g$ | 0.01 | log（1＋$g_t$ 的标准差） |

表 4－3 给出数值模拟的实验结果。由表 4－3 可以看出，除 g 和 $\sigma_g$ 外，估计误差比较小，参数模拟的均值均接近于真实的参数值。此外，参数估计值 RMSE 也接近于标准误差，表明以上模型对经济数据的解释比较精确，其有限样本偏差比较小。因此，以上理论模型对现实经济的解释比较合理。

**表 4－3　　数值模拟实验结果**

| 参数 | 模拟值 | 均值 | 标准差 | RMSE |
|---|---|---|---|---|
| $\pi$ | 0.001 | 0.0011 | 0.0045 | 0.0043 |
| $\varepsilon$ | 21 | 20.2632 | 0.0038 | 0.0036 |
| $\chi$ | 3 | 2.9661 | 0.0162 | 0.0013 |
| $\sigma$ | 2 | 2.1007 | 0.0115 | 0.0012 |
| $\beta$ | 0.99 | 0.9853 | 0.0163 | 0.0128 |
| g | 0.11 | 0.1136 | 0.0248 | 0.0248 |
| $\sigma_g$ | 0.01 | 0.0098 | 0.0564 | 0.0524 |

# 4.4 粘性价格与弹性价格模型对我国经济波动的影响比较分析

## 4.4.1 弹性价格模型及货币政策分析

为深入分析粘性价格对宏观经济变量的影响，我们将对弹性价格与粘性价格做一个比较分析，弹性价格是市场价格可以随着供需等因素的变化而迅速调整的一种价格确定方式。在弹性价格条件下，公司可以根据信息状况随时改变价格水平，并具有完全信息，同时，公司在弹性价格下确定的价格为最优价格，其价格公式为：

$$P_t^{flex} = P_t^{\#}. \qquad (4-76)$$

式中：$P_t^{flex}$ 为 t 期的弹性价格，$P_t^{\#}$ 为 t 期的最优价格，对于弹性价格模型下，企业可以获得完全信息，因此其价格水平的线性化为：

$$p_t^{flex} = p_t^{\#} - p_{t-1}^{\#} + p_t \qquad (4-77)$$

在 Calvo 模型中，$\alpha = 0$ 表明价格具有完全弹性，在这一模型中，政府确定的劳动补贴率为 $\eta = 1/(\varepsilon - 1)$。同时，t 时期的真实工资率为 $W_t/P_t = [(\varepsilon - 1)/\varepsilon]A_t$，在这种情况下，$\alpha = 0$。因此，将方程式代入式（4－12）并且令 $\eta = 1/(\varepsilon - 1)$，得到下式：

$$(C_t^*)^{\sigma} \times (H_t^*)^{\chi} = A_t \qquad (4-78)$$

这里 $C_t^*$ 和 $H_t^*$ 分别是弹性价格均衡时的总消费水平和工作时间。式（4－78）表明消费水平与劳动的边际替代率和劳动的边际生产率相等。通过财政政策抵消了由于产品市场的不完全竞争导致的价格失真，弹性价格达到了最优配置。因此这是一个完全的竞争性均衡。

由于 t 时期的政府支出表示为 $G_t = g_t C_t^*$，在弹性价格模型中，社会资源限制变为：

$$Y_t^* = (1+g)_t C_t^* \qquad (4-79)$$

这里 $Y_t^*$ 是弹性价格模型中的有效产出水平，将社会资源限制与生产函数代入式（4－79），在有效弹性价格均衡条件下，产出为 $Y_t^* = A_t^{(1+\chi)(\sigma+\chi)}(1+g_t)^{\sigma/(\sigma+\chi)}$，自然产出水平是指在有效弹性价格均衡的条件下社会产出水平。从式（4－79）可以看出，自然产出水平不依赖于货币政策。

将式（4－19）与式（4－24）代入式（4－79），我们可以得到弹性价格均衡时的货币政策方程：

$$y_t = \frac{1}{\sigma + g^*}R_t + \frac{\alpha}{1-\beta}\pi_t + (p_t - p_{t-1})\alpha + \varepsilon_t \tag{4-80}$$

$\varepsilon_t$ 为对产出缺口有显著影响的其他变量。

### 4.4.2 粘性价格与弹性价格模型对我国经济波动的影响分析

为深入分析粘性价格对我国宏观经济变量的影响渠道与程度，利用粘性价格与弹性价格时经济系统的货币政策方程，考虑弹性价格与粘性价格下宏观经济变量对外生冲击的反应。由于在DSGE模型中有对粘性价格的参数限定，因此，无法直接利用DSGE模型分析粘性价格下外生冲击对一国经济系统的影响。由前面的分析可知，随着DSGE－VAR模型比重参数的降低，DSGE－VAR模型的可信度在逐渐降低，而VAR模型的可信度在逐渐增强，DSGE－VAR模型具有更高的VAR模型的特征，此外，在分析外生变量对经济系统的冲击影响中，VAR模型比DSGE模型更能刻画外生变量对经济系统的动态影响与经济的波动性，更能得出直观的结论（Amato，2003），因此，这里我们采用奥利维尔（Olivier，2008）的做法，在DSGE－VAR模型中，降低DSGE－VAR模型中的比重参数，即令λ的取值变小，使DSGE－VAR模型变为非限制性的VAR模型，参照奥利维尔（Olivier，2008）的做法，我们将λ限定为0.26，因此，使构建的DSGE－VAR模型具有标准的VAR模型的特征。

利用粘性价格与弹性价格下的货币政策方程及构建的DSGE－VAR系统方程构建简化的VAR模型，我们假定构建的粘性价格VAR模型的一般形式为：

$$Y_t = \alpha + \sum_{i=1}^{p} \beta_i Y_{t-i} + \varepsilon_t \tag{4-81}$$

其中，$E(\varepsilon_t)=0$，$E(\varepsilon_t, Y_{t-i})=0$，$i=1, 2, \cdots, p$；$Y_t$ 是（$n\times1$）向量组成的同方差平稳的线性随机过程，$\beta_i$ 是（$n\times n$）的系数矩阵，$Y_{t-i}$ 是 $Y_t$ 向量的i阶滞后变量，$\varepsilon_t$ 是误差项，在本模型中可视为随机干扰项。

其向量自回归模型为：

$$\begin{bmatrix} Y_{1t} \\ Y_{2t} \\ \vdots \\ Y_{kt} \end{bmatrix} = A_1 \begin{bmatrix} Y_{1t-1} \\ Y_{2t-1} \\ \vdots \\ Y_{kt-1} \end{bmatrix} + \cdots + A_p \begin{bmatrix} Y_{1t-p} \\ Y_{2t-p} \\ \vdots \\ Y_{kt-p} \end{bmatrix} + \begin{bmatrix} \varepsilon_{1t} \\ \varepsilon_{2t} \\ \vdots \\ \varepsilon_{kt} \end{bmatrix}, \quad t=1, 2, 3, \cdots, T \tag{4-82}$$

将粘性价格 VAR 模型改写成向量移动平均模型（VMA）为：

$$Y_t = \alpha(1-\beta_1 L-\beta_2 L^2-\cdots-\beta_m L^p)^{-1} + (1-\beta_1 L-\beta_2 L^2-\cdots-\beta_m L^p)^{-1}\varepsilon_t \tag{4-83}$$

$$Y_t = \alpha + \sum_{i=0}^{\infty} A_i \varepsilon_{t-i} \tag{4-84}$$

因此，每个变量都可以表示成当期和滞后期随机冲击项的线性组合即脉冲响应函数（IRF）。脉冲响应函数用于衡量来自随机扰动项的一个标准差冲击对内生变量当前和未来取值的影响，能够比较直观地刻画出变量之间的动态交互作用及其效应。

我们假定一般经济系统受到的外生冲击变量有三个：货币政策冲击、技术冲击与偏好冲击，为分析问题的方便，我们假定技术冲击与偏好冲击维持在初始水平不变，我们只考虑货币供应量的政策冲击对我国宏观经济变量的影响。

这里我们对于经济系统粘性价格程度的处理，采用时间依存模式，具体处理方式按照第 3 章的方法来处理，即用一定时期厂商不改变价格的概率 $\alpha$ 来近似衡量经济系统中粘性价格程度的大小，当 $\alpha=0$ 表明价格具有完全弹性，$\alpha$ 取值越大，表明经济系统的粘性价格程度越强。这里为了分析粘性价格对于经济系统的影响，我们分别在模型中引入两种价格模式：粘性价格和弹性价格，并分别用 $\alpha_1$，$\alpha_2$ 表示，$\alpha_1$ 表示弹性价格，$\alpha_2$ 表示粘性价格，对粘性价格系数的取值，我们结合其他学者对于我国粘性价格系数的测算值来估算，具体做法是对其他学者的估算值取加权平均数，我们得到 $\alpha_2=0.732$，因此，对于弹性价格与粘性价格两种情况下对我国经济系统宏观经济变量的分析，我们结合前述两种价格确定模式下的货币政策方程，分别考虑 $\alpha_1=0$ 与 $\alpha_2=0.732$ 两种情况下宏观经济变量对外生冲击的反应，同时在分析的过程中不考虑粘性价格的异质性问题。

当粘性价格与弹性价格的情况下，对经济系统给定一个标准差的正向货币政策即货币供应量冲击，然后分析在粘性价格与弹性价格框架下货币政策冲击对主要宏观经济变量产出缺口、通货膨胀率、名义利率水平、投资水平、居民总体消费水平、劳动需求、实际货币余额、实际工资水平、银行信贷总量的影响。我们采用我国 1993Q1 ~2016Q4 的宏观经济变量的季度数据进行分析，为分析冲击对变量的长期影响，我们设定时期为 20 期，分别考察在不同的时期冲击的影响，所有数据取自 CCER 数据库与中经网数据库，分别得到如图 4 -1 所示的弹性价格与粘性价格分析框架下各个变量的脉冲响应分析结果。图中的实线代表脉冲响应后验均值，两条虚线代表 90% 的置信区间，横轴为响应时间，纵轴为各变量对稳态的偏离率。

为综合反映不同的价格确定模式对我国宏观经济变量的影响渠道与影响效果，我们分别对弹性价格、粘性价格模型进行脉冲响应分析，考察在不同价格模型下，外生冲击对我国宏观经济总体的影响效果。外生冲击有三个：货币政策冲击、技术冲击与偏好冲击，我们主要考虑货币供应量的政策冲击对我国宏观经济变量影响。

在粘性价格与弹性价格的情况下，对经济系统给定一个标准差的正向货币政策即货币供应量冲击，然后分析在粘性价格与弹性价格框架下货币政策冲击对主要宏观经济变量产出缺口、通货膨胀率、名义利率水平、投资水平、居民总体消费水平、劳动需求、实际货币余额、实际工资水平、银行信贷总量的影响。我们采用我国 1993Q1 ~2016Q4 的宏观经济变量的季度数据进行分析，为分析冲击对变量的长期影响，我们设定时期为 30 期，分别考察在不同的时期冲击的影响，所有数据取自 CCER 数据库与中经网数据库，分别得到弹性价格与粘性价格分析框架下各个变量的脉冲响应分析结果。图 4 -1 中的实线代表脉冲响应后验均值，横轴为响应时间，纵轴为各变量对稳态的偏离率。

图 4 -1 为弹性价格模型框架下宏观经济变量对一个正向标准差的货币供应量冲击的脉冲响应图，由图 4 -1 可以看到，在经济系统价格确定方式为弹性价格时，当经济体系受到一个正向标准差的货币供应量冲击后，大多数经济变量在 4 ~5 个时期后，经济变量的波动趋于稳定。这表明由于市场价格水平可以及时对冲击做出反应，因此，经济变量受冲击的影响比较小，调整的时间也比较短。由图 4 -1 可以看到，受正向货币供应量冲击的影响，大多数经济变量劳动需求、名义利率水平、通货膨胀率、投资水平、居民消费水平、产出缺口等都出现了不同程度的增长，增长幅度比较大的是劳动需求、居民消费水平与产出缺口。从波动方向来看，劳动需求、居民消费水平与产出缺口三者波动趋于一致，三个变量受到冲击后，在第一期都出现了比较明显的增长，其中，劳动需求增长速度明显，在第一期达到了 0. 2% 的速度，产出缺口为 0. 06% ，居民消费水平为 0. 01% ，从第二期开始，三者增速明显下降，受冲击的影响减弱，从第五期开始，劳动需求、居民消费水平与产出缺口三个经济变量的波动基本趋于稳定。名义利率水平与通货膨胀率水平在前期经历了一个先上升后下降的过程，名义利率水平在第二期达到最大值，增速为 0. 4% ，从第三期开始，名义利率水平增速下降，到第六期，基本趋于稳定。从名义利率水平与通货膨胀率波动周期来看，其波动范围有限，波动周期持续比较短。当经济系统为弹性价格的情况下，受货币政策冲击的影响，实际工资水平、实际货币余额与投资水平在第一期则出现了下降趋势，下降最明显的是实际工资水平，在第一时期大约下降了 0. 1 个百分点。实际工资水平

下降最主要的原因在于正向的货币供应量冲击引起的名义通货膨胀率水平的上升，在居民工资水平没有明显提高的情况下，由于商品市场通货膨胀率水平的上升使得居民实际工资水平出现了下降。从第二期开始，在弹性价格机制下，实际工资水平、实际货币余额与投资水平逐渐调整，到第四期，三者波动基本趋于稳定，从波动持续时间来看，宏观变量的波动周期比较短。

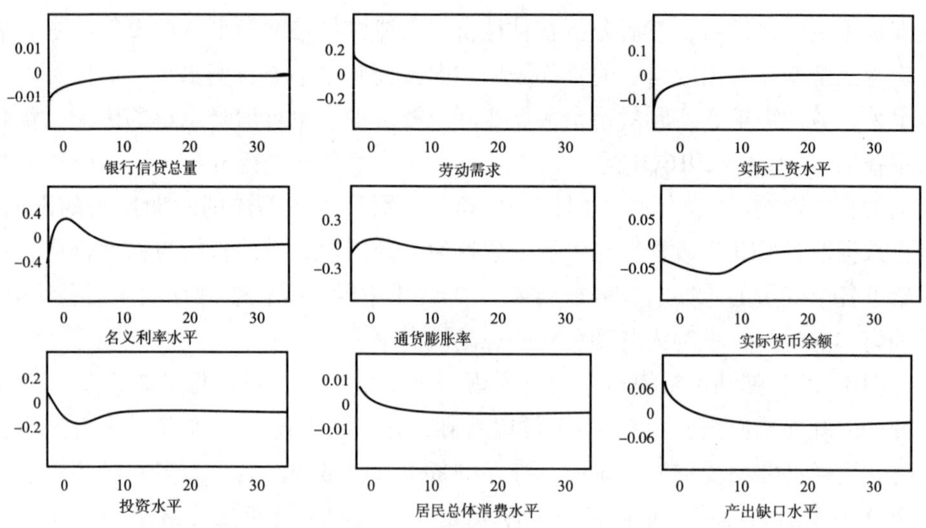


**图 4－1　弹性价格（$\alpha_1=0$）模型框架下各宏观变量脉冲响应**

图 4－2 为粘性价格模型框架下各宏观经济变量对一个正向标准差的货币供应量冲击的脉冲响应图，由图 4－2 可以看到，在经济系统价格确定方式为粘性价格时，当经济体系受到一个正向标准差的货币供应量冲击后，宏观经济变量产出缺口、通货膨胀率、名义利率水平、投资水平、居民总体消费水平、劳动需求、实际货币余额、实际工资水平、银行信贷总量都出现了不同程度的增长或者下降，从波动幅度来看，粘性价格下宏观变量的波动幅度要远大于弹性价格下宏观经济变量的波动幅度，而且外部冲击对宏观经济变量的影响是长期的，大多数变量经过前期的调整后，逐步趋于稳定，但调整时间比弹性价格下要长得多，大多数变量的调整时间都在 10 期以上，实际工资水平与实际投资水平的调整时间约为 15 期，远远大于弹性价格状态下的变量波动。具体来看，银行信贷总量、劳动需求、实际工资水平、实际货币余额、产出缺口、投资水平、居民总体消费水平受到冲击后，经过前期的调整，从第 10 期开始，变量基本趋于稳定，而粘性价格下，名义利率水平与通货膨胀率两个变量受冲击的影响是长期性的，名义

利率水平从第一期开始，不断下降，而通货膨胀率水平则受冲击的影响一直处于上升状态。在粘性价格下，从波动幅度看，受冲击比较大的变量是银行信贷总量、实际工资水平、名义利率水平与投资水平，劳动需求、实际货币余额与居民消费水平受冲击相对较小。

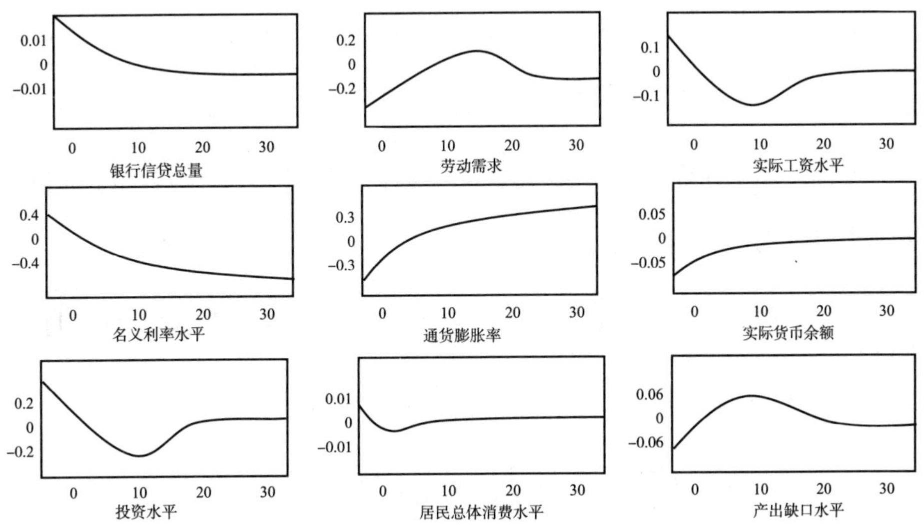


**图 4-2　粘性价格（$\alpha_2=0.732$）模型框架下各宏观变量脉冲响应分析**

## 4.5　粘性价格与弹性价格框架下福利损失分析

这一节内容我们对粘性价格与弹性价格下经济主体的福利损失进行估算，参照伍德福德（Woodford，2002）对于福利损失的分析，粘性价格与粘性工资的福利损失可以通过对经济主体的经济状况对长期稳态值的偏离进行估算而得到，假定$\bar{u}$为经济主体一生通过消费商品，获取闲暇及获得工作所获得的效用总量，类似地，$u_s$ 为经济主体在粘性价格下一生的效用总额，因此：

$$\hat{u}=u_s-\bar{u}=\sum_{t=0}^{\infty}\beta^t E_0[\hat{u}_t] \tag{4-85}$$

式中：$\hat{u}_t$ 为时期 t 的效用损失，$D_s$ 代表在粘性价格下经济主体消费商品的福利损失，β 为时间折现系数，因此，$\hat{u}=\log(x-D_s)-\log x$，x 为消费商品的数量，我们可以将 $D_s$ 表示为稳态消费水平的一个函数：

$$\frac{D_s}{X}=1-e^{\hat{u}} \tag{4-86}$$

时期 t 的效用损失函数可以表示为：

$$E[\hat{u}_t] = E[\theta \log c_t + (1-\theta)\log \tilde{l}_t] - [\theta \log c + (1-\theta)\log \tilde{l}] \quad (4-87)$$

式中：$c_t$ 为家庭的基础消费，$\tilde{l}_t$ 为消费者花费在家庭的时间，c 和 $\tilde{l}$ 为变量的长期稳态值，θ 为不同商品的替代弹性，其二阶泰勒展开值为：

$$E[\hat{u}_t] = \frac{\theta}{c}E(c_t - c) + \frac{1-\theta}{\tilde{l}}E(\tilde{l}_t - \tilde{l}) + \frac{1}{2}\frac{\theta}{c^2}E(c_t - c)^2 - \frac{1}{2}\frac{1-\theta}{\tilde{l}^2}E(\tilde{l}_t - \tilde{l})^2 \quad (4-88)$$

一般地，当粘性价格存在时 $E[c_t] \neq c$，我们可以将 $E[c_t]$ 写为如下的公式：

$$E[\hat{c}_t] = S_c E[y_t] = S_c E\left[L_t\left(\frac{K}{L}\right)^{1-\alpha}\right]$$

$$= S_c E\begin{bmatrix} L\left(\frac{K}{L}\right)^{1-\alpha} + \left(\frac{K}{L}\right)^{1-\alpha}(L_t - L) + L(1-\alpha)\left(\frac{K}{L}\right)^{-\alpha}\left(\left(\frac{K}{L}\right)_t - \left(\frac{K}{L}\right)\right) \\ -\frac{1}{2}\alpha(1-\alpha)L\left(\frac{K}{L}\right)^{-\alpha-1}\left(\left(\frac{K}{L}\right) - \left(\frac{K}{L}\right)\right)^2 \\ +(1-\alpha)\left(\frac{K}{L}\right)^{-\alpha}\left(\left(\frac{K}{L}\right)_t - \left(\frac{K}{L}\right)\right)(L_t - L) \end{bmatrix} \quad (4-89)$$

式中：K 为资本投入量，L 为劳动力的投入量，α 为资本贡献率，并且 $S_c$ 是长期的产出消费比例。

最后，$\hat{u}_t$ 可以写为经济变量对于长期稳态值的偏离率：

$$E[\hat{u}_t] \approx -\frac{1}{2}\theta E[\hat{c}_t]^2 - \frac{1}{2}(1-\theta)E[\hat{l}_t]^2 - \frac{1}{2}\theta S_c \alpha(1-\alpha)E\left[\left(\frac{\hat{K}}{L}\right)_t\right]^2 + \theta S_c(1-\alpha)E\left[\left(\frac{\hat{K}}{L}\right)_t \hat{L}_t\right] \quad (4-90)$$

利用加利（Gali，2005）[69] 的简化处理方法，对以上粘性价格的福利损失函数进行简化，可以得到：

$$E[\hat{u}_t] = \frac{1-\theta}{2}\text{var}(c_t) + \frac{U_l L}{U_c c}\frac{1+\theta}{2}\text{var}(l_t) \quad (4-91)$$

式中：$U_l$，$U_c$ 为个体在家庭中以及消费商品所获得的总体效用。

利用式（4-91）分别对样本期内粘性价格与弹性价格下变量的波动情况及福利损失进行估算，粘性价格与弹性价格分别用 α=0.732 与 α=0 两种情况来表示，如表 4-4 所示，在样本期内，部分宏观经济变量在不同的价格模型下波动不同，从总体来看，宏观经济变量在粘性价格模型下的波动幅度要大于弹性价格下的波动幅度。弹性价格下，样本期内部门平均产出、消费水平与劳动的方差分别为 1. 9857、0. 5325 与 0. 5426，而同一时期，粘性价格下的部门平均产出、消费水平与劳动的方差分别 2. 3758、0. 6254 与 0. 8695，后者远大于前者。这表明，在粘性价格框架下，部分宏观经济变量对于稳态值的偏离程度更大。从不同价格框架下的福利损失情况来看，弹性价格下，福利损失为 -0. 5426，而粘性价格下，福利损失为 -0. 8695，粘性价格框架下的福利损失情况要大于弹性价格框架下的福利损失，这表明，在粘性价格下，由于市场价格不能自由波动，因此，经济变量受冲击后波动幅度更大，调整时间更长，粘性价格框架下宏观经济变量对于稳态值的偏离程度要远大于弹性价格框架下变量的偏离程度，因此，从这个意义上说，粘性价格框架下，经济主体的福利损失要大于弹性价格下经济主体的福利损失。

**表 4 -4　　相关变量方差与不同价格模型下的福利损失**

| | 弹性价格（$\alpha=0$） | 粘性价格（$\alpha=0.732$） |
|---|---|---|
| 部门平均产出 | 1. 9857 | 2. 3758 |
| 消费 | 0. 5325 | 0. 6254 |
| 劳动 | -0. 5426 | 0. 8695 |
| 福利损失 | -1. 2896 | -2. 3258 |

## 4.6 本章小结

本章以粘性价格微观理论为基础，将粘性价格纳入宏观经济的分析框架，构建了一个包含家庭、企业、中间产品部门、最终产品部门以及粘性价格部门的五部门 DSGE - VAR 模型，并利用我国 1993Q1 ~2016Q4 的季度数据，比较了在不同的粘性价格与弹性价格模型框架下，不同的价格确定模式对我国经济系统产出缺口、通货膨胀率、名义利率水平、投资水平、居民总体消费水平、劳动需求、实际货币余额、实际工资水平、银行信贷总量的动态影响与机制问题，并与弹性价格下的宏观经济变量波动进行了对比分析。通过分析发现：

（1）在粘性价格下，由于市场价格水平不能及时对冲击做出反应，各经济变量受政策冲击的影响比较大；而在弹性价格模式下，由于价格可以随着市场的状况进行及时调整，因此，经济系统受到的冲击比较小。无论是从各变量冲击响应的持续时间还是冲击响应的波动范围来看，粘性价格模型框架下各变量受冲击的影响都比弹性价格模型框架下各变量受冲击的影响要大得多。

（2）在经济系统价格确定方式为粘性价格时，当经济体系受到一个正向标准差的货币供应量冲击后，宏观经济变量产出缺口、通货膨胀率、名义利率水平、投资水平、居民总体消费水平、劳动需求、实际货币余额、实际工资水平、银行信贷总量都出现了不同程度的增长或者下降，但幅度不同；受影响最大的是产出缺口水平，受正向货币供应量冲击的影响，产出缺口波动剧烈，产出缺口波动持续了两个半周期，持续时间比较长，波动幅度也比较大；名义利率水平与通货膨胀率在粘性价格模型框架下受货币政策冲击的影响也比较大，其他宏观经济变量波动比较小。

（3）在经济系统价格确定方式为弹性价格时，当经济体系受到货币供应量冲击后，经济变量受货币政策冲击的影响比较小，调整的时间也比较短，大多数经济变量在4.5个时期后，经济变量的波动趋于稳定。具体来看，受正向货币供应量冲击的影响，大多数经济变量产出缺口、通货膨胀率、名义利率水平、劳动需求、实际货币余额、银行信贷总量在前期都出现了不同程度的增长，但波动时间不长，幅度也不是很大。实际工资水平、社会投资水平与居民总体消费水平在受到正向的货币供应量冲击后，则出现了下降趋势，但下降的趋势不明显。

（4）通过对不同价格框架内的福利损失分析可以发现：粘性价格框架下，经济主体的福利损失要大于弹性价格框架下经济主体的福利损失。具体表现在：在样本期内，部分宏观经济变量在不同的价格模型下波动不同，从总体来看，宏观经济变量在粘性价格模型下的波动幅度要大于弹性价格下的波动幅度。在粘性价格下，经济变量受冲击后波动幅度更大，调整时间更长，粘性价格框架下宏观经济变量对于稳态值的偏离程度要远大于弹性价格框架下变量的偏离程度。

# 第5章

# 粘性价格、粘性信息与中国经济波动

曼昆（Mankiw）认为，价格粘性只是一个表象，而在目前的经济社会中，价格之所以不能自由波动，主要原因在于深层次的信息问题，即信息粘性问题，由于经济主体的认知能力、成本问题与理性疏忽，经济主体在进行决策时往往不更新信息，而使用过期信息进行决策，这导致了经济主体做出的决策往往与前期的决策一致，特别是对于价格决定问题，因此，导致了价格粘性。此外，在第4章的分析中也发现一个问题，即当经济中存在粘性价格时，粘性价格对通货膨胀影响不大，对通货膨胀的长期趋势解释力也有限或者不能很好地解释通货膨胀的长期趋势。曼昆和里斯（Mankiw and Reis，2002）认为，造成这一现象的主要原因是粘性信息的存在。如前所述，曼昆和里斯（Mankiw and Reis，2002）虽然提出了粘性信息理论，但与粘性价格理论一样，分析的重点侧重对于粘性信息理论的验证与各个国家粘性信息程度的测度，而没有将微观粘性信息纳入宏观经济的分析框架，将微观粘性信息与宏观经济变量结合起来，考虑微观粘性信息对宏观经济行为的影响。因此，基于这样的目的，本章在粘性价格理论的基础上，对粘性价格分析框架进行了扩展，通过构建具有粘性信息的宏观经济分析框架，分析在存在粘性信息的条件下，粘性信息的微观变化对于宏观经济变量的影响效果与渠道，并对弹性价格、粘性价格与粘性信息三种模型框架下宏观经济变量对于冲击的影响进行了比较。在分析方法上，我们仍然采用DSGE模型分析方法，主要原因在于DSGE－VAR模型作为一种全新的宏观经济分析框架，虽然能克服单纯DSGE模型分析的缺点，但其在经验分析中的适用性还未知（Bils，2004），而DSGE模型方法是一种非常成熟的宏观经济分析方法，可以非常精确地刻画政策制度的变化对于市场主体决策与经济变量的影响及效果，因此本章及第6章的分析仍然采用DSGE模型分析方法。

## 5.1 引　　言

凯恩斯主义经济理论认为：价格是粘性或刚性的，当影响价格的因素发生变化后，价格不会随着影响因素的变化而变化，其调整速度是缓慢的，新凯恩斯主义经济学家从不同的方面对价格粘性进行阐释，如相对工资模型、菜单理论及近似理论模型等。自20世纪90年代以来，新凯恩斯理论主要采用具有垄断竞争市场和名义刚性的动态随机一般均衡模型来进行经济分析，通过建立反映价格指数动态波动规则的新凯恩斯主义菲利普斯曲线来对经济变量的动态性进行阐释。从总的分析路径来看，新凯恩斯主义经济学主要是论证工资与价格粘性或刚性对宏观经济运行结果所产生的影响。但经验检验发现，价格粘性模型不能很好地解释通货膨胀的持续性、加速原理等，也不能产生良好的动态性，甚至会出现一些与经验事实相矛盾的结论，如通货紧缩导致繁荣、价格水平可以立即调整等结论。为完善新凯恩斯主义理论，经济学家从不同的方面对粘性价格理论进行了拓展。开创性的研究者是曼昆和里斯（Mankiw and Reis）等。曼昆和里斯（Mankiw and Reis）等在粘性价格的基础上提出了粘性信息的菲利普斯曲线模型（Sticky Information Phillips Curve），认为，人们在利用信息进行决策时，由于信息成本与决策需要，不是利用最新的信息来进行决策，而是利用过期的或者具有“粘性”的信息来进行决策，而且信息在经济主体间的传播具有滞后性，这导致了价格粘性的存在，与传统的粘性价格模型相比，粘性信息模型可以准确地说明货币政策对通货膨胀作用的延迟，其对货币政策的描述更为准确；2006年，曼昆和里斯进一步建立了具有粘性信息的一般均衡理论模型，指出市场中存在的价格粘性或刚性问题，主要原因在于人们在确定价格时所使用的信息具有粘性或者滞后性所导致的，人们之所以不使用更新的信息，不是因为没有更新的信息，而是由于使用过期的信息更有成本优势或者更易于决策，是一种“理性疏忽”。

粘性信息理论提出后，许多学者利用不同国家和地区的数据进行了经验研究，得出了许多开创性成果，粘性信息理论的产生促进了信息经济学与宏观经济学的融合。曼昆和里斯（Mankiw and Reis）从工资与失业的角度出发，利用最小二乘法对美国企业的信息更新速度进行了分析，发现从企业的角度来说，大概一年更新一次企业关于工资与工作的信息。卡罗尔（Carroll，2003）受疾病传播模型的启发，具体演化了人们对通胀预期的形成过程，利用密歇根的调查数据对信息粘性程度进行了估计，估计结果为0.27，表明密歇根约有1/4的人口使用最新的信息进行决策。

为信息成本理论提供了直接的证据。基莉（Kiley，2007）利用极大似然法对粘性价格与粘性信息模型进行了估计，并利用美国 1965～2002 年和 1983～2002 年的企业微观数据，对美国企业的信息粘性程度进行了估计，估计结果分别为 0.39 和 0.59，信息粘性程度较高。杜波（Dupor，2010）基于粘性信息与粘性价格的假设，建立了双粘性的菲利普斯曲线，同时对美国信息粘性与价格粘性进行了估计，估计结果显示，在美国每个季度约有 14% 的企业会更新价格，约有 42% 的企业会更新信息。可汗和朱（Khan and Zhu，2007）采用英国、美国和加拿大的微观经济数据，对这三个国家的粘性信息进行了实证检验，通过分析发现，美国和加拿大的企业平均更新信息的时间为 4 个季度，而英国企业的平均更新频率是 7 个季度，因此，英国企业产品的价格粘性更强。多普克（Dopke，2008）利用美国和欧洲国家的企业数据，分析了不同国家的信息传输速度，分析发现，与美国企业相比，意大利、法国与德国的企业信息传输时间更长，因此，也间接验证了粘性信息的存在。

本章以第 4 章的分析理论为基础，将粘性价格扩展到粘性信息理论，将粘性信息纳入宏观经济分析的理论框架内，分析微观粘性信息波动对于宏观经济变量的影响机制问题，并对不同价格确定框架下的货币政策冲击影响及经济主体的福利损失进行了比较分析。

## 5.2 粘性信息理论分析框架

### 5.2.1 粘性价格模型

在构建粘性信息分析框架之前，我们参照曼昆和里斯（Mankiw and Reis，2002）及第 3 章粘性价格的建模过程，我们首先构建粘性价格模型，假定在每一个时期，公司可以按照 $1-\alpha_p$ 的概率来改变价格 $p_t$，这个概率不受时间和公司的影响，每一个时期的平均持续时间为 $\frac{1}{1-\alpha_p}$，为简化公式，$\alpha_p$ 可以写为 $\alpha$。如果一个公司不能调整其产品价格，则价格水平按以下规则波动：

$$p_t(z)=\Gamma_{t-1}^{\alpha}\Gamma_t^{1-\alpha}p_{t-1}(z) \tag{5-1}$$

公司被要求调整其价格水平来最大化其预期收益：

$$E_t\left[\sum_{j=0}^{\infty}\alpha_p^j\,\Xi_{t,t+j}\left((1-\tau_{t+j})p_t(z)Y_{t+j}(z)\left(\frac{P_{t-1+j}}{P_{t-1}}\right)^{\alpha}\left(\frac{\bar{P}_{t-1+j}}{P_{t-1}}\right)^{1-\alpha}-MC_{t+j}P_{t+j}(Y_{t+j}(z)+\Omega)\right)\right] \tag{5-2}$$

这里：

$$Y_{t+j}(z)=\left(\frac{\overline{p}_t(z)}{P_t}\right)^{-\frac{\mu}{\mu-1}}\left[\frac{P_t}{P_{t+j}}\left(\frac{P_{t-1+j}}{P_{t-1}}\right)^{\alpha}\left(\frac{\overline{P}_{t+j}}{\overline{P}_t}\right)^{1-\alpha}\right]^{-\frac{\mu}{\mu-1}}Y_{t+j} \tag{5-3}$$

并且：$\Xi_{t,t+j}=\beta^{j}\frac{\Lambda_{t+j}P_t}{\Lambda_t P_{t+j}}$是一单位货币对家庭的边际价值，$MC_{t+j}$是真实的边际成本，$\tau_t$ 是公司的税收，其会随着时间的变化而变化，由于我们前面对资本收益率的假定，边际成本在不同的厂商之间是一个定值：

$$MC_t=\frac{W_{R,t}^{(1-\alpha)}R_t^{k\alpha}}{E_t^{A}\alpha^{\alpha}(1-\alpha)^{(1-\alpha)}} \tag{5-4}$$

名义最优重置价格 $p_t^*$ 的一阶条件为：

$$E_t\left[\sum_{j=0}^{\infty}\alpha_p^j\,\Xi_{t,t+j}Y_{t+j}(z)P_{t+j}\left((1-\tau_{t+j})\frac{p_t(z)}{\overline{P}_t}-\frac{P_t}{P_{t+j}}\left(\frac{P_{t-1+j}}{P_{t-1}}\right)^{\alpha}\left(\frac{\overline{P}_{t-1+j}}{\overline{P}_{t-1}}\right)^{1-\alpha}-\mu MC_{t+j}\right)\right]=0 \tag{5-5}$$

粘性价格水平的均值可以表示为：

$$P_t^{\frac{1}{1-\mu}}=\alpha_p(\Gamma_{t-1}^{\alpha}\Gamma_t^{1-\alpha}P_{t-1}(z))^{\frac{1}{1-\mu}}+(1-\alpha_p)(p_t(z))^{\frac{1}{1-\mu}} \tag{5-6}$$

价格确定模型的递归形式为：

$$\frac{P_t(z)}{P_t}=\mu\frac{Z_{1,t}}{Z_{2,t}} \tag{5-7}$$

式中：

$$Z_{1,t}=\Lambda_t MC_t Y_t+\alpha_P\beta E_t\left[\left(\frac{\Gamma_{t+1}}{\Gamma_t^{\alpha}\Gamma_{t+1}^{1-\alpha}}\right)^{\frac{\mu}{1-\mu}}Z_{1,t+1}\right] \tag{5-8}$$

并且：

$$Z_{2,t}=(1-\tau_t)\Lambda_t Y_t+\alpha\beta E_t\left[\left(\frac{\Gamma_{t+1}}{\Gamma_t^{\alpha}\Gamma_{t+1}^{1-\alpha}}\right)^{\frac{1}{1-\mu}}Z_{2,t+1}\right] \tag{5-9}$$

因此，粘性价格的波动遵循以下方程：

$$P=\alpha\left(\frac{\Gamma_t}{\Gamma_{t-1}^{\alpha}\Gamma_t^{1-\alpha}}\right)^{\frac{1}{1-\mu}}+(1-\alpha)\left(\mu\frac{Z_{1,t}}{Z_{2,t}}\right)^{\frac{1}{1-\mu}} \tag{5-10}$$

### 5.2.2 粘性信息分析框架

在 t 时期，公司在价格 $\overset{*}{p}_t$ 时选择使用更新的信息，定义 $p_t$ 为总体价格指数，当公司收益最大化时确定公司的最优价格水平：

$$\max_{p_t(z)} E_{t-j}[(1-\tau_t)p_t(z)Y_t(z) - MC_tP_t(Y_t(z)+\Omega)] \tag{5-11}$$

式中：$Y_t(h)$ 为需求函数：

$$Y_t(z) = \left(\frac{p_t^*(z)}{P_t}\right)^{-\frac{\mu}{\mu-1}} Y_t \tag{5-12}$$

以上需求函数的一阶条件可以表示为最优价格水平 $p_t^*(z)$ 与实际边际成本 $MC_t$ 的关系式：

$$p_t^*(z) = \frac{\mu}{1-\tau_t} MC_t P_t \tag{5-13}$$

在弹性价格模型里，曼昆和里斯（Mankiw and Reis，2002）假定公司每个时期都进行价格调整，在进行价格调整时使用的信息可以不是最新的，只有一部分企业 $\lambda_{inf}$ 在价格调整时使用最新的信息，剩下的企业 $1-\lambda_{inf}$ 则使用过期的信息，信息更新的时间为 $\frac{1}{\lambda_{inf}}$ 时期，当 $\lambda_{inf}=1$ 时，模型表示为垄断竞争市场及完全弹性市场的价格模型。

我们可以考虑粘性信息模型为粘性价格模型的特殊类型，此时公司不能将价格水平确定为以前的价格水平而使公司实现价格与收益最大化，当公司实现收益最大化时，需要考虑目前的最优价格水平以及可以利用最新信息确定的价格，当公司不能实现价格与收益最大化时，公司将利用现有信息确定一个适当的价格。

每一个时期，具有代表性的公司可以确定价格：

$$x_{i,t}^j = E_{t-j} p_{i,t} \tag{5-14}$$

式中：j 代表更新信息的最近的时期，在粘性价格模型里，所有公司的价格确定策略相似，因此，所有公司的总体价格水平是可以更新的公司的价格水平的平均数。

$$p_t = \lambda_{inf} \sum_{j=0}^{\infty} (1-\lambda_{inf})^j x_t^j \tag{5-15}$$

将式（5－8）和式（5－14）结合起来，可以得到：

$$p_t = \lambda_{inf} \sum_{j=0}^{\infty} (1-\lambda_{inf})^j E_{t-j}(\alpha s_t + p_t) \tag{5-16}$$

可以看到：

$$\begin{aligned} s_t &= \eta \Delta u1c_t + \eta s_{t-1} \\ &\quad + \eta \lambda_{inf} \sum_{j=0}^{\infty} (1-\lambda_{inf})^j E_{t-j-1}((1-\alpha)s_t - (1-\alpha)s_{t-1} - \Delta u1c_t) \end{aligned} \tag{5-17}$$

式中：

$$\eta = \frac{1-\lambda_{inf}}{1-\lambda_{inf}(1-\alpha)} < 1 \qquad (5-18)$$

总体价格水平可以表示为：

$$(P_t)^{1-\frac{\mu}{\mu-1}} = \alpha_p(P_{t-1}\Gamma_{t-1}^{\alpha}\Gamma^{1-\alpha})^{1-\frac{\mu}{\mu-1}} + (1-\alpha_p)\sum_{j=0}^{+\infty}((1-\alpha)^j \cdot E_{t-j}(p_t(\overset{*}{h}))^{1-\frac{\mu}{\mu-1}}) \qquad (5-19)$$

在每个时期，公司面临一个固定的概率（$1-\alpha_p$）可以改变商品的价格水平，上述方程可以表示为：

$$(P_t)^{1-\frac{\mu}{\mu-1}} = \alpha_p(P_{t-1}\Gamma_{t-1}^{\alpha}\Gamma^{1-\alpha})^{1-\frac{\mu}{\mu-1}} + (1-\alpha_p)\alpha\sum_{j=0}^{+\infty}\left((1-\alpha)^j \cdot \left[\mu E_{t-j}\left(\frac{P_t MC_t}{1-\tau_t}\right)\right]^{1-\frac{\mu}{\mu-1}}\right) \qquad (5-20)$$

通过对上述方程进行变换，我们可以得到非线性粘性信息菲利普斯曲线的静态方程：

$$\left(\frac{P_t}{P_{t-J}}\right)^{1-\frac{\mu}{\mu-1}} = \alpha_p\left(\frac{P_{t-1}}{P_{t-J}}\Gamma_{t-1}^{\alpha}\Gamma^{1-\alpha}\right)^{1-\frac{\mu}{\mu-1}} + (1-\alpha_p)\alpha\sum_{j=0}^{+\infty}\left((1-\alpha)^j \cdot \left[\mu E_{t-j}\left(\frac{MC_t}{(1-\tau_t)}\frac{P_t}{P_{t-J}}\right)\right]^{1-\frac{\mu}{\mu-1}}\right) \qquad (5-21)$$

式中：

$$\frac{P_t}{P_{t-J}} = \prod_{s=0}^{J-1}\Gamma_{t-s} \qquad (5-22)$$

为了决策的需要，公司不采用最新信息进行决策，而是采用部分过时的信息进行决策，过时的信息持续时间为 12 个时期，即 $J=12$，也就是说信息持续三年时间，因此，我们利用参数 $\omega = \sum_{j=0}^{J}\alpha(1-\alpha)^j$ 对不同时期的粘性信息菲利普斯曲线进行划分。

### 5.2.3 粘性信息模型的解

我们假定 $\Delta ulc_t$ 是一个遵循 MA 过程的一般线性方程：

$$\Delta ulc_t = \sum_{k=0}^{\infty}\Psi_k \in_{t-k} \qquad (5-23)$$

式中：$\Psi_k(k=1, 2, 3, \cdots,)$ 是一个参数序列；$\in_t$ 是连续独立的随机变量，均值为 0。

我们假定，在粘性价格模型中，模型的解 $s_t$ 是一个满足式（5－10）的随机游走过程。

其一般形式为：

$$s_t = \sum_{k=0}^{\infty} \Psi_k \in_{t-k} \quad (5-24)$$

从上式可以看到，模型的解为满足式（5－18）的 $\gamma_k$。为求得 $\gamma_k$ 的值，我们用 $\Delta ulc_t$ 和 $\Delta ulc_{t-1}$ 来代替 $s_t$ 与 $s_{t-1}$。对式（5－18）中 t 时期平均信息的持续值用 t 时期单位劳动成本的期望值来代替，可以得到：

$$\sum_{k=0}^{\infty} \gamma_k \in_{t-k} = z_1 \sum_{k=0}^{\infty} \gamma_k \in_{t-1-k} + \sum_{k=0}^{\infty} \Psi_k \in_{t-1-k} - (1 - z_1) \sum_{k=0}^{\infty} \sum_{k=0}^{\infty} z_2^{-j} \Psi_{k+1} \in_{t-k} \quad (5-25)$$

在式（5－25）中，$\in_t$，$\in_{t-1}$，$\in_{t-2}$，…的系数相等，因此，可以得到 z，$z_2$，$\Psi_k$ 中不同的 $\gamma_k$。

$$\gamma_0 = \Psi_0 - (1 - z_1) \sum_{j=0}^{\infty} z_2^{-j} \Psi_{k+1} \in_{t-k} \quad (5-26)$$

$$\gamma_k = z_1 \gamma_{k-1} + \psi_k - (1 - z_1) \sum_{j=0}^{\infty} z_2^{k-j} \Psi_j,\ k = 1, 2, \cdots \quad (5-27)$$

通过对价格前瞻形式的判定与单位劳动成本价格比率的计算以及 $\Psi_k$ 的值可以得到 $\gamma_k$ 的值。

在粘性信息模型中，我们假定模型的解 $s_t$ 也是一个满足式（5－10）的随机游走过程。其解的一般形式为式（5－17）。同样地，我们用 $\Delta ulc_t$ 和 $\Delta ulc_{t-1}$ 来代替 $s_t$ 与 $s_{t-1}$，对式（5－16）与式（5－17）求期望，并代替 t－j－1 时期的信息的期望，

可以得到：

$$\sum_{k=0}^{\infty} \gamma_k \in_{t-k} = \eta \sum_{k=0}^{\infty} \Psi_k \in_{t-k-1} + \eta \lambda_{inf} \sum_{j=0}^{\infty} (1 - \lambda_{inf})^j \left( (1 - \alpha) \sum_{k=j+1}^{\infty} \gamma_k \in_{t-k} - (1 - \alpha) \sum_{k=j}^{\infty} \gamma_k \in_{t-k} \right) \quad (5-28)$$

在式（5－28）中，$\in_t$，$\in_{t-1}$，$\in_{t-2}$，…的系数相等，因此，可以得到 η，$\gamma_i$，$\Psi_k$ 中不同的 $\gamma_k$。

$$\gamma_0 = \eta \Psi_0,$$

$$\gamma_k = \frac{\eta(1 - \lambda_{inf})}{1 - \eta(1 - \alpha)(1 - (1 - \lambda_{inf})^k)}^k \Psi_k + \frac{\eta(1 - (1 - \alpha)(1 - (1 - \lambda_{inf})^k))}{1 - \eta(1 - \alpha)(1 - (1 - \lambda_{inf})^k)} \gamma_{k-1} \quad K = 1, 2, \cdots \quad (5-29)$$

以上为粘性信息模型与粘性价格模型方程的解，这二者解的区别在于经济主体经济收益最大化的不同，在粘性价格模型中，$\gamma_k$ 的值不仅取决于前期与当期的 $\Psi_k$ 值，还受未来的 $\Psi_k$ 值得影响，因为当经济主体不能通过价格确定问题实现最大化时，要考虑未来的成本。在粘性信息模型中，$\gamma_k$ 的值仅仅受当期与前期的影响，因为在每一个时期经济主体都可以通过当期与前期的信息实现收益最大化。

## 5.2.4 市场均衡分析

总需求函数表示为：

$$Y_t = C_t + I_t + \overline{\overline{G}}\varepsilon_t^G + \Psi(u_t)K_{t-1} \tag{5-30}$$

商品市场的市场出清条件可以表示为：

$$\int_0^1 Y_t(z)dz = \varepsilon_t^A \int_0^1 (u_t K_{t-1}(z))^{\alpha}(L_t(z))^{1-\alpha}dz - \Omega$$

$$= \varepsilon_t^A (u_t)^{\alpha} \int_0^1 (K_{t-1}(z))\left(\frac{L_t(z)}{K_{t-1}(z)}\right)^{1-\alpha}dz - \Omega \tag{5-31}$$

或者：

$$\Delta_{p,t}Y_t = \varepsilon_t^A(u_t K_t)^{\alpha}(L_t)^{1-\alpha} - \Omega \tag{5-32}$$

式中：

$$\Delta_{p,t} = \int_0^1 \left(\frac{p_t(z)}{P_t}\right)^{-\frac{\mu}{\mu-1}}dz \tag{5-33}$$

这表明：价格分散程度取决于商品的价格决定方式，当总体价格指数比较低时，Calvo 价格水平与粘性信息下的价格分散指数可以表示为：

$$\Delta_{p,t}^{Calvo} = \alpha_p \int_0^1 \left(\frac{p_{t-1}(z)}{P_{t-1}}\frac{P_{t-1}}{P_t}\pi_{t-1}^{\alpha}\,\overline{\pi}^{1-\alpha}\right)^{-\frac{\mu}{\mu-1}}dz + (1-\alpha)\left(\frac{\overset{*}{p}_t}{P_t}\right)^{-\frac{\mu}{\mu-1}}$$

$$= \alpha_p \Delta_{p,t-1}\left(\frac{\pi_t}{\pi_{t-1}^{\alpha}\,\overline{\pi}^{1-\alpha}}\right)^{\frac{\mu}{\mu-1}} + (1-\alpha_p)\left(\mu\frac{z_{1,t}}{z_{2,t}}\right)^{-\frac{\mu}{\mu-1}} \tag{5-34}$$

$$\Delta_{p,t}^{SDP} = \left[\overline{\mu}_0\left(\frac{p_{L,t}}{P_t}\right)^{-\frac{\mu}{\mu-1}} + (1-\overline{\mu}_0)\left(\frac{p_{H,t}}{P_t}\right)^{-\frac{\mu}{\mu-1}}\right] \tag{5-35}$$

$$\Delta_{p,t}^{SI} = \alpha_p \Delta_{p,t-1}\left(\frac{\pi_t}{\pi_{t-1}^{\alpha}\,\overline{\pi}^{1-\alpha}}\right)^{\frac{\mu}{\mu-1}} + (1-\alpha_p)\frac{P_{t-J}}{P_t}\alpha\sum_{j=0}^{J}(1-\alpha)E_{t-j}\left(\mu MC_t\frac{P_t}{P_{t-J}}\right)^{-\frac{\mu}{\mu-1}} \tag{5-36}$$

总体无条件的福利水平可以表示为：

$$u_t = \int_0^1 u_t(z)\,dh \tag{5-37}$$

我们假定，所有家庭具有相同的消费计划，因此：

$$\mu_t = E_t \sum_{j=0}^{\infty} \beta^j \left[ \frac{1}{1-\zeta_C}(C_{t+j} - \upsilon C_{t-1+j})^{1-\alpha_C} - \frac{\varepsilon_{t+j}^L \alpha}{1+\alpha_L} L_{t+j}^{1+\alpha_L} \Delta_{w,t+j} \right] \varepsilon_{t+j}^B \tag{5-38}$$

这里，

$$\Delta_{w,t} = \int_0^1 \left( \frac{W_t(h)}{W_t} \right)^{-\frac{(1+\alpha_L)\mu w}{\mu w - 1}} dh \tag{5-39}$$

因此，价格分散指数可以表示为：

$$\Delta_{w,t} = \alpha_w \Delta_{w,t-1} \left( \frac{w_t}{w_{t-1}} \frac{\pi_t}{\pi_{t-1}^{\alpha_w} \overline{\pi}^{1-\alpha_w}} \right)^{\frac{(1+\alpha_L)\mu w}{\mu w - 1}} + (1-\alpha_w) w_t \left( \mu_w \frac{Z_{W1,t}}{Z_{W2,t}} \right)^{-\frac{(1+\alpha_L)\mu w}{\mu w(1+\alpha_L)-1}} \tag{5-40}$$

## 5.3 具有粘性信息的扩展模型构建

参照曼昆和里斯（Mankiw and Reis，2002）的方法，在以上均衡分析的基础上构建具有粘性信息的动态随机一般均衡模型，来分析在粘性信息的假设下，宏观经济变量对冲击的反应。

### 5.3.1 家庭

代表性家庭从消费 $C_t$ 中获得效用，真实货币收入为$\frac{M_t}{P_t}$，闲暇为 $1-H_t(0<H<1)$，家庭持股零售企业的股票，同时向生产批发性商品的企业提供劳动力，家庭通过持有一个时期的无风险债券 $B_t$ 进行储蓄，总体价格水平为 $p_t$，家庭偏好可以表示为：

$$E_0 \sum_{t=0}^{\infty} \beta^t U\left( C_t, H_t, \frac{M_t}{P_t} \right) \tag{5-41}$$

同时：

$$U\left( C_t, H_t, \frac{M_t}{P_t} \right) = e_t \log C_t - \theta \frac{H_t^{1+\gamma}}{1+\gamma} + \varphi \log \frac{M_t}{P_t} \tag{5-42}$$

式中：$\frac{1}{\gamma}$为劳动供给弹性，θ、φ 为效用函数中家庭的闲暇与收入的比重，$e_t$ 为家庭外生的偏好冲击，其满足：

$$\log e_t = \rho_e \log e_{t-1} + \in_t^e,\quad \in_t^e \square \text{i. i. d. } N(0,\ \sigma^2_{\in^e}) \tag{5-43}$$

代表性家庭的预算限制为：

$$C_t = \frac{W_t}{P_t}H_t + \prod_t - T_t - \frac{M_t - M_{t-1}}{P_t} - \frac{B_t - R^n_{t-1}B_{t-1}}{P_t} \tag{5-44}$$

式中：$W_t$ 为家庭从企业获得的名义工资，其为粘性工资；$\prod_t$ 为家庭从零售商企业的分红；$T_t$ 为税收总额；$B_{t-1}$为 t-1 期与 t 期持有的债券总量；$R^n_{t-1}$为无风险收益债券的名义收益率。

家庭在遵照预算约束的条件下实现预期家庭效用的最大化，其一阶条件为：

$$\frac{e_t}{C_t}\frac{1}{R^n_t} = \beta E_t\left[\frac{e_{t+1}}{C_{t+1}}\frac{P_t}{P_{t+1}}\right] \tag{5-45}$$

$$\frac{e_t}{C_t}\frac{W_t}{P_t} = \theta H_t^\gamma \tag{5-46}$$

### 5.3.2 中间产品部门

中间产品部门由具有垄断特征的垄断竞争企业 Z 组成，其产品生产遵照柯布道格拉斯生产函数：

$$Y_t(z) = \varepsilon_t^A(u_t K_{t-1}(z))^\alpha L_t(z)^{1-\alpha} - \Omega_t \tag{5-47}$$

式中：$\varepsilon_t^A$ 是生产贡献率水平，其满足 $\ln\varepsilon_t^a = \rho_p \ln\varepsilon^p_{t-1} + \eta_t^p$，产品的固定成本 $\Omega_t$ 满足 $\Omega_t = (\lambda_p - 1)\overline{Y}_t$；$\overline{Y}_t$ 是均衡状态下的产出水平。

考虑到实际工资水平与资本的利息费用，企业 Z 对于劳动力与资本的最优选择为：

$$\frac{w_t L_t(z)}{r_t^k \tilde{K}_t(z)} = \frac{1-\alpha}{\alpha} \forall_z \in [0,\ 1] \tag{5-48}$$

### 5.3.3 最终产品部门

最终产品为 $Y_t(Z)$，$Z \in [0,\ 1]$ 用于消费者消费与企业投资，其由不同商品组成，由市场上大量垄断竞争的企业提供，其 DS 函数为：

$$Y_t = \left[\int_0^1 Y_t(z)\ \frac{\in - 1}{\in}dz\right]^{\frac{\in}{\in-1}} \tag{5-49}$$

不同商品的最优花费支出表明对于同一类商品 z 来说，其有向下倾斜的需求曲线。

$$Y_t(z)=\left(\frac{P_t(z)}{P_t}\right)^{-\epsilon}Y_t \tag{5-50}$$

这里 $P_t(z)$ 表示 $Y_t(z)$ 的价格，$\in$ 为不同商品的需求价格弹性，$P_t$ 表示最终商品的价格指数：

$$p_t=\left[\int_0^1 p_t(z)^{1-\epsilon}dz\right]^{\frac{1}{1-\epsilon}} \tag{5-51}$$

由于我们假定价格确定有几种形式，后面我们将对企业产品的价格确定方式进行具体分析。

## 5.3.4 投资部门

假定投资部门受投资冲击 $x_t$ 影响比较大，投资部门从商品零售商手中购买最终产品 $I_t$ 作为投入品，从而生产更加高效的资本产品 $x_tI_t$，资本产品 $x_tI_t$ 与目前的公司股本结合，产生新的资本产品 $K_{t+1}$，资本产品的最终生产过程为：

$$K_{t+1}=x_tI_t+(1-\delta)K_t \tag{5-52}$$

投资冲击 $x_t$ 遵循一阶自回归过程：

$$\log x_t=\rho_x\log x_{t-1}+\in_t^x,\quad \in_t^x\sim i.i.d.\ N(0,\ \sigma_{\in^x}^2) \tag{5-53}$$

投资部门的支出取决于公司股票的发行成本，参照科瓦斯和哈恩（Covas and Haan，2006）的做法，我们假定公司股票发行成本 $\Lambda(I_t,\ x_t)$ 为外生冲击 $x_t$ 的函数：

$$\Lambda(I_t,\ x_t)=\lambda(x_t)I_t^2 \tag{5-54}$$

这里：

$$\lambda_x<0 \tag{5-55}$$

股票发行成本的基本形式有两个特征：(1) 股票发行成本为二次方程；(2) 股票发行的成本为逆周期的。特征1是锡基和汉森（Altinkilic and Hansen）在2000年根据不断增长的边际成本的经验证据得出的，特征2包括以下含义：减少股票发行成本是投资者的事，当企业的私人信息被市场放大后，企业有发行股票的动机，崔、马苏和南达（Choe，Masulis and Nanda，1993）、科瓦斯和哈恩（Covas and Haan，2006）认为市场信息是反周期的。

投资部门的投资成本为二次方程，$\frac{\xi}{2\left[\left(\frac{I_t}{K_t}\right)-\delta\right]^2}K_t$，投资者的收益为：

$$\prod_t^k = E_t\left[Q_t x_t I_t - I_t - \frac{\xi}{2}\left(\frac{I_t}{K_t} - \delta\right)^2 K_t - \Lambda(I_t, x_t)\right] \quad (5-56)$$

其一阶条件为：

$$E_t\left[Q_t x_t - 1 - \xi\left(\frac{I_t}{K_t} - \delta\right) - \Lambda_I(I_t, x_t)\right] = 0 \quad (5-57)$$

## 5.3.5 价格确定部门

价格确定部门分三种情况：粘性信息、粘性价格与弹性价格，为对三种情况进行区分，我们分别对三种价格状态下的价格确定模式及价格确定过程进行阐述。

### 1. 粘性价格条件下价格确定

同样的，参照第5章关于粘性价格理论的建模过程，假定企业的最终产品会面临三种产品价格定价模式：粘性价格、粘性信息和弹性价格，我们将相同定价模式的公司进行分组，其价格模式可以表示为：

$$P_t = \left[\int_0^{s_1} P_t^{sp}(j)^{1-\theta}dj + \int_{s_1}^{s_2+s_1} P_t^{si}(j)^{1-\theta}dj + \int_{s_2+s_1}^{s_3+s_2+s_1} P_t^{rot}(j)^{1-\theta}dj + \int_{s_3+s_2+s_1}^{1} P_t^{flex}(j)^{1-\theta}dj\right]^{\frac{1}{(1-\theta)}}$$

(5-58)

式中：sp，si，flex 分别表示粘性价格、粘性信息以及弹性价格下的价格指数；权重参数 $s_1$，$s_2$ 分别是价格为粘性价格、粘性信息的公司的比例；弹性价格的公司比例可以表示为 $s_4 = 1 - s_1 - s_2 - s_3$，公司之间不能进行部门转换，定义 d 部门的价格水平为：

$$P_t^d \equiv \left[s_d^{-1}\int_{s_{d-1}+s_{d-2}+\cdots}^{s_d+s_{d-1}+\cdots} P_t(j)^{1-\theta}dj\right]^{\frac{1}{(1-\theta)}} \quad (5-59)$$

$s_0 = 0$，我们可以将价格水平公式表示为：

$$P_t = \left[s_1(P_t^{sp})^{1-\theta} + s_2(P_t^{si})^{1-\theta} + s_3(P_t^{rot})^{1-\theta} + s_4(P_t^{flex})^{1-\theta}\right]^{\frac{1}{(1-\theta)}} \quad (5-60)$$

当公司价格水平为粘性价格时，公司有一个固定的概率 $1 - \delta_{sp}$ 来改变每一个时期的价格，当公司在时期 t 改变公司价格时，将会选择价格 B 作为最大化其未来收益的价格，

$$B_t(j) = \max_B \sum_{k=0}^{\infty} \delta_{sp}^k E_t\{\Lambda_{t,t+k}(B - MC_{t+k}(j))Y_{t+k}(j)\} \quad (5-61)$$

这里 $\Lambda_{t,t+k}$ 为时期 t 与时期 t + k 的名义随机贴现率，企业内部边际成本与边际产出与前期一致，考虑一阶条件，用企业整体的最优产出条件替换企业内部边

际成本与边际产出，可以得到：

$$\sum_{k=0}^{\infty}\delta_{sp}^{k}E_t\left\{\Lambda_{t,t+k}Y_{t+k}P_{t+k}^{\theta}\left[B^{1+\omega\theta}-\mu MC_{t+k}\frac{P_{t+k}^{\theta\omega}}{D_{t+k}}\right]\right\}=0 \quad (5-62)$$

因此，所有公司可以选择在价格 $B_t$ 时重新定价，粘性价格下价格确定公式可以表示为：

$$P_t^{sp}=\left[(1-\delta_{sp})B_t^{1-\theta}+\delta_{sp}P_{t-1}^{sp1-\theta}\right]^{\frac{1}{(1-\theta)}} \quad (5-63)$$

2. 粘性信息下价格确定

在粘性信息条件下，每一个公司更新信息的过程是一个泊松过程，在每一个时期，公司可以得到最新信息的概率为 $1-\delta_{si}$，在每一个时期，公司可以自主地确定价格，j 公司 t 时期的收益最大化问题可以表示为：

$$p_{\frac{t}{t-k}}^{si}(j)=\operatorname{argmax}_p E_{t-k}\left[(P-MC_t(j))Y_t(j)\right] \quad (5-64)$$

其中，$t-k$ 为公司最近一次更新信息的时间。

这里，公司通过前期来确定其边际成本与需求函数，一阶条件为：

$$E_{t-k}\left[\left(\frac{p}{p_t}\right)^{-\theta}Y_t\left(\left(\frac{P_t^{\#}}{P}\right)\right)^{1+\omega\theta}-1\right]=0 \quad (5-65)$$

这表明，具有粘性信息价格确定的公司具有相同的信息，因此，其确定的价格水平也是相同的，粘性信息条件下公司的价格确定公式为：

$$P_t^{si}=\left[(1-\delta_{si})\sum_{k=0}^{\infty}\delta_{si}^{k}(P_{\frac{t}{t-k}}^{si})^{1-\theta}\right]^{\frac{1}{(1-\theta)}} \quad (5-66)$$

3. 弹性价格确定

弹性价格条件下，公司可以根据信息状况随时改变价格水平，并具有完全信息，同时，公司在弹性价格下确定的价格为最优价格，其价格公式为：

$$P_t^{flex}=P_t^{\#} \quad (5-67)$$

## 5.4　粘性信息、粘性价格与弹性价格模型的比较分析

### 5.4.1　不同模型下似然函数的建立与模型比较

假定稳定状态的 $\Delta ulc_t$ 遵循递归过程 AR(q)，单位劳动成本与边际成本的变化可以写为：

$$s_t = \sum_{k=0}^{k_{max}} \gamma_k \ell_{t-k} + v_t \tag{5-68}$$

$$\Delta ulc_t = \sum_{j=1}^{q} \rho_j \Delta ulc_{t-j} + \ell_t \tag{5-69}$$

这里 $k_{max}$是结束点，它遵循：

$$\ell_{t-k} = \Delta ulc_{t-k} - \sum_{j=1}^{q} \rho_j \Delta ulc_{t-k-j} \tag{5-70}$$

当被代入第一个递归过程后，可以得到：

$$s_t = \left(\sum_{k=0}^{k_{max}} \gamma_k \left(\Delta ulc_{t-k} - \sum_{j=1}^{q} \rho_j \Delta ulc_{t-k-j}\right)\right) + v_t \tag{5-71}$$

式中：Λ 是利率水平的参数的结构向量；从粘性价格与粘性信息的方程的解可以得到：$\gamma_i$ 为边际成本的系数；Λ 为结构参数的方程；$\psi = [\psi_0, \psi_1, \cdots]$ 为递归过程的系数；这里，$\psi_i$ 可以从方程（5-69）得到，ρ 为 $\psi_i$ 的方程，在 AR(1) 过程中，$\rho = [\rho_1, \rho_2, \cdots]$。

考虑以上的变换过程，式（5-71）可以写为：

$$s_t = \left(\sum_{k=0}^{k_{max}} \gamma_k(\Lambda, \rho)\left(\Delta ulc_{t-k} - \sum_{j=1}^{q} \rho_j \Delta ulc_{t-k-j}\right)\right) + v_t \tag{5-72}$$

$$\Delta ulc_t = \sum_{j=1}^{q} \rho_j \Delta ulc_{t-j} + \ell_t \tag{5-73}$$

系数 $\gamma_k(\Lambda, \rho)$ 在粘性价格与粘性信息模型中是不同的，分析形式的 $\gamma_k(\Lambda, \rho)$ 是两个方程的结合。

我们将所有待估计的参数组成一个新的向量 $\theta = (\sum, \rho, \Lambda)'$，因此，似然函数可以写为：

$$L(\theta; data) \propto \left|\sum\right|^{(-1/2T)} \exp(-1/2tr \sum{}^{-1} Q) \tag{5-74}$$

式中：$Q = \begin{bmatrix} v'v & v'\ell \\ \ell'v & \ell'\ell \end{bmatrix}$，我们分别对粘性价格与粘性信息的参数模型进行比较，参数模型由粘性价格与粘性信息的概率密度方程 $L(data|\theta_{sp})$ 和 $L(data|\theta_{si})$ 确定，这里 $\theta_{sp} = (\lambda_p, \sum, \rho)$ 是粘性价格的参数，而 $\theta_{si} = (\lambda_{inf}, \sum, \rho)$ 是粘性信息模型的参数，所有的参数空间是 $\Theta_{sp} \cup \Theta_{si}$，粘性价格先验分布的概率 $\Theta_{sp}$ 为 π，粘性信息先验分布的概率 $\Theta_{si}$ 为 1 - π，粘性价格后验分布的概率为：

$$p_{sp} = \frac{\pi \int_{\theta_{sp}\ell\Theta_{sp}L(data\ |\ \theta_{sp})d\theta_{sp}}}{\pi \int_{\theta_{sp}\ell\Theta_{sp}} L(data|\theta_{sp})\pi(\theta_{sp})d\theta_{sp} + (1-\pi)\int_{\theta_{si}\ell\Theta_{si}} L(data|\theta_{si})\pi(\theta_{si})d\theta_{si}} \tag{5-75}$$

粘性信息后验分布的概率为：$P_{si}=1-P_{sp}$，后验分布概率的估算的主要问题是最大似然方程的估计，最大似然方程为 $\int_{\theta\ell\Theta} L(data|\theta)\pi(\theta)d\theta = m(data)$，我们可以通过基本的似然恒等式 $m(data)=\frac{L(data|\theta)\pi(\theta)}{p(\theta|data)}$得到。

## 5.4.2 粘性价格模型、粘性信息模型与弹性价格模型的对数线性化

为分析各个模型下价格的均衡状态，我们假定在长期过程中，$Y_t/A_t$ 实现均衡，方程（5-47）表明，$\Lambda_t A_t$ 长期也可以实现均衡，定义 $Y_t/A_t$、$\Lambda_t A_t$ 的对数形式的绝对偏差为 $y_t$，$\lambda_t$，按照他们的长期均衡路径，我们可以将方程（5-47）写为对数形式：

$$\left(1-\frac{h}{a}\right)\left(1-\beta\frac{h}{a}\right)\lambda_t=\left(1-\frac{h}{a}\right)\left(1-\rho_8\beta\frac{h}{a}\right)g_t$$
$$+\frac{h}{a}\ (\beta E_t y+y_{t-1}-\varepsilon_{a,t})\ -\left(1+\beta\left(\frac{h}{a}\right)^2\right)y_t \quad (5-76)$$

欧拉方程为：

$$\lambda_t=E_t\lambda_{t+1}+(r_t-E_t\pi_{t+1}) \quad (5-77)$$

这里 $\pi_t\equiv Log(P_t/P_{t-1})-Log(\overline{\pi})$ 与$\overline{\pi}=p_t/p_{t-1}$，利率水平 $r_t$ 对数形式的绝对偏差为：

$$r_t\equiv\log(R_t/\overline{R}) \quad (5-78)$$

按照科格利和萨金特（Cogley and Sargent，2008）以及阿斯卡里和罗布里（Ascari and Ropele，2009），通胀水平的长期趋势不为0，通胀水平的长期绝对偏差是不同部门的通货膨胀率水平的加权平均数：

$$\pi_t\ =\ \sum\nolimits_d s_d^{CPI}\pi_t^d ford\ =\ \{1,\ 2,\ 3,\ 4\} \quad (5-79)$$

式中：$\pi_t^d\equiv\log(p_t^d/p_{t-1}^d)-\log(\overline{\pi})$，$\overline{p^d}\equiv\overline{p^d/p}$是长期的部门 j 相对价格水平，$s_d^{CPI}\equiv s_d\overline{P^{d}}^{1-\theta}$是总价格指数中部门的有效权重。

由于通货膨胀率水平从长期来看是非零的值，采用粘性价格定价模式的公司会考虑从长期来看，价格水平会上升，从式（5-79），我们可以得到稳定状态的相对市场出清价格指数为：

$$(\overline{B/P})=[(1-\gamma_1)/(1-\gamma_2)]^{1/(1+\omega\theta)}(\overline{P\#/P})>(\overline{P\#/P}) \quad (5-80)$$

式中：$\gamma_1\equiv\delta_{SP}a\overline{R}^{-1}\overline{\pi}^{\theta}$ 并且 $\gamma_2\equiv\delta_{sp}a\overline{R}^{-1}\overline{\pi}^{1+\theta(1+\omega)}$

但是通货膨胀的非零也会对稳定状态的最优价格水平产生影响，因此，我们

可以得到：

$$\left(\frac{\overline{P^{\#}}}{P}\right)=\left[S_1\left(\frac{1-\delta_{SP}}{1-\delta_{SP}\overline{\pi}^{\theta-1}}\right)\times\left(\frac{1-\gamma_1}{1-\gamma_2}\right)^{\left(\frac{1-\theta}{1+\omega\theta}\right)}+(1-S_1)\right]^{1/(\theta-1)} \tag{5-81}$$

从方程（5-81）与真实边际成本的定义，最优相对价格的绝对偏差的对数线性形式可以表示为：

$$P_t^{\#}\equiv\log(p_t^{\#}/p_t)-\log(\overline{p^{\#}/p})=(1+\omega\theta)^{-1}(\omega y_t-\lambda_1) \tag{5-82}$$

定义 $b_t$ 为价格的长期稳定值与对数线性化方程的比值，当企业价格达到稳定状态时，其公式为：

$$b_t=(1-\gamma_2)\sum_{k=0}^{\infty}\gamma_2^k E_t p_{t+k}^{\#}+\frac{1}{1+\theta\omega}\sum_{k=1}^{\infty}(\gamma_2^k-\gamma_1^k)\times E_t[gy_{t+k}-r_{t+k-1}]$$
$$+\frac{1}{1+\theta\omega}\times\sum_{k=1}^{\infty}[\gamma_2^k(1+\theta(1+\omega))-\theta\gamma_1^k]E_t\pi_{t+k} \tag{5-83}$$

定义 d 部门的相对价格水平的对数线性形式 $p_t^d=\log(P_t^d/P_t)-\log(\overline{P_t^d/P_t})$，因此，粘性价格模式下相对价格的对数线性化为：

$$p_t^{sp}=(1-\delta_{sp})(\overline{b/p^{sp}})^{1-\theta}b_t+\delta_{sp}\overline{\pi}^{\theta-1}(p_{t-1}^{sp}-\pi_t) \tag{5-84}$$

式中：粘性价格水平下长期价格出清为：

$$(\overline{b/p^{sp}})=[(1-\delta_{sp})/(1-\delta_{sp}\overline{\pi}^{\theta-1})]^{1/(\theta-1)} \tag{5-85}$$

按照同样的方式，可以确定粘性信息模型下，企业价格的对数线性化形式，对于粘性信息公司来说，在企业以 t-k 的概率更新信息后，t 时期最优相对价格的对数线性化形式为 $p_{t,t-k}^{si}=E_{t-k}p_t^{\#}$，所以对于粘性信息模型中，相对价格的对数线性化形式为：

$$p_t^{si}=\delta_{si}p_{t-p}^{si}+(1-\delta_{si})p_t^{\#}+(1-\delta_{si})\delta_{si}$$
$$\times\sum_{k=0}^{\infty}\delta_{si}^k[(E_{t-1-k}\pi_t-\pi_t)+E_{t-1-k}\Delta p_t^{\#}] \tag{5-86}$$

对于弹性价格模型下，企业可以获得完全信息，因此其长期的价格水平为：

$$p_t^{flex}=p_t^{\#}-p_{t-1}^{\#}+p_t \tag{5-87}$$

### 5.4.3 模型参数估计

按照第 3 章的数据处理方式对主要的宏观经济变量、产出缺口水平、通货膨胀率、名义利率水平、实际工资水平、居民总体消费水平、实际货币余额进行 HP 滤波分析与数据平稳性检验。所有数据取自 CCER 数据库、中经网数据库以及国家统计局官方网站。

按照赤池信息准则，我们假定单位劳动成本符合 AR（2）过程，通过对 AR

(2) 的待估参数 $\rho$ 进行置换，我们可以得到 MA 的系数 $\psi_i$，同时当 $k_{max}=20$ 的时候，我们可以缩短 MA 过程中单位劳动成本/价格比率的数值，MCMC 的抽样数为 100000，模拟产生 100000 个样本长度的时间序列。利用贝叶斯估计方法分别对粘性价格、粘性信息与弹性价格的模型进行估计，由于受 DSGE 模型变量数据个数的限制，有些参数无法通过直接估计得到，因此，要对部分参数进行校准。我们对劳动供给弹性、不同商品的替代弹性进行赋值，参考其他学者的做法，劳动供给弹性赋值为 1，不同商品的替代弹性赋值为 10，粘性价格的参数赋值参照卡尔沃（Calvo，1983）、侯成琪和龚六堂（2014）的估算，我们赋值为 0.732，粘性信息的赋值参照曼昆（Mankiw，2002）和卞志村（2016），赋值为 0.91。剩余的参数利用贝叶斯估计方法进行估算，表 5－1 为三种模型参数的先验分布与后验分布的校准值、估计值与标准差。$\eta$、$\theta$、h、$\phi_\pi$、$\phi_{gy}$、$\rho_1$、$\rho_2$、$s_1$、$s_2$、$s_3$、$\delta_{sp}$、$\delta_{si}$、$\rho_g$、$\sigma_r$、$\sigma_g$、$\sigma_a$、$\sigma_{me,gy}$、$\sigma_{me,\pi}$、$\sigma_{me,r}$分别表示劳动供给弹性、不同商品的替代弹性、消费习惯、通胀反应、产出增长反应、利率平滑 1、利率平滑 2、价格粘性部门比率、信息粘性部门比率、拇指规则部门比率、价格粘性、信息粘性、偏好冲击的持续性、政策冲击的标准差、偏好冲击的标准差、技术冲击的标准差、产出增长率的标准差、通货膨胀标准差、利率变化的标准差。由表 5－1 看到，在弹性价格、粘性价格与粘性信息三种模型下，先验分布与后验分布的参数估计在统计上大都是显著的，从具体的参数估算数值来看，弹性价格下，各参数的估计值比较小，但一些参数估计不显著，而粘性价格与粘性信息条件下，参数的估计数值比较大，特别是粘性信息模型下，模型参数的估计值比弹性价格模型下的估计值要大得多。特别是通胀反应、产出增长反应、偏好冲击的持续性、各个冲击的标准差等，都比较大，说明在弹性价格的条件下，市场价格可以随着各种内外部冲击的变化而及时调整价格，因此，在弹性价格的条件下，模型各参数受内外部冲击的影响比较小，而粘性价格与粘性信息条件下，市场价格不能随着冲击的变化而自由波动，因此，各个参数受冲击的影响比较大。从各个模型的参数构成来看，各个模型的参数构成可以分成几种：一是基础参数，包括劳动供给弹性、不同商品的替代弹性、消费习惯三个参数。二是泰勒规则参数，包括通胀反应、产出增长反应、利率平滑 1、利率平滑 2 四个参数，价格设定参数包括价格粘性部门比率、信息粘性部门比率、拇指规则部门比率、价格刚性、信息刚性五个，这里我们不考虑拇指规则部门的价格设定问题，因此，对于拇指规则部门的价格刚性与信息刚性情况不考虑。三是反映各类冲击的参数，如偏好冲击的持续性、政策冲击的标准差、偏好冲击的标准差、技术冲击的标准差等。四是反应估计误差的参数，如产出增长率的标准差、通货膨胀率标准差、利率变化的标准差，从各个模型中不同类型的参数估计值来看，弹性价格模型下，各类冲击的参数与估计误差的参数先验分布与后验分布都要比粘性价格模型与粘性信息模型的参数估计值大得多。

**表 5－1　　不同模型下的参数估计**

| | 粘性价格模型 | | 粘性信息模型 | | 弹性价格模型 | |
|---|---|---|---|---|---|---|
| | 先验分布估计值标准差 | 后验分布估计值标准差 | 先验分布估计值标准差 | 后验分布估计值标准差 | 先验分布估计值标准差 | 后验分布估计值标准差 |
| $\eta$ | 1.00 | 1.00 | 1.00 | 1.00 | 1.00 | 1.00 |
| $\theta$ | 10 | 10 | 10 | 10 | 10 | 10 |
| h | 0.79<br>(1.26) | 0.67<br>(0.38) | 0.95<br>(1.44) | 0.82<br>(0.63) | 0.36<br>(0.47) | 0.38<br>(0.72) |
| $\phi_\pi$ | 2.45<br>(0.27) | 2.56<br>(0.36) | 2.34<br>(0.47) | 2.65<br>(0.58) | 1.98<br>(0.47) | 1.82<br>(0.44) |
| $\phi_{gy}$ | 3.54<br>(0.38) | 2.73<br>(0.29) | 3.54<br>(0.48) | 2.16<br>(0.45) | 2.69<br>(0.29) | 1.68<br>(0.89) |
| $\rho_1$ | 1.36<br>(1.65) | 1.56<br>(1.34) | 1.58<br>(1.26) | 1.89<br>(1.64) | 1.18<br>(0.81) | 1.26<br>(0.94) |
| $\rho_2$ | −0.45<br>(0.56) | −0.67<br>(0.63) | −0.68<br>(1.21) | −0.90<br>(1.46) | −0.39<br>(0.37) | −0.46<br>(0.58) |
| $s_1$ | 1.00 | 1.00 | 0.00 | 0.00 | 0.00 | 0.00 |
| $s_2$ | 0.00 | 0.00 | 1.00 | 1.00 | 0.00 | 0.00 |
| $s_3$ | 0.00 | 0.00 | 0.00 | 0.00 | 0.00 | 0.00 |
| $\delta_{sp}$ | 0.732<br>(0.09) | 0.732<br>(0.04) | | | | |
| $\delta_{si}$ | | | 0.91<br>(0.06) | 0.91<br>(0.12) | | |
| $\rho_g$ | 1.65<br>(0.67) | 1.74<br>(0.73) | 1.79<br>(0.28) | 1.89<br>(0.57) | 0.89<br>(1.23) | 0.84<br>(1.26) |
| $\sigma_r$ | 1.89<br>(0.97) | 2.16<br>(0.46) | 2.45<br>(0.45) | 2.36<br>(0.56) | 1.69<br>(0.67) | 1.82<br>(0.72) |
| $\sigma_g$ | 1.89<br>(0.45) | 1.82<br>(0.77) | 2.56<br>(0.56) | 2.90<br>(0.74) | 1.47<br>(1.24) | 1.23<br>(1.34) |
| $\sigma_a$ | 0.69<br>(0.26) | 0.85<br>(0.39) | 0.98<br>(0.81) | 0.96<br>(0.73) | 0.45<br>(0.21) | 0.56<br>(0.34) |

续表

| | 粘性价格模型 | | 粘性信息模型 | | 弹性价格模型 | |
|---|---|---|---|---|---|---|
| | 先验分布估计值标准差 | 后验分布估计值标准差 | 先验分布估计值标准差 | 后验分布估计值标准差 | 先验分布估计值标准差 | 后验分布估计值标准差 |
| $\sigma_{me,gy}$ | 1.19 (1.29) | 0.96 (1.38) | 1.24 (2.81) | 1.48 (2.63) | 1.16 (0.72) | 0.83 (0.67) |
| $\sigma_{me,\pi}$ | 2.32 (0.26) | 2.37 (0.58) | 3.43 (0.71) | 3.69 (0.94) | 1.66 (0.42) | 2.17 (0.39) |
| $\sigma_{me,r}$ | 2.26 (0.57) | 2.15 (0.86) | 2.65 (0.73) | 2.57 (0.68) | 1.68 (0.45) | 1.792 (0.68) |

## 5.5 不同价格模型对我国经济波动的影响比较分析

为综合反映不同的价格确定模式对我国宏观经济变量的影响渠道与影响效果，我们分别对弹性价格、粘性价格与粘性信息模型进行脉冲响应分析，考察在不同价格模型下，外生冲击对我国宏观经济总体的影响效果。由于在分析外生变量对经济系统的冲击影响中，VAR 模型比 DSGE 模型更能刻画外生变量对经济系统的动态影响与经济的波动性，更能得出直观的结论，因此，本章与第 6 章的分析方法与第 4 章类似，仍然是采用构建 VAR 模型的方法来对外生冲击的影响进行分析①。外生冲击有三个：货币政策冲击、技术冲击与偏好冲击，我们主要考虑货币供应量的政策冲击对我国宏观经济变量影响。为综合反映粘性价格与粘性信息对我国经济系统各个宏观变量的变化与效果，我们采用以下 8 个变量作为衡量我们经济系统变化的指标，来观察不同的价格确定模式下，货币政策冲击对我国经济系统宏观变量的影响。这 8 个宏观经济变量包括：产出缺口水平、通货膨胀率、名义利率水平、投资水平、居民总体消费水平、劳动需求、实际货币余额、实际工资水平。为分析货币政策冲击的长期影响，我们设定时期为 30 期，分别考察在不同的时期货币政策冲击对于我们经济系统的影响，图中的实线代表脉冲响应后验均值，横轴为响应时间，纵轴为各变量对稳态的偏离率。

① VAR 模型的建立方法见第 4 章内容。

### 5.5.1 弹性价格模型对我国经济波动的影响分析

图 5-1 为弹性价格模型下各变量对货币供应量冲击的脉冲响应图，由图 5-1 可以看到，在弹性价格条件下，当给经济系统一个正向的货币供应量冲击时，产出缺口水平、名义利率水平、通货膨胀率、实际货币余额、投资水平与实际工资水平在短期内都出现了大幅增长，居民总体消费水平及实际工资水平下降。特别是通货膨胀率水平、实际货币余额及产出缺口在短期内增长迅速，由于价格可以自由波动，当社会货币供应量增加后，通货膨胀率及社会实际货币余额都出现了大幅增长，但由于实际工资水平及居民总体消费水平下降，产出缺口从第 2 期开始，出现下降，从第 10 期开始，产出缺口逐渐稳定。在弹性价格条件下，货币供应量冲击对通货膨胀率水平与实际货币余额的影响比较深远，对通货膨胀的影响从第 15 期开始才逐渐消除。实际货币余额从第 10 期开始逐渐趋于稳定。而居民总体消费水平与实际工资水平受货币供应量冲击的影响，出现了下降，居民消费水平的下降主要是由于期初通货膨胀率上升所导致的，但影响持续时间比较短，从第 5 期开始，居民消费水平趋于稳定。实际工资水平在期初也出现了下降，主要原因在于弹性价格与工资刚性的存在，在期初，受货币供应量正向冲击的影响，通货膨胀率上涨的幅度比较大，而居民名义工资上涨幅度低于通货膨胀率的上涨幅度，因此，居民实际工资水平下降，但持续时间也不长，新的劳动合同签订后，或者由于指数工资的存在降低了实际工资下降的幅度。从总体上看，由于社会价格水平可以自由波动，各宏观经济变量可以及时对冲击作出反应，整个经济体系波动不大。

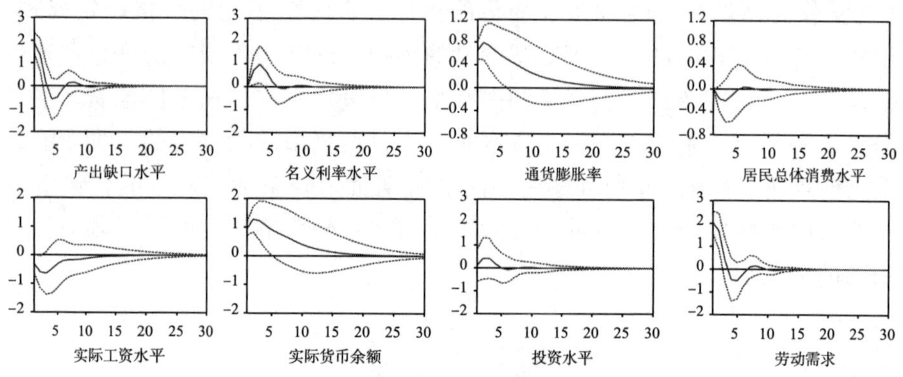


**图 5-1 弹性价格模型下货币供应量冲击的脉冲响应**

### 5.5.2 粘性价格模型对我国经济波动的影响分析

图5－2为粘性价格模型下各宏观经济变量对一个正向货币供应量冲击的脉冲响应图，从图5－2可以看到，各个宏观变量在粘性价格模型下的脉冲响应无论从响应的持续时间还是响应的幅度来看，都比弹性模型下要大得多，主要原因在于，在粘性价格条件下，当对经济系统一个正向的货币供应量冲击后，由于市场价格不能自由波动，因此，宏观经济各个变量不能对货币冲击及时作出反应，因此，经济系统会出现较大的波动。由脉冲响应图来看，受货币供应量正向冲击的影响，大多数宏观经济变量都出现了大幅增长，其中，产出缺口增长幅度最大，而且增长幅度持续时期比较长，主要原因在于货币供应量的增长，使得投资水平、劳动需求及居民整体消费水平提高，从而使得社会的产出能力得到很大提高，产出缺口从第15期开始，逐渐趋于稳定。实际货币余额及投资水平在短期内也出现了大幅增长，主要原因在于货币供应量的增长以及实际通货膨胀率水平的下降。实际通货膨胀率水平及名义利率水平在短期内呈现出下降趋势，持续时间比较短，主要由于在粘性价格条件下，商品市场的价格及货币资金价格变动比较缓慢或者滞后，与其他因素相比，在短期内呈现出下降的趋势，此外，由于货币供给量的短期增长，在货币资金需求不变的情况，其利率水平也呈现出下降趋势，但持续时间比较短，从第5期开始，名义利率水平趋于稳定。

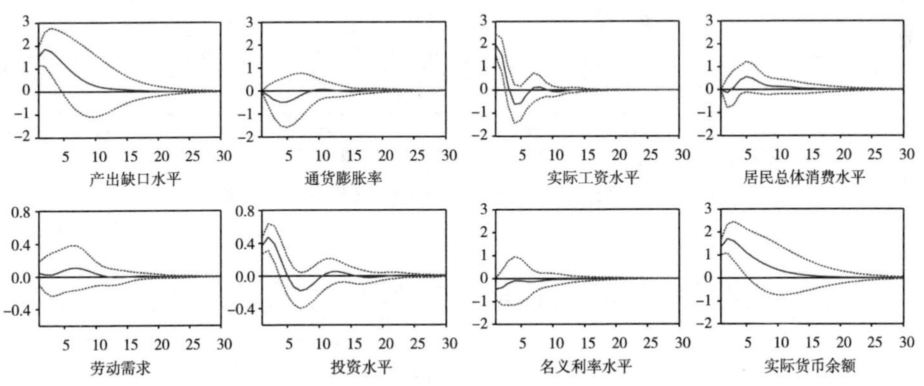


**图5－2 粘性价格模型下货币供应量冲击的脉冲响应**

### 5.5.3 粘性信息模型对我国经济波动的影响分析

图5－3为粘性信息模型下宏观经济变量对一个正向货币供应量冲击的脉冲

响应图，由图 5 - 3 可以看到，当经济存在粘性信息的条件下，对经济系统一个正向的货币供应量冲击会使经济系统的各个宏观变量产生比较明显的经济波动，而且粘性信息下经济波动的幅度要比粘性价格与弹性价格大得多，持续时间也长，大多数变量的冲击反应时间为 10 期以上。从具体的变量响应程度来看，产出缺口水平、投资水平、实际货币余额、实际工资水平、劳动需求及居民总体消费水平在短期内都出现了大幅增长，特别是产出缺口、投资水平、实际货币余额与劳动需求，增长幅度都在 6% 以上，这主要原因在于企业确定价格时会故意使用以前的信息来进行价格决策，而不及时更新信息，这更增加了市场中产品价格的粘性程度，因此，其对经济系统的冲击更大。而通货膨胀率及名义利率水平则受冲击影响不大，特别是通货膨胀率水平，从长期来看，通货膨胀率冲击持续时间为 7 期，从第 8 期开始，通货膨胀率水平逐渐趋于稳定，这主要是由于企业粘性信息的存在，企业在确定价格时会更多的使用以前未更新的信息，因此，其价格水平的粘性持续时间更长，这也使得长期的社会通货膨胀率水平出现了下降的趋势。

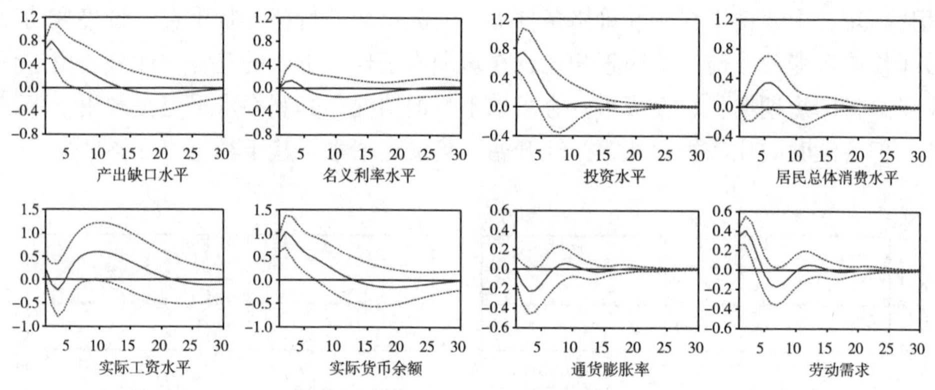


**图 5 - 3　粘性信息模型下货币供应量冲击的脉冲响应**

## 5.6　粘性信息与粘性价格框架下福利损失比较分析

与上一章分析类似，这一节我们对粘性信息与粘性价格框架下经济变量的波动幅度与福利损失情况进行分析，分析方法为第 3 章建立的粘性价格条件下的福利损失函数：

$$E[\hat{u}_t] = \frac{1-\theta}{2}var(c_t) + \frac{U_l L}{U_c c}\frac{1+\theta}{2}var(l_t) \qquad (5-88)$$

分别分析粘性信息与粘性价格框架下的福利损失情况，表 5－2 列出了样本期内粘性价格与粘性信息框架下宏观经济变量对于长期稳态值的偏离程度及不同模型框架下的福利损失情况，由表 5－2 可以看到，在粘性信息框架下，宏观经济变量的波动幅度要远大于粘性价格框架下变量的波动幅度，表明在粘性信息下，各个宏观经济变量对长期稳态值的偏离幅度更大，经济波动更加强烈。特别是部门平均产出水平，粘性信息下的变量方差几乎是粘性价格下的变量方差的两倍，消费与劳动力在粘性信息框架下的变量方差比粘性价格框架下的变量方差也要大得多。从粘性价格与粘性信息框架下的福利损失比较来看，粘性信息框架下的福利损失也远大于粘性价格框架下的福利损失情况。

**表 5－2　　宏观变量方差与不同模型框架下的福利损失**

| | 粘性价格 | 粘性信息 |
|---|---|---|
| 部门平均产出 | 1. 9362 | 3. 4523 |
| 消费 | 0. 6521 | 0. 9562 |
| 劳动 | 0. 8557 | 1. 1257 |
| 福利损失 | －1. 3254 | －3. 1258 |

## 5.7　本章小结

本章在粘性价格理论的基础上，通过构建具有粘性信息的宏观经济分析框架，分析了在存在粘性信息的条件下，粘性信息的微观变化对于宏观经济变量产出缺口水平、通货膨胀率、名义利率水平、投资水平、居民总体消费水平、劳动需求、实际货币余额、实际工资水平的影响效果与渠道，并对弹性价格、粘性价格与粘性信息三种模型框架下宏观经济变量对于货币政策的冲击影响进行了比较，最后对不同模型框架下的经济主体福利损失情况进行了比较。通过分析发现：

（1）不同的价格确定模式下，粘性信息、粘性价格与弹性价格对于宏观经济变量的影响不同。从各个变量响应的幅度与持续时间来看，弹性价格模型下的宏观经济变量反应幅度最小，特别是产出缺口、名义利率水平与通货膨胀率水平关键的宏观经济变量，而且持续时间也比较短，宏观经济变量一般在 5～6 期基本趋于稳定。而粘性价格与粘性信息模型下，宏观经济变量的波动幅度都比较大，经济波动也比较明显。因此，从这个意义上说，粘性价格与粘性信息的存在会增强经济中宏观经济变量的波动性，提高经济波动的幅度及持续时间。

（2）粘性信息对于宏观经济变量的影响要远大于粘性价格对于宏观经济变量的影响。当经济存在粘性信息的条件下，对经济系统一个正向的货币供应量冲击会使经济系统的各个宏观变量产生比较明显的经济波动，而且粘性信息下经济波动的幅度要比粘性价格与弹性价格大得多，持续时间也长，大多数变量的冲击反应时间为 10 期以上。而粘性价格下，宏观经济变量的反应时间要远低于 10 个时期，特别是对于产出缺口、名义利率水平与通货膨胀率水平等关键的宏观经济变量来说，其波动幅度、波动持续时间都也比粘性信息条件下要低得多。

（3）从粘性价格与粘性信息框架下的福利损失分析来看，粘性信息框架下的福利损失要远大于粘性价格框架下的福利损失情况。具体来看，在粘性信息框架下，宏观经济变量的波动幅度要远大于粘性价格框架下变量的波动幅度，各个宏观经济变量对长期稳态值的偏离幅度更大，经济波动更加强烈。特别是部门平均产出水平，粘性信息下的变量方差几乎是粘性价格下的变量方差的两倍，从粘性价格与粘性信息框架下的福利损失比较来看，粘性信息框架下的福利损失也远大于粘性价格框架下的福利损失情况。

（4）粘性信息对通货膨胀的长期趋势具有抑制作用，或者说粘性信息可以比较好地解释通货膨胀的持续性问题。在粘性信息下，通货膨胀率水平呈现出比较明显的趋势性，受一个标准差的正向货币供应量冲击后，通货膨胀率水平在前期呈现出比较明显的下降趋势，在第四期通货膨胀率水平达到最低，从第五期开始，通货膨胀率水平逐渐上升，到第 10 期，通胀率水平趋于稳定，通货膨胀率水平具有明显的趋势性。

# 第 6 章

# 粘性价格、金融摩擦与中国经济波动

越来越多的研究表明，粘性价格对经济体系的影响与一个国家金融市场的金融摩擦程度有很大关系（Aoki and Proudman，2004；Mandelman，2011），而金融摩擦的影响和传导与一国价格水平的确定模式也密切相关。为深入分析二者关系及其对经济波动的影响，本章将在第 3 章构建的宏观经济模型的基础上，引入金融摩擦来分析当市场存在金融摩擦的情况下粘性价格与宏观经济波动的关系。在分析方法上，我们仍然采用 DSGE 模型分析方法，金融摩擦指由于一个国家金融市场的缺陷所导致的市场摩擦。具体表现在金融摩擦会阻止金融市场资金的有效流动，即由资金供给方向资金需求方的自由流动。在经济学研究的很长一段时间内，一般对金融部门的这种金融摩擦采取直接忽略的处理方式，或者引入金融摩擦，但研究的重点集中在对非金融部门的信贷约束中，对金融摩擦采取弱化的处理方式。当金融部门功能有限，仅仅局限在资金融通方面，而且金融部门内部摩擦很小的时候，采取这种处理方式没有问题，但当金融部门规模越来越大，特别是随着金融市场的发展，金融部门对经济的影响力在逐渐增强，在这种情况下，将金融部门作为一个对经济影响可大可小的中性部门是不合适的[①]。2008 年的次贷危机使人们认识到了金融摩擦及金融部门对经济的重要性，因此金融摩擦及金融部门再一次进入宏观经济学的研究视野并被重视。

## 6.1 引　　言

目前，国外对金融摩擦的研究主要集中在两个方面；一是金融摩擦及金融部

---

① 关于金融部门的发展规模与一国经济发展的关系一般有三种观点：促进，促退与中性，具体参见 Vincenzo（2011）。

门影响经济的渠道，二是金融摩擦及金融部门影响经济的效果。在第一个方面，一般认为金融摩擦有两种渠道影响经济，第一个渠道是资产负债表渠道，即家庭及企业的资产负债表情况会对经济产生决定性影响，特别是对于表现较差的资产负债表是经济萧条的重要诱因。如克里斯蒂亚诺和莫托（Christiano and Motto，2010）、卡西亚普（Kashyap，1995）、青木和普劳德曼（Aoki and Proudman，2004）等，投资的代理成本与借款者的资产净值是反比关系，在经济繁荣时，借款者资产净值增加，投资代理成本下降；在经济萧条时，借款者资产净值减少，投资代理成本增加，会增加经济的周期波动性。第二个渠道为银行借贷渠道，当银行遭受经济冲击时，在金融市场存在市场摩擦的条件下，难以从金融市场补充资金，银行为了防范流动性风险及中央银行的监管，将会压缩信贷规模及提高贷款利率，因此，企业受可贷资金的影响，会减少投资，因此，经济生产会萎缩。如：普劳德曼、阿尼尔和斯坦（Kashyap，Anil and Stein，1993），阿马托和杰弗里（Amato and Jeffery，2003），尼德罗等（Negro et al.，2009）等，渠道分析主要采用定性分析的方法。在第二个方面，主要采用几种模型来进行定量分析。一是金融加速器效应模型，即在金融市场中，由于信息不对称的存在，使得贷款人不能及时了解借款人的运营及资金利用情况，无法有效分散风险，因此会使企业贷款人的外部融资溢价与代理成本提高，并使企业的投资与产出发生变化，最终会对整个经济产生更大的影响。该模型由伯南克、格特勒和吉尔克里斯特（Bernanke，Gertler and Gilchrist，1996）提出，后来奥利维尔（Olivier，2001）又将企业净现值和金融市场不完善纳入经济分析框架中，分析了金融加速器作用在经济周期中的影响，完善了该模型的分析框架。克里斯蒂亚诺、莫托和罗斯派诺（Christiano，Motto and Rostagno，2010）对这个模型的假设做了扩展，假定债务合约采用名义利率来签订，使得这一模型更加符合金融市场的实际情况。二是金融垄断模型，在金融摩擦模型的分析过程中，一般假定银行及其他金融机构为完全竞争的机构，而实际上这一假设与大多数国家的金融市场发展状况不符，因此，一些学者从金融垄断特别是银行垄断的角度对金融摩擦及其影响进行了分析。如阿利亚加（Aliaga），曼德尔曼（Mandelman），斯特布诺夫斯（Stebunovs）等。格拉顿（Grattan，1999）从银行垄断的来源角度分析了金融摩擦，认为银行的垄断来源于其较低的转换成本，当银行当期收益非常高而未来市场占有率比较低时，会产生一个逆经济周期的存贷利差，从而会放大企业的生产率对经济的影响。本哈比（Benhabib，2005）建立了一个银行的空间垄断模型，假定企业可以内生进出地区经济，当企业进入地区经济时，需要从银行部门获取贷款资金。当银行规模越来越大，数量越来越少时，进入企业从银行获取资金也越来越困难，这会使得进入地区经济的企业越来越少，因此，正向或负向的技术或政策冲击都会使经济产生更大波动。

国内对金融摩擦的研究主要集中在两个方面：一是研究金融摩擦对中国经济波动的影响，二是对国外金融摩擦理论的转述与述评。在金融摩擦对中国经济波动的影响方面，主要采用实证研究方法，主要有龚六堂、康立、赵胜民等。龚六堂（2014）将国内的生产部门区分为贸易部门与非贸易部门两类，通过引入具有金融摩擦的银行部门，构建了一个包含贸易部门与非贸易部门的 DSGE 模型，通过分析发现，银行部门为贸易部门与非贸易部门的危机传导提供了桥梁，当存在金融摩擦时，贸易部门的危机更容易传导到一国非贸易部门。康立（2013）构建了一个包含银行与金融摩擦的两部门 DSGE 模型，分析了金融摩擦对一国经济波动在不同行业间的传导，分析发现，当存在金融摩擦时，房地产部门的冲击对一国经济的影响更加明显，而一国的信贷政策对这一冲击具有减缓作用。赵胜民（2013）利用引入金融摩擦的 DSGE 模型，研究了在房产税率与金融摩擦强度不同的情况下，房价对各种冲击的反应情况。第二个方面，国内学者主要从金融摩擦的概念、金融摩擦的来源、金融摩擦的传导渠道等方面来对国外的理论进行了阐述，主要采用规范分析的方法。

通过梳理国内外金融摩擦的研究文献时可以发现，大多数国内外学者在分析金融摩擦对经济变量的影响时，大多假定价格水平是弹性的，可以自由波动的，没有考虑粘性价格问题，或者没有考虑市场中商品价格的决定问题。本章认为，这种假定使得对金融摩擦的研究缺乏现实基础与理论依据。金融摩擦的影响和传导与一国价格水平模式密切相关，或者说，在金融市场存在金融摩擦的前提下，信贷规模及货币冲击对经济的影响很大程度决定于价格对冲击的敏感性。在市场存在金融摩擦的条件下，货币冲击对经济的影响决定于微观价格的变化幅度。当价格可以自由调整时，货币冲击对产出影响不大，但当价格不能自由波动，存在价格粘性的情况下，价格不能对冲击及时反应，货币政策对经济产生影响并在经济周期中发挥作用，经济受冲击比较明显。因此，要分析金融摩擦对经济的影响，必须考虑粘性价格问题。另外，如前所述，粘性价格分析框架已成为现代新凯恩斯分析理论的基础，粘性价格与粘性信息也成为解释现实经济问题的一大有力工具。因此，将粘性价格与金融摩擦结合起来，在粘性价格的分析框架内，分析金融摩擦对经济变量的影响及渠道也是非常有必要的，具有现实意义的。基于这样的目的，为了更真实精确地刻画金融摩擦对社会经济变量的影响，本章将粘性价格模型与金融摩擦结合起来，构建一个包含金融摩擦与粘性价格的扩展 DSGE 模型，分析在市场价格不能自由波动的情况下即粘性价格的条件下，金融摩擦对实体经济主要经济变量的影响渠道及效果。

## 6.2 粘性价格扩展模型构建

### 6.2.1 粘性价格扩展模型的构建

本书对金融摩擦与粘性价格的分析采用 DSGE 分析框架，我们借鉴斯梅特和沃特斯（Smets and Wouters，2007）的做法，在模型中剔除工资测量方程，并在模型中加入金融部门的市场摩擦及粘性价格因素，这个扩展模型包含五个部门：最终产品、中间产品、消费者、金融摩擦、粘性价格。

1. 最终产品部门

最终产品 $y_t$ 主要用来进行消费与投资，其由不同的产品组合 Yt(z) 构成，Yt(z) 由统一的垄断竞争的零售商提供，$Y_t(z)$，$z \in [0, 1]$，最终产品 Yt(z) 的 D－S 生产函数可以表示为：

$$Y_t = \left[\int_0^1 Y_t(z) \frac{\in - 1}{\in} dz\right]^{\frac{\in}{\in - 1}} \tag{6-1}$$

对于商品 z 来说，由于不同商品之间消费的边际替代率逐渐降低，因此，商品具有向右下方倾斜的需求曲线：

$$Y_t(z) = \left(\frac{p_t(z)}{p_t}\right)^{-\in} Y_t \tag{6-2}$$

式中：$p_t(z)$ 代表商品 $Y_t(z)$ 的价格水平；$\in$ 为不同商品之间的需求价格弹性；$p_t$ 表示最终商品的价格指数：

$$p_t = \left[\int_0^1 p_t(z)^{1-\in} dz\right]^{\frac{1}{1-\in}} \tag{6-3}$$

2. 中间产品部门

中间产品 i 利用资本 $k^s_{i,t}$ 与劳动力 $l_{i,t}$ 在一定的技术水平下进行生产，其生产函数可以表示为：

$$Y_{i,t} = \varepsilon^a_t \ (K^s_{i,t})^a \ (\gamma^t L_{i,t})^{1-a} - \phi_t \tag{6-4}$$

式中：$\varepsilon_t^a$ 是生产贡献率水平，其满足 $\ln\varepsilon_t^a = \rho_p \ln\varepsilon_{t-1}^p + \eta_t^p$，$\eta_t^a \sim NID(0, \sigma_a^2)$；产品的固定成本 $\Phi_t$ 满足 $\Phi_t = (\lambda_p - 1)\ \overline{Y}_t$；这里$\overline{Y}_t$ 是均衡状态下的产出水平。

在每一个时期，1 - ξp 的公司可以实现最优化水平，ξp 的公司按照产出公式 $p_{i,t} = p_{i,t-1}(\pi_{t-1})^{t_p}(\overline{\pi})^{1-t_p}$来调整自己的产出水平，这里 $\pi_t = \frac{p_t}{p_{t-1}}$代表实际以及均衡水平下的最优通胀率。

### 3. 消费者

代表性消费者会最大化其现在与未来的效用水平：

$$\max_{\{C_{t+k},N_{t+k}(i),H_{t+k}\}_{k=0}^{\infty}} E_t \sum_{k=0}^{\infty}\beta^k \left[ e^{g_{t+k}} \ln(C_{t+k} - hC_{t+k-1}) - \frac{1}{1+\frac{1}{\eta}}\int_0^1 N_{t+k}^{1+\frac{1}{\eta}}(i)\, di \right] \tag{6-5}$$

式中：$C_t$ 为时间 t 的消费水平；$N_t(i)$ 是中间产品公司 i 的劳动力供给水平；h 是内部偏好水平；η 是费利希劳动供给弹性；β 是折现率因子；$g_t$ 是消费水平的边际效用；消费水平采用对数形式，在每一个时期，消费者面临以下的预算约束：

$$C_{t+k} + \frac{H_{t+k}}{P_{t+k}} \leqslant \int_0^1 N_{t+k}(i)\frac{W_{t+k}}{P_{t+k}} di + \frac{H_{t+k-1}}{P_{t+k}} R_{t+k-1} + T_{t+k} \tag{6-6}$$

式中：$H_t$ 为 t 时期的无风险债券收益；$R_t$ 为下一时期债券的名义利率水平；$W_t(i)$ 是为中间产品公司提供劳动力所获得的工资收入；$T_t$ 是消费者所获得的收益；最后，$P_t$ 为 t 时期消费物品的价格。

定义 $\Lambda_t$ 为财富的影子价格，每一个控制变量的一阶条件为：

消费者：

$$\Lambda_t = \frac{e^{g_t}}{C_t - hC_{t-1}} - \beta h E_t \frac{e^{g_{t+1}}}{C_{t+1} - hC_t} \tag{6-7}$$

劳动力供给：

$$N_t^{\frac{1}{\eta}}(i) = \Lambda_t \left( W_t \frac{(i)}{p_t} \right) \tag{6-8}$$

债券：

$$\Lambda_t = \beta E_t \left[ \Lambda_{t+1} R_t \left( \frac{P_t}{P_{t+1}} \right) \right] \tag{6-9}$$

### 4. 价格水平

参照前两章对于价格水平的处理，中间产品生产商会面临四种产品价格定价模式：粘性价格、粘性信息、拇指规则和弹性价格，我们将相同定价模式的公司进行分组，其价格模式可以表示：

$$P_t = \left[\int_0^{s_1} P_t^{sp}(j)^{1-\theta}dj + \int_{s_1}^{s_2+s_1} P_t^{si}(j)^{1-\theta}dj + \int_{s_2+s_1}^{s_3+s_2+s_1} P_t^{rot}(j)^{1-\theta}dj + \int_{s_3+s_2+s_1}^{1} P_t^{flex}(j)^{1-\theta}dj\right]^{\frac{1}{(1-\theta)}} \tag{6-10}$$

式中：sp，si，rot，flex 分别表示粘性价格、粘性信息、拇指规则以及弹性价格下的价格指数，权重参数 $s_1$、$s_2$、$s_3$ 分别是价格为粘性价格、粘性信息、拇指规则的公司的比例，弹性价格的公司比例可以表示为 $s_4 = 1 - s_1 - s_2 - s_3$，公司之间不能进行部门转换，定义 d 部门的价格水平为：

$$P_t^d \equiv \left[s_d^{-1}\int_{s_{d-1}+s_{d-2}+\cdots}^{s_d+s_{d-1}+\cdots} P_t(j)^{1-\theta}dj\right]^{\frac{1}{(1-\theta)}} \tag{6-11}$$

令 $s_0 = 0$，我们可以将价格水平公式表示为：

$$P_t = \left[s_1(P_t^{sp})^{1-\theta} + s_2(P_t^{si})^{1-\theta} + s_3(P_t^{rot})^{1-\theta} + s_4(P_t^{flex})^{1-\theta}\right]^{\frac{1}{(1-\theta)}} \tag{6-12}$$

当公司价格水平为粘性价格时，公司有一个固定的概率 $1-\delta_{sp}$ 来改变每一个时期的价格，当公司在时期 t 改变公司价格时，将会选择价格 B 作为最大化其未来收益的价格：

$$B_t(j) = \max_B \sum_{k=0}^{\infty} \delta_{sp}^k E_t\{\Lambda_{t,t+k}(B - MC_{t+k}(j))Y_{t+k}(j)\} \tag{6-13}$$

式中：$\Lambda_{t,t+k}$ 为时期 t 与时期 t + k 的名义随机贴现率；企业内部边际成本与边际产出与前期一致，考虑一阶条件，用企业整体的最优产出条件替换企业内部边际成本与边际产出，可以得到：

$$\sum_{k=0}^{\infty} \delta_{sp}^k E_t\left\{\Lambda_{t,t+k} Y_{t+k} P_{t+k}^{\theta}\left[B^{1+\omega\theta} - \mu MC_{t+k}\frac{P_{t+k}^{\theta\omega}}{D_{t+k}}\right]\right\} = 0 \tag{6-14}$$

因此，所有公司可以选择在价格 $B_t$ 时重新定价，粘性价格模型可以表示为：

$$P_t^{sp} = \left[(1-\delta_{sp})B_t^{1-\theta} + \delta_{sp}P_{t-1}^{sp\,1-\theta}\right]^{\frac{1}{(1-\theta)}} \tag{6-15}$$

### 5. 金融摩擦

有一个各类企业家的集合，用 l 表示，他们从其消费 $c_t^E$ 中获得效用水平：

$$E_0 \sum_{t=0}^{\infty} \beta_E^t \frac{(c_{E,t}(l) - \xi c_{E,t-1})^{1-\sigma_c}}{1-\sigma_c} \tag{6-16}$$

企业家通过对中间产品生产者提供资金来获得收入，并通过收入来进行消费，通过银行贷款 $L_t$ 来进行投资，贷款利率水平为 $R_{L,t}$，其满足如下等式：

$$p_t c_{E,t}(l) + Q_t k_t(l) + R_{L,t-1} L_{t-1}(l) + P_t \tilde{t}_E = (R_{k,t} + Q_t(1-\delta)) k_{t-1}(l) + L_t(l) \tag{6-17}$$

式中：$\tilde{t}$表示家庭及企业家的固定的比率；企业家在进行贷款时要有抵押品保证，企业的抵押品遵循如下限制条件：

$$R_{L,t} L_t(l) \leqslant m_t E_t[Q_{t+1}(1-\delta) k_t(l)] \tag{6-18}$$

式中：$m_t$ 表示不同贷款的随机转换率。

银行部门包括两部分：一部分是垄断竞争性的银行，另一部分为完全竞争市场下的金融中介部门，金融中介部门从银行 $L_t(i)$ 以 $R_{L,t}(i)$ 的利率获得贷款，同时将这些贷款进行组合，以 $R_{L,t}$的利率给企业提供，企业的贷款组合为：

$$L_t = [\int_0^1 L_t(i)^{\frac{1}{\phi_{L,t}}} di]^{\phi_{L,t}} \tag{6-19}$$

式中：$\phi_{L,t}$是不同类型贷款的随机替代率。

每一个银行 i 以 $R_t$ 的利率从储蓄者手中吸收存款 $D_t(i)$，并将存款转化为贷款，银行通过收益最大化来确定其利率：

$$R_{L,t} = \phi_{L,t} R_t \tag{6-20}$$

因此，企业、银行与金融中介机构的收益关系可以写成：

$$R_{E,t+1} = (1 + \Theta_t \chi_{t+1}^{CC}) \phi_{L,t} R_t \tag{6-21}$$

式中：$\chi_t^{CC} \equiv \chi^{CC}(R_{k,t},\ Q_t,\ Q_{t-1},\ m_{t-1}) = \dfrac{R_{k,t} + (1-\delta) Q_t (1 - m_{t-1})}{Q_{t-1}} > 0$，并且 $\Theta_t$ 是预算限制的拉格朗日乘数；可以看到，预算限制与银行系统的垄断竞争产生了一个资产的收益率与无风险利率之间的选择，由于 $\chi_t^{CC}$ 为正值，因此，更严格的预算限制会使资产收益率下降（$\Theta_t$ 数值更大），这时，金融部门内部的金融摩擦比较大，在特殊的情况下，当预算限制无穷大时，即：（$\Theta_t = 0$），并且银行体系是完全竞争状态时，当（$\phi_{L,t} = 1$）时，金融摩擦消失。

在以上部门分析的基础上建立包含金融摩擦的扩展 DSGE 模型。

除外生冲击外，构建的 DSGE 模型包含以下 18 个方程。

$$Y_t = C_t + I_t + G_t + \psi(Z_t) K_{t-1} \tag{6-22}$$

$$Y_t = \Big[\int_0^1 Y_t(z) \frac{\in -1}{\in} dz\Big]^{\frac{\in}{\in -1}} \tag{6-23}$$

$$R_t = \psi_1 \pi_t + \psi_2 \tilde{y}_t + \sigma_R \varepsilon_{1,t} \tag{6-24}$$

$$\hat{I}_t = \frac{1}{\delta}(\hat{K}_{t+1} - (1-\delta)\hat{K}_t) \tag{6-25}$$

$$p_t = [\int_0^1 p_t(z)^{1-\epsilon} dz]^{\frac{1}{1-\epsilon}} \tag{6-26}$$

$$Y_{i,t} = \varepsilon_t^a (K_{i,t}^s)^a (\gamma^t L_{i,t})^{1-a} - \phi_t \tag{6-27}$$

$$\hat{I}_t = \frac{\beta}{1+\beta} E_t\{\hat{I}_{t+1}\} + \frac{1}{1+\beta}\hat{I}_{t+1} + \frac{1}{\phi_t(1+\beta)}\hat{q}_t \tag{6-28}$$

$$P_t = [s_1(P_t^{sp})^{1-\theta} + s_2(P_t^{si})^{1-\theta} + s_3(P_t^{rot})^{1-\theta} + s_4(P_t^{flex})^{1-\theta}]^{\frac{1}{(1-\theta)}} \tag{6-29}$$

$$p_t c_{E,t}(l) + Q_t k_t(l) + R_{L,t-1} L_{t-1}(l) + P_t \ \tilde{t}_E = (R_{k,t} + Q_t(1-\delta)) k_{t-1}(l) + L_t(l) \tag{6-30}$$

$$R_{E,t+1} = (1 + \Theta_t \chi_{t+1}^{CC}) \phi_{L,t} R_t \tag{6-31}$$

$$1 = \int_0^1 \tau\left(\frac{L_{j,t}}{L_t}; \lambda_\omega, \varepsilon_\omega\right) dj \tag{6-32}$$

$$\frac{B_{j,t}}{R_t \varepsilon_t^b} = B_{j,t-1} + W_{j,t} L_{j,t} + R_t^k Z_{j,t} K_{j,t-1} + Div_t \tag{6-33}$$

$$K_{j,t} = (1-\delta) K_{j,t-1} + \varepsilon_t^i \left[1 - S\left(\frac{I_{j,t}}{I_{j,t-1}}\right)\right] I_{j,t} \tag{6-34}$$

$$\frac{R_t}{\bar{R}} = \left(\frac{R_t}{\bar{R}}\right)^\rho \left[\left(\frac{\pi_t}{\bar{\pi}}\right)^{r\pi} \left(\frac{Y_t}{Y^p}\right)^{r_y}\right]^{1-\rho} \left(\frac{\frac{Y_t}{Y_{t-1}}}{\frac{Y_t^p}{Y_{t-1}^p}}\right)^{r_{\Delta y}} \varepsilon_t^r \tag{6-35}$$

$$P = P_t (T_t + C_{j,t} + I_{j,t} + \psi(Z_{j,t}) K_{j,t-1}) \tag{6-36}$$

$$p\left(\theta, \phi, \sum\nolimits_u, \frac{\Omega}{\lambda}\right) = p(\theta) p\left(\phi, \sum\nolimits_u, \frac{\Omega}{\theta}, \lambda\right) \tag{6-37}$$

$$p\left(\theta, \phi, \sum\nolimits_u, \frac{\Omega}{Y}, \lambda\right) = \frac{p\left(\frac{Y}{\phi, \sum_u}\right) p(\theta) p\left(\phi, \sum\nolimits_u, \frac{\Omega}{\theta, \lambda}\right)}{D_j^\Delta(\theta_{(p)})} \tag{6-38}$$

$$y_{1,t} = x_t' \beta_1 (g_{(p)}) + y_{2,t}' \beta_2 (z_{(p)}) + \varepsilon_{1,t} \sigma_R (\theta_{(p)}) \tag{6-39}$$

以上方程为构建的包含金融摩擦的扩展五部门 DSGE 模型，这里 $\varepsilon_{1,t}$是政策冲击，P 为一般商品的价格水平，包括弹性价格与粘性价格两种情况。以上 DSGE 模型需进行对数线性化并求解。

### 6.2.2 模型方程的对数线性化

在方程对称性均衡条件下，可以得到：$K_t(i) = K_t$，$L_t(i) = L_t$，$P_t(i) = P_t$，$Y_t(i) = Y_t$，当政府财政收入与支出实现均衡时，政府发行的货币收入等于其对家庭的转移支付。即 $X_t = M_t - M_{t-1}$，金融市场满足 $B_t = D_t$。此外，DSGE 模型稳态时，参数满足如下关系：$a'(1)=r^k$，$\frac{R^k}{R}=\frac{1-\beta}{\phi}$，$R=\frac{1}{\beta}$，$\pi=1$，$I=\delta K$，$r^k=R^k-(1-\delta)$，对上述 DSGE 模型涉及的 18 个方程进行对数线性化，然后建立刻画可观察变量与状态变量之间关系的测量方程，对数线性化模型的可观察变量对应于实际消费水平、实际产出、实际工资、就业人数、通货膨胀、货币供应量、净财富和银行贷款量及银行贷款数据取对数后进行 BP 滤波再减去均值后的数值。然后运用克莱因（Klein，2000）的方法求解，将模型的解表示成状态空间形式。

### 6.2.3 DSGE 模型参数的估计

本书模型估计的数据采用季度数据，本书选取了 1993Q1 ~ 2016Q4 的季度数据，与前两章的处理方式相同，对数据进行 HP 滤波法去势，将数据季节性因素与趋势性因素去掉，避免了季度数据由于周期性变动导致的数据不准确问题。模型中的变量实际工资水平、通货膨胀率、就业人数、消费水平、货币供应量、企业家净财富及银行贷款等数据分别用实际 GDP、从业人员实际平均工资、消费者物价指数、城镇单位就业人数、实际社会消费品零售总额、M2、股票市值、金融机构贷款余额来代替。本书各变量的实际数据由变量名义数值通过 GDP 平减指数折算得出。所有数据取自 CCER 数据库、中经网统计数据库以及国家统计局网站数据。

在估计参数之前，我们首先对先验分布类型进行假设，并对部分参数的参数值进行赋值与校准，与前四章的处理方式一样，校准的参数包括随机贴现率、劳动供给工资弹性、资本产出弹性、资本折旧率、粘性价格系数、弹性价格系数。随机贴现率在目前已有文献中已经通过校准方法得到，我们按照艾尔兰德（Ireland，1997）的校准方法，赋值为 0.9607，劳动供给的工资弹性赋值为 0.42，资本产出弹性和资本折旧率参考斯梅特和沃特斯（Smets and Wouters，2003），我们分别赋值为 0.5 和 0.025。对于粘性价格的参数赋值参照卡尔沃（Calvo，1983）的方法来进行处理，分别用 $\alpha_1$，$\alpha_2$ 表示弹性价格和粘性价格，对粘性价格的赋值参照卡尔沃（Calvo，1983）、侯成琪和龚六堂（2014）的估算我们赋值为 0.732，因此，我们赋值 $\alpha_1$ 为 0，$\alpha_2$ 为 0.732，并对先验分布类型进行假设，剩余的参数利用贝叶斯估计方法进行估算，部分参数的校准值与分布类型如表 6－1 所示：

表 6-1　参数的先验分布与贝叶斯估计结果

| 参数 | 先验分布 | | | 后验分布 | | |
|---|---|---|---|---|---|---|
| | 分布类型 | 先验均值 | 标准差 | 最小值 | 后验均值 | 最大值 |
| $\sigma_c$ | 正态分布 | 4.23 | 1.73 | 2.50 | 2.89 | 3.44 |
| $\varphi$ | 贝塔分布 | 1.73 | 0.60 | 1.50 | 1.69 | 1.80 |
| h | 正态分布 | 0.93 | 0.43 | 0.68 | 0.73 | 0.81 |
| $\xi_w$ | 贝塔分布 | 0.73 | 0.37 | 0.80 | 0.84 | 0.85 |
| $\xi_p$ | 贝塔分布 | 0.85 | 0.98 | 0.68 | 0.78 | 0.91 |
| $\sigma_t$ | 正态分布 | 1.73 | 0.36 | 1.79 | 1.82 | 1.86 |
| $l_w$ | 贝塔分布 | 0.63 | 0.39 | 0.72 | 0.74 | 0.76 |
| $\psi$ | 贝塔分布 | 0.75 | 0.43 | 0.42 | 0.56 | 0.62 |
| $l_p$ | 贝塔分布 | 0.52 | 0.37 | 0.44 | 0.52 | 0.58 |
| $\lambda_p$ | 正态分布 | 1.48 | 0.35 | 2.00 | 2.07 | 2.12 |
| $\rho$ | 贝塔分布 | 1.73 | 0.48 | 2.00 | 2.10 | 2.19 |
| $\lambda_\pi$ | 正态分布 | 0.98 | 0.42 | 2.03 | 1.05 | 1.07 |
| $\gamma_y$ | 正态分布 | 0.35 | 0.28 | 0.32 | 0.33 | 0.34 |
| $\pi$ | 正态分布 | 0.35 | 0.34 | 0.45 | 0.46 | 0.47 |
| $\gamma_{\Delta y}$ | 伽马分布 | 0.85 | 0.45 | 0.64 | 0.83 | 0.89 |

表6-1中，$\sigma_c$、$\varphi$、h、$\xi_w$、$\sigma_t$、$l_w$、$\psi$、$l_p$、$\lambda_p$、$\rho$、$\lambda_\pi$、$\gamma_y$、$\pi$，$\gamma_{\Delta y}$分别表示企业投资成本、消费习惯、消费弹性系数、粘性工资水平、劳动力供给弹性、指数工资、资本利用率、指数价格、通胀率、产出增长率、内部收益率、稳态通胀率及投资增长率。表6-1的前三列给出了部分参数先验分布的标准差与先验均值与分布类型情况，后三列给出了参数后验分布的最大值、最小值以及均值。由表6-1可知，大多数参数的分布类型为贝塔分布与正态分布，投资增长率为伽马分布，这也符合我们前述对变量参数的描述。企业投资成本、消费弹性系数分布类型为正态分布，消费习惯、粘性工资水平分布类型为贝塔分布，企业投资成本与消费习惯的先验均值与后验均值都比较大，前者分别为4.23与1.73，后者分别为2.89与1.69，表明企业的投资成本与消费习惯调整时间比较长，特别是消费习惯，消费习惯的养成与改变一般需要几年甚至更长的时间。消费弹性系数与粘性工资先验均值都比较小，分别为0.93与0.73，其标准差为0.43与0.37，也比较低，二者的后验均值分别为0.73与0.84，表明相对于投资成本与

消费习惯，消费弹性系数与粘性工资的调整周期比较短。劳动力供给弹性的分布类型为正态分布，其先验均值为1.73，标准差为1.36，也比较小，后验分布最小值分别为1.79，最大值为1.86，后验均值分别为1.82，表明我国人口众多、劳动力资源丰富，因此，劳动力的供给弹性比较大。指数工资、资本利用率、指数价格分布类型都为贝塔分布，其先验均值分别为0.63、0.75、0.52，先验分布标准差分别为0.39、0.43、0.37，都比较小，后验均值分别为0.74、0.56、0.52，表明在观测期内，三者的波动幅度都比较小。通胀率与产出增长率的分布类型分别为正态分布与贝塔分布，其先验均值为1.48与1.78，都比较大，其后验均值也比较大，分别为2.07与2.1，表明在观测期内，通胀率与产出增长率的调整周期都比较长，一般在一年以上。内部收益率及稳态通胀率的分布状态都为正态分布，其先验均值分别为0.98与0.35，后验均值为1.05与0.33，稳态通胀率的先验均值与后验均值都比较小。投资增长率分布类型为伽马分布，先验分布标准差都为0.45，先验均值为0.85，后验分布最大值为0.89，最小值为0.64，也比较小。

## 6.3 粘性价格与金融摩擦模型分析

### 6.3.1 粘性价格模型分析

在以上扩展的DSGE模型分析的基础上，分别构建DSGE分析框架下金融摩擦、粘性价格与经济变量的数理模型。

首先构建粘性价格模型，在每一个时期，公司可以按照$1-\alpha_p$的概率来改变价格$\overset{*}{p}_t$，这个概率不受时间和公司的影响，每一个时期的平均持续时间为$\frac{1}{1-\alpha_p}$，如果一个公司不能调整其产品价格，则价格水平按以下规则波动。

$$p_t(h)=\Gamma_{t-1}^{\alpha}\Gamma_t^{1-\alpha}p_{t-1}(h) \tag{6-40}$$

公司被要求调整其价格水平来最大化其预期收益：

$$E_t\left[\sum_{j=0}^{\infty}\alpha_p^j\,\Xi_{t,t+j}\left((1-\tau_{t+j})\,\tilde{p}_t(z)Y_{t+j}(z)\left(\frac{P_{t-1+j}}{P_{t-1}}\right)^{\alpha}\left(\frac{\overline{P}_{t-1+j}}{P_{t-1}}\right)^{1-\alpha}-MC_{t+j}P_{t+j}(Y_{t+j}(z)+\Omega)\right)\right] \tag{6-41}$$

这里：

$$Y_{t+j}(h)=\left(\frac{\bar{p}_t(h)}{P_t}\right)^{-\frac{\mu}{\mu-1}}\left[\frac{P_t}{P_{t+j}}\left(\frac{P_{t-1+j}}{P_{t-1}}\right)^{\alpha}\left(\frac{\bar{P}_{t+j}}{\bar{P}_t}\right)^{1-\alpha}\right]^{-\frac{\mu}{\mu-1}}Y_{t+j} \qquad (6-42)$$

并且：$\Xi_{t,t+j}=\beta^{j}\frac{\Lambda_{t+j}P_t}{\Lambda_t P_{t+j}}$是一单位货币对家庭的边际价值，$MC_{t+j}$是真实的边际成本，$\tau_t$是公司的税收，其会随着时间的变化而变化，由于我们前面对资本收益率的假定，边际成本在不同的厂商之间是一个定值：

$$MC_t=\frac{W_{R,t}^{(1-\alpha)}R_t^{k\alpha}}{E_t^{A}\alpha^{\alpha}(1-\alpha)^{(1-\alpha)}} \qquad (6-43)$$

名义最优重置价格 $p_t^{*}$ 的一阶条件为：

$$E_t\left[\sum_{j=0}^{\infty}\alpha_p^{j}\,\Xi_{t,t+j}Y_{t+j}(z)P_{t+j}\left((1-\tau_{t+j})\frac{p_t(z)}{\bar{P}_t}-\frac{P_t}{P_{t+j}}\left(\frac{P_{t-1+j}}{P_{t-1}}\right)^{\alpha}\left(\frac{\bar{P}_{t-1+j}}{\bar{P}_{t-1}}\right)^{1-\alpha}-\mu MC_{t+j}\right)\right]=0$$

(6-44)

粘性价格水平的均值可以表示为：

$$P_t^{\frac{1}{1-\mu}}=\alpha_p\left(\Gamma_{t-1}^{\alpha}\Gamma_t^{1-\alpha}P_{t-1}(z)\right)^{\frac{1}{1-\mu}}+(1-\alpha)\left(\tilde{p}_t(z)\right)^{\frac{1}{1-\mu}} \qquad (6-45)$$

价格确定模型的递归形式为：

$$\frac{\tilde{P}_t(z)}{P_t}=\mu\frac{Z_{1,t}}{Z_{2,t}} \qquad (6-46)$$

这里：

$$Z_{1,t}=\Lambda_t MC_t Y_t+\alpha_P\beta E_t\left[\left(\frac{\Gamma_{t+1}}{\Gamma_t^{\alpha}\prod_{t+1}^{1-\alpha}}\right)^{\frac{\mu}{1-\mu}}Z_{1,t+1}\right] \qquad (6-47)$$

并且：

$$Z_{2,t}=(1-\tau_t)\Lambda_t Y_t+\alpha\beta E_t\left[\left(\frac{\Gamma_{t+1}}{\Gamma_t^{\alpha}\Gamma_{t+1}^{1-\alpha}}\right)^{\frac{1}{1-\mu}}Z_{2,t+1}\right] \qquad (6-48)$$

因此，粘性价格的波动遵循以下方程：

$$P=\alpha_P\left(\frac{\Gamma_t}{\Gamma_{t-1}^{\alpha}\Gamma_t^{1-\alpha}}\right)^{\frac{1}{1-\mu}}+(1-\alpha)\left(\mu\frac{Z_{1,t}}{Z_{2,t}}\right)^{\frac{1}{1-\mu}} \qquad (6-49)$$

### 6.3.2 粘性价格与金融摩擦模型的线性化

参照克里斯蒂亚诺（Christiano，2010）的做法，将粘性价格模型与金融摩擦模型结合起来。将式（6-3）、式（6-4）、式（6-11）、式（6-15）代入式（6-10），式（6-23）、式（6-24）、式（6-47）、式（6-49）代入式（6-39），

同时令 $y_{1,t}=R_t$，$y'_{2,t}=[\tilde{y}_t,\ \pi_t]$，$y'_t=[y_{1,t},\ y'_{2,t}]$，$\Delta y_t=\phi_0+\phi_\beta(\beta' y_{t-1})+\phi_1\Delta y_{t-1}+\cdots+\phi_p\Delta y_{t-p}+u_t$ 以及 $\theta_{(p)}=[\psi_1,\ \psi_2,\ \sigma_R]'$，可以得到：

$$\tilde{y}_t=\alpha R_t\left(\frac{w_t}{\pi_{t-1}^{\alpha}\ \overline{\pi}^{1-\alpha}}\right)^{\frac{\mu}{\mu-1}}+(1-\Delta_{w,t})\frac{\varepsilon_{t-J}}{\pi_t}\alpha\sum_{j=0}^{J}(1-z_t)g_{t-j}\left(z_t\mu\frac{P_t}{P_{t-J}}\right)^{-\frac{\mu}{\mu-1}}+D_j^{\Delta}(\theta_{(p)})\tag{6-50}$$

这里，$\pi_t=\int_0^1 u_t(h)\,dh$，$\Delta_{w,t}=\int_0^1\left(\frac{W_t(h)}{W_t}\right)^{-\frac{(1+\alpha_L)\mu w}{\mu w-1}}dh$，式（6-50）为考虑金融摩擦与粘性价格的DSGE模型框架下，产出缺口、通胀率、利率水平、政策冲击及技术水平等一些主要经济变量的关系表达式。$\tilde{y}_t$ 是产出缺口，$R_t$ 是名义利率水平，$\varepsilon_{1,t}$是政策冲击，$P_t$ 为粘性价格的价格水平，$\pi_t$ 是通胀率，$z_t$ 为技术水平，$w_t$ 为工资水平，$g_t$ 为政府消费，$D_j^{\Delta}(\theta_{(p)})$ 为待估计的未知项，$w=\sum_{j=0}^{J}a(1-a)^j$，$D_j^{\Delta}(\theta_{(p)})=[D'_{t-1},\ \cdots,\ D'_{t-p},\ 1]$，$\theta_t=[\theta_{1,t},\ \theta_{g,t},\ \theta_{z,t}]'$，$\theta_{g,t}$，$\theta_{z,t}$为独立同分布的标准正态随机扰动项。

将式（6-50）进行对数线性化，并为分析方便，将中间产品公司提供劳动力所获得的工资收入 $W_t(i)$，消费者所获得的收益 $T_t$，t 时期消费物品的价格 $P_t$ 以及资本 $k_{i,t}^{s}$与劳动力 $l_{i,t}$的组合方式等采用常数化处理，并令 $z_t=\sum_{j=0}^{J}(1-z_t)$，$m=\left(\frac{w_t}{\pi_{t-1}^{\alpha}\overline{\pi}^{1-\alpha}}\right)$，$P_t=\mu\frac{P_t}{P_{t-J}}$，方程可以简化为：

$$y_t=(1+z_t)\frac{z_*}{g_t+\sigma}R_t+\frac{w_t}{e^r-1+m}\log\pi_t+\frac{\alpha}{1-z_t}\varepsilon_t+(p_t-p_{t-1})\alpha+g_{t*}\tag{6-51}$$

式（6-51）为存在金融摩擦与粘性价格的条件下，主要经济变量的线性化表达式。

## 6.4 金融摩擦条件下粘性价格对宏观经济变量影响分析

### 6.4.1 变量及描述性统计

式（6-51）为存在金融摩擦与粘性价格的条件下，主要经济变量产出缺口、利率水平及通胀率关系的线性化表达式。为了分析金融摩擦对经济变量的具体影响，我们对式（6－51）进行简化处理，令：$\alpha'=(p_t-p_{t-1})a$，$\beta=(1+z_t)\frac{z_*}{g_t+\sigma}$，$\delta=\frac{w_t}{e^r-1+m}$，$\phi=\frac{\alpha}{1-z_t}$，在式（6－51）的基础上建立关于产出缺口、利率水平及通胀率水平的实证模型，模型如式（6－52）所示：

$$\ln y_t=\alpha'+\beta\ln y_{t-1}+\gamma\ln R_t+\delta\ln\pi_t+\phi g_t+f_t+\varepsilon_t \quad (6-52)$$

式中：$y_t$ 为产出缺口，$y_{t-1}$ 为前期的产出水平，$R_t$ 是名义利率水平，$\pi_t$ 是通胀率，$g_t$ 为政府消费，$f_t$ 为表示金融摩擦的逻辑变量，取值为0和1，0表示不存在金融摩擦，1表示存在金融摩擦，$\varepsilon_t$ 为随机扰动项，$\alpha'$，$\beta$，$\gamma$，$\delta$，$\phi$ 为待估的参数。具体的变量选取及说明如表6－2所示：

**表6－2　变量选取及说明**

| 变量名称 | 变量代码 | 变量说明 |
|---|---|---|
| 产出缺口 | $y_t$ | 是一个国家实际产出水平与潜在产出水平的差额，对产出缺口的终值我们采用BK滤波的（Baxter and King，1999）的方法进行估算。线性滤波可以表示为：$c_t=\sum_{j=-K}^{k}a_jy_{t-j}$，其中权重 $a_j$ 可由频率反应函数推导得到，K的选取一般为3年的长度，季度数据取 K＝12 |
| 利率水平 | $R_t$ | 用银行间7天同业拆借利率来代替，同业拆借利率也是月度数据，需要进行转化，公式为：$i_t=i_{t1}\frac{f_{t1}}{\sum f}+i_{t2}\frac{f_{t2}}{\sum f}+i_{t3}\frac{f_{t3}}{\sum f}$，$\sum f$ 为季度内同业拆借总量，$i_{tj}$ 为季度内第j个月份的同业拆借利率水平，$i_t$ 为折算后的利率水平 |
| 通胀率 | $\pi_t$ | $\pi_t$ 用居民消费价格环比指数来衡量，将居民消费价格环比指数进行频率转换，得到季度数据 |
| 政府消费 | $g_t$（1000亿元） | 将政府消费的年度数值进行拆分，得出季度数据 |
| 金融摩擦 | $f_t$ | 逻辑变量，取值为0和1，0表示不存在金融摩擦，1表示存在金融摩擦 |
| 随机扰动项 | $\varepsilon_t$ | 包括政策冲击、外部冲击等对经济变量产生影响的一些其他因素 |

所有数据取自CCER数据库、中经网数据库以及国家统计局官方网站。与第3章的处理方式一样，我们对各变量1993Q1～2016Q4的季度数据利用HP滤波法进行去势，并对实证模型涉及的变量进行统计性检验，表6－3给出了变量的统计性描述。

表6-3　　不同变量的统计描述

| 变量 | 观察时期 | 均值 | 方差 | 最小值 | 最大值 |
|---|---|---|---|---|---|
| $y_t$ | 92 | 0.1324 | 1.0876 | -2.4395 | 2.3860 |
| $R_t$ | 92 | 0.9878 | 5.8463 | 0.0987 | 3.6675 |
| $\pi_t$ | 92 | 0.4676 | 8.3367 | -1.8965 | 4.6543 |
| $w_t$（万） | 92 | 1.2337 | 9.6543 | 0.6998 | 5.6766 |
| $g_t$（1000亿） | 92 | 4.6779 | 16.5586 | 2.7765 | 8.9655 |

## 6.4.2　系统GMM实证分析

我们选取各变量1993Q1~2016Q4的季度数据，对上述实证模型我们采用系统GMM方法来进行分析，系统GMM方法属于工具变量法，可以最大限度克服方程的内生性问题。另外，系统GMM方法也属于固定效应类方法，可以部分解决变量的测量误差问题。所有数据取自CCER数据库、中经网数据库以及国家统计局官方网站。

表6-4给出了实证方程系统GMM的参数估计结果，在表6-4的最后三列给出了系统GMM估计有效性的诊断检验值，由诊断值可以看到，AR（1），AR（2）及Sargan检验值的伴随概率均大于0.1，说明利用GMM估计方法对参数进行估计可以通过有效性检验。

表6-4　　模型参数估计结果

| 模型 | $f_t=0$ | | | $f_t=1$ | | |
|---|---|---|---|---|---|---|
| | （1） | （2） | （3） | （1） | （2） | （3） |
| $y_{t-1}$ | 0.5566<br>(0.7655) | -0.3689<br>(1.678) | 0.4435<br>(1.546) | 0.3568<br>(0.443) | 0.4576<br>(0.568) | 0.3468<br>(0.687) |
| $R_t$ | -0.3567<br>(14.769)* | -0.2476<br>(9.435)** | -0.3397<br>(8.657) | -0.7687<br>(19.556)** | -0.6756<br>(14.556)* | -0.7566<br>(11.673) |
| $\pi_t$ | 0.4557<br>(16.675)* | 0.2387<br>(11.588) | 0.3234<br>(9.677)** | 0.7668<br>(20.478)** | 0.8356<br>(14.980)** | 0.6582<br>(11.435) |
| constant | 93.124<br>(18.058)* | 2.567<br>(12.658)* | 3.897<br>(10.435) | 92.377<br>(21.546)** | 3.621<br>(15.669)* | 4.458<br>(11.776) |
| Abond test for AR（1） | 0.045 | 0.063 | 0.039 | 0.072 | 0.074 | 0.076 |

续表

| 模型 | $f_t=0$ | | | $f_t=1$ | | |
|---|---|---|---|---|---|---|
| | (1) | (2) | (3) | (1) | (2) | (3) |
| Abond test for AR (1) | 0.058 | 0.075 | 0.043 | 0.042 | 0.056 | 0.062 |
| observations | 92 | 92 | 92 | 92 | 92 | 92 |
| Sargan test | 0.069 | 0.085 | 0.045 | 0.064 | 0.083 | 0.089 |

注：括号中的数值是t统计量的值，*，** 分别表示10%，5%的显著性水平。

从表6-4可以看出，当经济存在价格粘性时，无论是 $f_t=0$ 时还是 $f_t=1$ 的情况下，利率水平与通胀率对产出缺口都有非常明显的作用效果，而且模型拟合效果显著。但前期的产出缺口水平与被解释变量拟合效果不好，没有通过模型的显著性检验。这表明，前期的产出水平对当期的产出缺口影响不大，二者从统计学的角度来看，没有明显的关系，造成这种现象的一个原因是共线性问题，由于宏观政策的连贯性，大多数政策的制定与执行时间都超过一个季度，因此，宏观政策会对连续两期的产出缺口产生共同的影响，因此，这是造成二者关系不显著的重要原因。当 $f_t=0$，即不存在金融摩擦的情况下，利率水平对产出缺口有非常明显的阻碍作用，而且效果显著；表明当利率水平下降时，企业可以以更低的成本获得资金，因此，可以降低成本，提高产出水平，利率水平的提高则会降低企业产出水平。其次，通胀率水平对一国的产出缺口有非常明显的促进作用，通货膨胀率的适度提高，可以提高企业的名义利润率，对企业扩大生产具有积极影响。当 $f_t=1$ 时，利率水平与通胀率对产出缺口的影响方向与 $f_t=0$ 时一致，利率水平的参数估值为负值，而通胀率的参数估值为正值，这表明，利率水平对产出缺口具有负向作用，通胀率水平对产出缺口具有正向作用。从参数具体估值来看，当 $f_t=1$ 时，利率水平及通胀率参数估值的绝对值要远高于 $f_t=0$ 时的参数估值绝对值。当 $f_t=0$ 时，利率水平的参数估值分别为 -0.3567、-0.2476 及 -0.3397，$f_t=1$ 时利率水平的参数估值分别为 -0.7687、-0.6756 及 -0.7566，通胀率的参数估值情况也一样。这表明，当经济中存在粘性价格及金融摩擦时，利率水平及通胀率对产出缺口的影响作用会被放大，因此，利率水平及通胀率会对产出缺口产生更大的影响，经济波动也会更加明显。

### 6.4.3 金融摩擦与粘性价格对宏观经济变量的影响分析

分别考虑粘性价格与金融摩擦对宏观经济波动的影响，与前两章的分析方式不同，为分析问题的简便，我们只取三个反映宏观经济的关键变量：产出缺口、利率水平与通胀率水平，分别考虑粘性价格与金融摩擦对这三个宏观经济变量的影响。

对于粘性价格的处理，我们采用第3章的处理方法，按照Calvo粘性价格模型中对于厂商粘性价格的处理方式，用一定时期厂商不改变价格的概率α来近似衡量经济系统中粘性价格程度的大小，当α=0表明价格具有完全弹性，α取值越大，表明一国粘性价格程度越高。对α的取值，我们结合其他学者对于我国粘性价格的测算值来对我国的粘性价格程度进行简单估算，可以得到α=0.732。而对于金融摩擦在实证分析中的处理，则要复杂一些。一般来说，金融摩擦会导致金融市场缺陷，在功能形式上主要表现在其会对企业造成融资约束，从而使得具有投资机会的企业融资需求不能满足，影响企业的投资水平，进而影响企业的潜在产出水平。因此，一般对于金融摩擦程度的估算主要是通过对企业的融资约束进行度量，通过估算投资水平的减少来近似估算一个国家地区金融摩擦程度的大小。在具体的实证模型中，主要有三类模型来对投资水平的变化及金融摩擦程度进行估计：q理论模型、销售加速器理论模型与新古典投资理论模型。前面6.4.2的GMM分析中我们采用了引入逻辑变量的方式来对金融摩擦进行处理，但逻辑变量的“是”或者“否”不能够对我国金融摩擦的实际状况进行衡量，我们这里采用郭强（2016）对于金融摩擦系数的估算方法，用银行体系中可拆借资金与贷款规模的比值来近似的衡量金融市场中金融摩擦程度f的大小，金融市场中可拆借资金越多，金融摩擦程度越小，可拆借资金越少，金融摩擦程度越大。金融摩擦系数用f来表示，f=0，表明金融市场金融摩擦程度非常高，f=1，表明市场中不存在金融摩擦。参考其他学者对于我国金融摩擦系数的估算，我们对金融摩擦取值为0.863，表明我国金融市场中存在金融摩擦，但金融摩擦的程度不高。

结合前面对于粘性价格程度的估算，为深入分析粘性价格与金融摩擦对我国宏观经济波动的影响，我们分三种情况分别进行讨论，即：α=0，f=1；α=0.732，f=0.863；α=0，f=0.863三种情况，分别表示不存在粘性价格与金融摩擦、同时存在粘性价格与金融摩擦、存在金融摩擦不存在粘性价格三种情况。以上述实证分析模型为基础，对以上五部门的经济引入一个负向标准差的货币政策冲击，分别考虑在不同的粘性价格与金融摩擦市场条件下的货币政策冲击对我国宏观经济变量的影响。与前述章节一样，所有数据取自CCER数据库与中经网数据库，得到如图6-1所示的不同条件下产出缺口、利率水平与通胀率的脉冲反应图。

图6－1为假定其他条件不变，当经济中存在粘性价格时，产出缺口、利率水平与通胀率对金融摩擦的脉冲反应图。

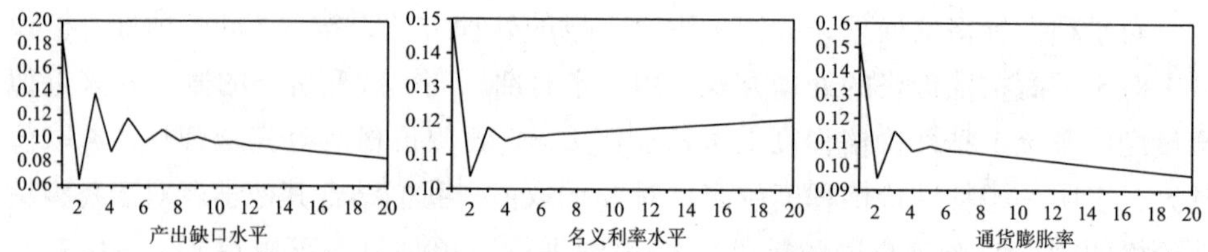


**图6－1　存在粘性价格与金融摩擦的条件下产出缺口、利率水平与通胀率的脉冲反应**

由图6－1可以看到，当去掉经济数据的季节性与周期性因素后，经济变量的波动呈现出非常明显的趋势性。为了能够更加直观地观察经济变量的周期性变化，我们选取20个时期为一个观察期。由图6－1可知，当存在粘性价格时，对经济部门引入一个标准差的货币供应量冲击后，产出水平在前期呈现出非常明显的周期性波动。在第一时期，由于受负向货币供应量冲击的影响，产出水平呈现出比较明显的下降趋势，并在第一个时期期末出现了一个波动的低谷。在第二个时期，产出水平逐渐回复并上升，在第二个时期期末出现了一个波动的高峰。从第三个时期开始，产出水平又开始出现下降与上升的经济周期循环，这种经济周期一直持续了3个半周期，从第4个周期（即第8期）开始，产出水平逐渐趋于稳定，在经济周期内，每个周期的平均持续时间约为两个时期。这表明，在经济发展的前期，由于受金融摩擦的影响，产出缺口受冲击的幅度比较大，经济波动性更加明显。产出水平呈现出非常明显的周期性变化。此外，从波动幅度来看，产出缺口的波动幅度从第一个周期开始逐渐减弱，第一个周期波动幅度最大，此后随着经济周期的不断变化，其波动幅度逐渐减弱，从第四个周期开始，产出水平趋于稳定，没有明显的周期性变化。从总的波动趋势来看，由于去掉了数据的季节性因素，产出水平在后期呈现出非常明显的趋势性，随着观察时期的不断推移，产出水平逐渐下降，这是金融摩擦与粘性价格综合作用的结果。这也表明，金融摩擦与粘性价格会增加金融市场交易成本，降低经济效率，影响产出水平的长期趋势。因此，产出水平从长期来看呈现逐渐下降的趋势。同产出水平一样，利率水平受到负向货币供应量冲击后，在前期，也出现了周期性变化，先下降，然后回升。但与产出缺口相比，周期波动幅度比较小，此外，周期性变化持续的时间也比较短，利率水平周期性变化持续了一个半周期，从第二个周期开始，利率水平趋于稳定，这表明，利率水平作为货币政策的工具之一，便于货币当局进行及时调节，因此，周期性波动持续时间比较短。同时，受金融摩擦与粘性价格综合作用的影响，利率水平从长期趋势来看，呈现不断上涨的趋势。通胀率变动趋势与前两者相似，在前期也呈现出了周期性变化，同样是先下降，然后上升，这是对负向价格冲击的反应，而且周期持续时间也比较短，通胀率水平周期性变化持续了两个半周期，从第三个周期开始，通胀率水平趋于稳定，受粘性价格的影响，通胀率水平从长期来看，呈现出逐渐下降的趋势。

图6－2为不存在粘性价格条件下产出缺口、利率水平及通胀率水平的脉冲反应图。

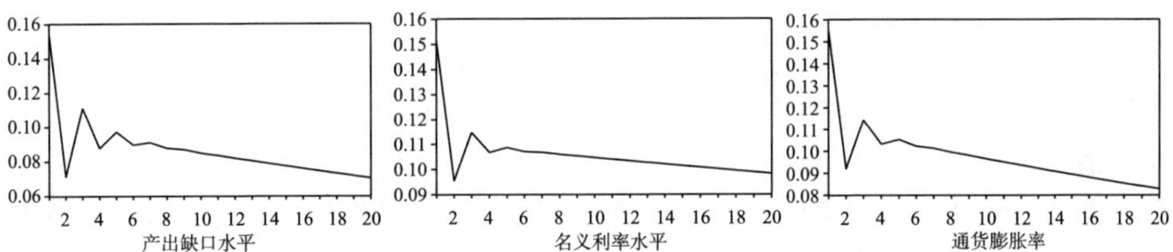


**图6－2　不存在粘性价格存在金融摩擦的条件下产出缺口、利率水平与通胀率的脉冲反应**

由图6－2可知，受金融摩擦影响，产出水平在前期也呈现了比较明显的周期性波动，从图6－2可以看到，产出的周期性波动持续了2个半周期，从第3个周期开始，产出水平趋于稳定，从长期趋势来看，产出缺口的下降趋势比较明显，其下降趋势一直持续到20期。因此，从长期来看，金融摩擦对产出水平有消极影响，而且影响效果比较明显。但与图6－1相比，产出缺口无论从波动的周期数还是波动的幅度来看，都是比图6－1要小的，这表明，在不存在粘性价格的条件下，产出缺口的周期性波动会降低，反之，当经济中存在价格粘性时，价格不能对冲击及时反应，金融摩擦对实体经济的冲击会被放大，经济受冲击比较明显，从而会使经济出现比较明显的周期性波动。此外，利率水平与通胀率的变动趋势相似，受负向价格冲击后，利率水平与通胀率水平在前期都呈现出比较明显的周期性波动，先下降，后上升，从第三时期开始，逐渐趋于稳定，波动周期持续时间比较短，波动周期都为一个半周期。从长期趋势来看，由于粘性价格的影响，利率水平与通胀率水平在长期处于不断下降的趋势，特别是通胀率水平，下降趋势比较明显。

图6－3为不存在粘性价格与金融摩擦条件下产出缺口、利率水平与通胀率水平的脉冲反应图。

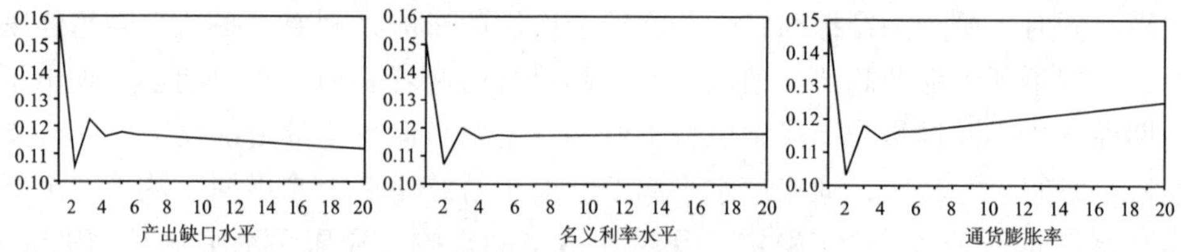


**图6－3　不存在粘性价格与金融摩擦的条件下产出缺口、利率水平与通胀率脉冲反应**

由图6－3可以看到，在不存在金融摩擦与粘性价格的条件下，三者的周期性波动不明显，特别是产出水平，在受到一个标准差的负向货币供应量冲击后，产出缺口在第一个时期下降，第二个时期上升，从第三个时期开始，产出缺口趋于稳定，一直持续到20时期，这表明，产出缺口波动周期比较短，而且周期性波动幅度比较小，持续时间短，只维持了一个周期。利率水平与通胀率在不存在金融摩擦与粘性价格的条件下，波动趋势也不明显，利率水平受到负向价格冲击后，在第一个时期下降，但从第二个时期就逐渐趋于稳定，一直持续到20时期，通胀率水平与产出缺口波动相似，波动时间短，波动方向也基本一致。

通过对图6－1、图6－2、图6－3的比较可以看到，粘性价格对金融摩擦的作用渠道与效果影响巨大。当经济中存在粘性价格时，经济变量特别是产出水平受金融摩擦的冲击比较大，产出水平的周期性波动也比较明显，周期性波动持续的时间比较长，波动幅度也比较大；当经济中不存在粘性价格时，产出水平周期性波动不明显，波动时间也比较短，产出水平受冲击较小。这表明，当经济存在粘性价格时，由于价格不能自由波动，当经济受到冲击时，价格不能对冲击及时反应，而且由于货币政策对经济调控的时滞，因此经济受冲击比较大。此外，价格粘性可以增强金融摩擦对经济变量的影响，特别是会使产出水平等一些影响社会经济的关键变量产生周期性变化，放大外部冲击对实体经济的影响，会使经济产生比较明显的衰退、繁荣循环。从这个意义上说，其不利于一国经济的长期稳定发展。此外，从长期趋势来看，在经济中存在粘性价格时，金融摩擦使产出水平的长期下降趋势比较明显，这也表明，粘性价格与金融摩擦一样，会增加金融市场的交易成本，降低经济效率，从而影响产出水平的长期趋势。

## 6.5　金融摩擦与粘性价格条件下福利损失分析

这一节我们对不同金融摩擦与粘性价格条件下经济主体的福利损失情况进行

分析，使用的分析方法还是第 3 章我们建立的福利损失函数：

$$E[\hat{u}_t] = \frac{1-\sigma}{2}var(c_t) + \frac{U_l L}{U_c c}\frac{1+\sigma}{2}var(l_t) \qquad (6-53)$$

为深入分析不同金融摩擦与粘性价格条件下宏观经济变量的波动幅度与福利损失状况，我们以上一节的分析为基础，考虑三种情况，即：$\alpha=0$，$f=1$；$\alpha=0.732$，$f=0.863$；$\alpha=0$，$f=0.863$ 三种情况，分别表示不存在粘性价格与金融摩擦、同时存在粘性价格与金融摩擦、存在金融摩擦不存在粘性价格。我们分别分析在这三种情况下宏观经济变量对长期稳态值的偏离程度与经济主体的福利损失状况，如表 6－5 所示。

表 6－5 列出了不同的粘性价格与金融摩擦条件下部分宏观经济变量的波动幅度与福利损失情况，由表 6－5 可以看到，在不同的粘性价格与金融摩擦条件下，宏观经济变量的波动幅度不同，当经济系统中存在粘性价格与金融摩擦时，宏观经济变量的方差比较大，说明当经济系统存在粘性价格与金融摩擦时，宏观经济变量对长期稳态值的偏离程度比较大，经济大起大落，这也与前述分析一致。表明经济变量受冲击的影响比较大；而经济系统中不存在粘性价格与金融摩擦时，宏观经济变量的波动幅度比较小，说明经济变量受冲击的影响比较小，对于长期稳态值的偏离幅度也比较小，经济比较稳定。从福利损失的情况来看，当经济系统中存在粘性价格与金融摩擦时，经济主体的福利损失比较大；而经济系统中不存在粘性价格与金融摩擦时，经济主体的福利损失比较小。表明粘性价格与金融摩擦的存在会降低经济主体的效用水平，从总体上影响社会的福利状况。

**表 6－5　　宏观变量方差与不同模型框架下的福利损失**

| | 不存在粘性价格与金融摩擦 | 存在金融摩擦不存在粘性价格 | 存在粘性价格与金融摩擦 |
|---|---|---|---|
| 部门平均产出 | 1.2543 | 1.8658 | 2.5635 |
| 消费 | 0.5542 | 0.6253 | 0.8545 |
| 劳动 | 0.7562 | 1.2314 | 1.8546 |
| 福利损失 | －1.2536 | －2.5365 | －3.5785 |

## 6.6　本章小结

本章将粘性价格模型与金融摩擦结合起来，构建了一个包含金融摩擦与粘性价格的扩展 DSGE 模型，同时利用我国 1993Q1 ~ 2016Q4 的季度数据，分析在粘性价格的条件下，金融摩擦对实体经济主要经济变量产出缺口、利率水平及通胀率的影响渠道及效果。通过分析发现：

（1）粘性价格对金融摩擦的作用渠道与效果影响巨大。当经济中存在粘性价格时，经济变量特别是产出水平受金融摩擦的冲击比较大，产出水平的周期性波动也比较明显，周期性波动持续的时间比较长，波动幅度也比较大；当经济中不存在粘性价格时，产出水平周期性波动不明显，波动时间也比较短，产出水平受冲击较小。这表明，当经济存在粘性价格时，由于价格不能自由波动，当经济受到冲击时，价格不能对冲击及时反应，而且由于货币政策对经济调控的时滞，因此经济受冲击比较大。

（2）价格粘性可以增强金融摩擦对经济变量的影响。特别是会使产出水平等一些影响社会经济的关键变量产生周期性变化，放大外部冲击对实体经济的影响，会使经济产生比较明显的衰退，繁荣循环。从这个意义上说，价格粘性与金融摩擦的存在不利于一国经济的长期稳定发展。

（3）从长期趋势来看，在经济中存在粘性价格时，金融摩擦使产出水平的长期下降趋势比较明显，这表明，金融摩擦与粘性价格一样，会增加金融市场的交易成本，降低经济效率，影响产出水平的长期趋势，从长期来看，其对一国经济增长具有明显的抑制作用。

（4）从不同的粘性价格与金融摩擦条件的福利损失情况来看，粘性价格与金融摩擦的存在会降低经济主体的效用水平，从总体上影响社会的福利状况。当经济系统中存在粘性价格与金融摩擦时，宏观经济变量的方差比较大，宏观经济变量对长期稳态值的偏离程度比较大，经济大起大落比较大，经济主体的福利损失比较大；而经济系统中不存在粘性价格与金融摩擦时，宏观经济变量的波动幅度比较小，说明经济变量受冲击的影响比较小，对于长期稳态值的偏离幅度也比较小，经济比较稳定。从福利损失的情况来看，经济主体的福利损失比较小。

# 第 7 章

# DSGE - VAR 模型、贝叶斯估计与中国经济波动

## 7.1 引　　言

最近几十年，DSGE（Dynamic Stochastic General Equilibriu）模型作为一种全新的宏观经济计量方法获得了很大的发展，无论是在理论方面，还是在实践方面，DSGE 正逐渐取代传统的 LMM 模型而成为宏观经济决策的有力分析与支持工具。DSGE 模型将数量分析作为主要分析方法，利用模型估计（Estimation）与校准（Calibration），将二者结合起来，评估模型的优劣，同时 DSGE 模型以个体最优化作为分析基础，不但可以有效避免卢卡斯批判（Lucas Critique），而且可以充分考虑市场中各参与主体的限制条件与效用情况，进行最优化分析。

国内外许多学者对 DSGE 模型也进行了多方面的研究与扩展。如：斯密特和沃特斯（Smets and Wouters，2007）通过构建一个中型的 DSGE 模型，将个体最优化分析与线性化转换结合起来，并将许多与名义上的摩擦考虑进去，如消费水平与习惯、投资与成本水平、工资水平与价格黏性、固定资产利用率等，从而得出宏观经济方程与最优货币政策建议，为各国政府的宏观系统经济分析提供了理论依据。西蒙斯和克里斯托弗（Sims and Christopher，2002）将银行部门作为一个独立的市场参与主体加入到 DSGE 模型中，形成了一个比较完整的金融市场体系，并对金融市场中存在的信息不对称以及代理人问题进行了分析。阿道夫森（Adolfson，2008）在前人研究的基础上构建了一个基于开放经济的小型 DSGE 模型，并对模型的进出口商品价格进行了限定，假定进出口商品价格刚性，允许不完全的汇率转换，并分析了这种小型开放经济 DSGE 模型的最优化问题。布兰查

德和加利（Blanchard and Gali，2007）在刚性工资假定的基础上阐述了稳定通货膨胀率与稳定产出缺口之间的关系，并分析了最优产出缺口的实现条件。艾尔兰德（Ireland，2004）认为劳动力市场的成本包括雇佣成本与解雇成本，在存在劳动调整成本的前提下，分析了在货币政策冲击对产出与失业率的持续性影响。贾斯提尼亚诺和亚历杭德罗（Justiniano and Alejandro，2008）在最优化分析的基础上建立了一个包含多部门的DSGE模型，并对模型进行了分析与求解，最后刻画了多部门冲击对总产出及其他经济变量的影响。科格利和蒂莫西（Cogley and Timothy，2008）将各产业部门之间的联系以网络结构的形式进行表示，在此基础上，建立了基于网络结构的DSGE模型，并从网络经济分析出发，研究了部门冲击特别是网络经济对地区总产出的影响。安德鲁、维兰德和威廉姆斯（Andrew，Wieland and Williams，2003）以货币与部门产品价格刚性为基础建立了一个DSGE模型，通过分析发现，在一国各部门中，生产耐用品的制造业与建筑业受货币冲击的影响最大，而总产出受货币冲击的影响与其他各部门受冲击的影响较小。国内对于DSGE模型的分析与研究也比较多。如：陈昆亭和龚六堂（2004）将人力资本分析引入RBC模型中，认为在中国经济波动与经济增长的形成过程中，引入人力资本分析的DSGE模型可以更好地进行解释。秦学志、张康、孙晓琳（2010）在投入产出模型原理的基础上构建了局部均衡DSGE模型，分析了政府投资对地区经济增长的贡献，并考察了政府投资对地区经济各部门构成的形成影响，段志刚、王其文、李善同（2006）计算了1992～2000年我国投入产出表的时序数据，并利用DSGE模型分析了政策冲击对我国投入产出系数的影响及变化趋势。黄颐琳（2006）构建了包含可分解的劳动力DSGE模型，以劳动力供给为基础，分析了劳动力供给、技术冲击及政策冲击等因素对中国经济波动的影响。

这些研究一般在DSGE模型假设的基础上，利用市场完全出清与价格完全调整，分析市场主体的最优化行为，研究的范围比较广泛，比如：货币政策、劳动力市场、财政政策以及经济波动等问题，在模型分析时引入一些外生冲击，利用极大似然法来对模型参数进行估计，从而探讨经济体系中各变量如何随时间变化的动态性质，特别是后来引入了价格与工资刚性以及贝叶斯估计的采用，使得DSGE模型成为一种兼具模型校准、结构性估计与预测的新凯恩斯DSGE模型，也使得DSGE模型成为现代宏观经济学中应用最为广泛的分析方法，被世界许多国家央行所采用。

但在理论与实践中，DSGE模型还存在一些有待完善的地方。第一，实践方面，大型DSGE模型预测效果并未如人们想象的那样理想。如上所述，由于DSGE模型在经济预测、政策评估方面有比较优越的性能，因此，在21世纪初期，许多国家都以DSGE模型为基础建立了自己国家的政策分析与预测系统，如：欧洲央行的NAWM、美国联邦储委的Edge与Erceg模型、英国的BEGQM等，但不久之后的次贷危机使得这些模型的预测能力受到了极大的考验。与LMM一样，DSGE模型不能准确预测70年代后西方国家普遍存在的滞涨（Tag-flatio）。也让人们对DSGE模型的预测能力有了怀疑，人们更多开始关注DSGE的现实基础以及对现实经济问题的解释与预测问题。第二，理论方面，传统的DSGE模型以价格与工资弹性为假设前提，而这两点在现实经济，特别是市场经济体制中，情况各异，特别是工资弹性问题。第三，传统的DSGE模型的分析框架以完全竞争市场为基础，没有考虑现实经济中比较突出的垄断与市场独占问题，这一点在市场经济国家比较普遍，因此，DSGE的分析框架的适用性有待商榷。最后，对于传统的DSGE模型来说，另外一个突出问题就是有可能会对变量特征进行错误的定义与识别，即：对于DSGE要解释的宏观经济时间序列数据，DSGE模型对这些数据的移动平均数的交叉系数特征不进行限定。这样的一个结果就是，单就预测能力来说，DSGE模型的预测结论要比采用良好校准方法的VAR模型差得多。因此，要追求模型的良好预测能力，传统的DSGE不能作为一个最优的选择。但是从另一个方面来说，传统的DSGE模型具有自己的优势，即DSGE模型可以非常精确地刻画政策制度的变化对于预期形成以及市场主体决策的影响。因此，传统的DSGE模型的政策分析结论比VAR模型结论的可信度要大得多。从以上分析可以看出，DSGE模型与VAR模型在进行时间序列数据分析时各有优缺点，如何将DSGE模型与VAR模型的优势结合起来，构建一个易操作的政策分析模型，是一个比较现实的问题。

基于这样的目的，本书以DSGE模型为基础，试图将DSGE模型与VAR模型结合起来，利用二者的特点，发挥二者分析与预测的优势，构建一个包含家庭、中间产品部门、最终产品部门以及劳动力供给的四部门DSGE - VAR模型，采用贝叶斯估计方法，利用DSGE - VAR模型来分析我国货币政策对主要经济变量产出缺口、通胀率及利率水平的影响，并将DSGE与DSGE - VAR模型结合起来，利用我国1993Q1 ~2015Q4的季度数据，比较了在不同的模型分析框架下，货币政策对不同经济变量产出缺口、通胀率及利率水平的影响机理，最后对两种模型的货币政策分析能力进行了比较。

## 7.2 DSGE模型构建

在构建DSGE - VAR模型之前，我们首先建立DSGE分析模型。

DSGE 分析模型我们参照斯密特和沃特斯（Smets and Wouters，2003）的分析方法构建，这个模型包含以下几个部门：

1. 家庭

我们假定经济系统由各个异质的无限多个家庭所组成，每个家庭按照所提供的不同的劳动服务的质量 h 来进行分类，$h \in (0, 1)$，在 t 时期，一般家庭 h 的跨期效用函数可以表示为：

$$W_t(h) = E_t \sum_{j=0}^{\infty} \beta^j \varepsilon_{t+j}^B \left[ \frac{(C_{t+j}(h) - \gamma C_{t+j-1}(h))^{1-\sigma_c}}{1-\sigma_c} - \tilde{L}\varepsilon_{t+j}^L \frac{L_{t+j}(h)^{1+\sigma L}}{1+\sigma L} \right] \tag{7-1}$$

家庭 h 效用的实现由消费一定量的商品 $C_t(h)$ 来实现，家庭目前的消费习惯取决于前期消费的商品类型，家庭从劳动 $L_t(h)$ 中得到负效用。家庭效用的大小还包括目前家庭的消费偏好 $\varepsilon_t^B$ 与市场的劳动供给冲击 $\varepsilon_t^L$，$\tilde{L}$是正的修正参数。

每个家庭 h 都最大化其跨期效用，同时，家庭的预算约束为：

$$\frac{B_t(h)}{P_t R_t} + C_t(h) + I_t(h) = \frac{B_{t-1}(h)}{P_t} + \frac{(1-\tau_{w,t}) W_t(h) L_t(h) + A_t(h) + T_t(h)}{P_t} + \tau_t^k u_t(h) K_{t-1}(h) - \Psi(u_t(h)) K_{t-1}(h) + \prod_t(h) \tag{7-2}$$

这里，$P_t$ 是总体物价指数，$R_t = 1 + i_t$ 是前期的名义利率因子，$B_t(h)$ 是名义债券收益，$I_t(h)$ 是家庭的投资水平，$W_t(h)$ 为名义工资水平，$T_t(h)$ 与 I，W 为政府的转移支付与家庭所缴纳的劳动所得税，并且：

$$r_t^k u_t(h) K_{t-1}(h) - \Psi(u_t(h)) K_{t-1}(h) \tag{7-3}$$

式（7－3）代表了实际股本收益减去成本后的差额，家庭资本的投资收益取决于资本利用率提高所带来的资本的扩张。成本（或收益）Ψ 是一个资本收益的递增函数，并且在均衡状态下为 0，$\prod_t(h)$ 为垄断竞争公司所分发的红利。最后，$A_t(h)$ 是家庭所购买的政府债券的收入流，家庭消费的边际效用为 $h \in [0, 1]$，同时对家庭的消费偏好进行了限定，假定所有家庭的消费与投资计划都是一样的。

2. 最终产品部门

假定经济系统的最终产品由完全竞争的企业提供，最终产品可被家庭用于投资或者消费。最终产品Y是中间产品的一个集合体，其公式如下：

$$Y_t = [\int_0^1 Y_t(z)^{\frac{1}{up}} dz]^{up} \tag{7-4}$$

这里 $up = \frac{\theta_p}{\theta_{p-1}}$，并且 $\theta_p > 1$ 是不同产品的替代弹性。$P_t$ 为最终产品价格，同时代表性的产品厂商按照生产函数最大化其产品收益，要素需求函数的一阶条件为：

$$Y_t(z) = \left(\frac{P_t(z)}{P_t}\right)^{-\frac{up}{up-1}} Y_t,\ \forall z \in [0,\ 1] \tag{7-5}$$

最后，由于最终产品部门是一个完全竞争的市场，因此，企业生产可以获得正常利润，其市场均衡的价格可以表示为：

$$P_t = [\int_0^1 P_t(z)^{\frac{1}{1-up}} dz]^{1-up} \tag{7-6}$$

### 3. 中间产品部门

假定中间产品部门由具有垄断特征的垄断竞争企业Z组成，其产品生产遵照柯布道格拉斯生产函数：

$$Y_t(z) = \varepsilon_t^A (u_t K_{t-1}(z))^{\alpha} L_t(z)^{1-\alpha} - \Omega \tag{7-7}$$

这里，$\varepsilon_t^A$ 是外生的产品的生产率冲击，并且 $\Omega > 0$ 是固定成本，企业的资本为：$\tilde{K}_t(z) = utK_{t-1}(z)$，雇佣的劳动力为 $L_t(z)$，同时，企业在垄断竞争市场上最小化其生产成本，考虑到实际工资水平与资本的利息费用，企业Z对于劳动力与资本的最优选择为：

$$\frac{w_t L_t(z)}{r_t^k \tilde{K}_t(z)} = \frac{1-\alpha}{\alpha} \quad \forall_z \in [0,\ 1] \tag{7-8}$$

劳动力需求与资本需求的比值为一个常数，因此，边际成本 $mc_t = \frac{w_t^{(1-\alpha)}[r_t^k]^{\alpha}}{\varepsilon_t^A a^{\alpha}(1-\alpha)^{(1-\alpha)}}$ 也为一个常数。

t时期企业的名义收益为：

$$\prod\nolimits_t (P_t(z)) = ((1-\tau_{p,t}) P_t mc_t) \left[\frac{P_t(z)}{P_t}\right]^{-\frac{up}{up-1}} Y_t - P_t mc_t \Omega \tag{7-9}$$

这里 $\tau_{p,t}$ 是企业在不同时期缴纳的所得税的税率。在每一个时期，企业可以按照利润最大化的原则来调整其产品的名义价格水平 $P_t^*(z)$，在每一个时期，如果企业不能及时调整产品价格，则企业价格水平的变化遵循以下方程：

$$P_t(z) = \pi_{t-1}^{\xi_p} [\pi^*]^{(1-\xi_p)} P_{t-1}(z) \equiv \Gamma_{t,t-1} P_{t-1}(z) \tag{7-10}$$

因此，产品的名义价格水平与前期的通胀率水平以及长期的通胀率水平有关系。令 $\tilde{v}_t$ 为 t 时期利润最大化公司的价值，$v_t$ 为在 t 时期未实现利润最大化的公司的价值，其二者的关系为：

$$\tilde{v}_t = \max_{P_t^*}\left\{\prod_t(P_t(z)) + E_t\left[\beta\frac{\lambda_{t+1}}{\lambda_t}\frac{P_t}{P_{t+1}}((1-\alpha_p)\tilde{v}_{t+1} + \alpha_p v_{t+1}(\overset{*}{P}_t))\right]\right\} \tag{7-11}$$

以及

$$\begin{aligned} v_t(P_{t-1}(z)) = & \prod(\Gamma_{t,t-1}P_{t-1}(z)) \\ & + E_t\left[\beta\frac{\lambda_{t+1}}{\lambda_t}\frac{P_t}{P_{t+1}}((1-\alpha_p)\tilde{v}_{t+1} + \alpha_p v_{t+1}(\Gamma_{t,t-1}P_{t-1}(z)))\right] \end{aligned} \tag{7-12}$$

4. *劳动力供给部门*

每个家庭都是不同的劳动力服务的单独供应者。为了分析简洁，我们假定家庭为完全竞争市场的企业提供劳动力，同时，企业将单个家庭的劳动力供应通过 CES 方程转化成企业的总体劳动力投入：

$$L_t = [\int_0^1 L_t(h)^{\frac{1}{uw}}dh]^{uw} \tag{7-13}$$

这里 $uw = \frac{\theta_w}{\theta_w - 1}$，并且 $\theta_w > 1$ 是不同劳动力服务的替代弹性。家庭面临的劳动力需求曲线的替代弹性为常数 $L_t(h) = \left(\frac{W_t(h)}{W_t}\right)^{-\frac{uw}{uw-1}}L_t$，这里 $W_t = \left(\int_0^1 W_t(h)\frac{1}{1-uw}dh\right)^{1-uw}$ 是总体的工资率水平。

在以上四部门分析的基础上分别构建标准的凯恩斯货币政策 DSGE 模型。

除外生冲击外，构建的 DSGE 模型包含以下 17 个方程，

$$\hat{Y} = \hat{Z}_t + \alpha(\hat{u}_t + \hat{k}_t) + (1-\alpha)\hat{L}_t \tag{7-14}$$

$$R_t = \psi_1\pi_t + \psi_2\tilde{y}_t + \sigma_R\varepsilon_{1,t} \tag{7-15}$$

$$\hat{I}_t = \frac{1}{\delta}(\hat{K}_{t+1} - (1-\delta)\hat{K}_t) \tag{7-16}$$

$$\hat{I}_t = \frac{\beta}{1+\beta}E_t\{\hat{I}_{t+1}\} + \frac{1}{1+\beta}\hat{I}_{t+1} + \frac{1}{\phi_t(1+\beta)}\hat{q}_t \tag{7-17}$$

$$\hat{R}_{t+1}^k + \hat{q}_t = \frac{(1-\delta)q}{(1-\delta)q + r^k}\hat{q}_{t+1} + \frac{r_k}{(1-\delta)q + r_k}\hat{r}_{t+1}^k + \hat{\pi}_{t+1} \tag{7-18}$$

$$\tilde{y}_t - g_t = E[\tilde{y}_{t+1} - g_{t+1}] - (R_t - E[\pi_{t+1}]) \tag{7-19}$$

$$\hat{\lambda}_t = \frac{1}{1-\beta h}\left[\hat{\alpha}_t - \frac{1}{1-h}(\hat{C}_t - h\hat{C}_{t+1})\right] - \frac{\beta h}{1-\beta h}E_t\left\{\hat{\alpha}_{t+1} - \frac{1}{1-h}(\hat{C}_t - h\hat{C}_{t+1})\right\} \tag{7-20}$$

$$(\hat{b}_t - \hat{m}_t) - \hat{\lambda}_t = \frac{\beta}{1+\beta}E_t(\hat{R}_{t+1}) \tag{7-21}$$

$$\theta_{(np)} = [\beta,\ k,\ \rho_g,\ \rho_z,\ \sigma_g,\ \sigma_z]' \tag{7-22}$$

$$\pi_t = \beta E_t[\pi_{t+1}] + k(\tilde{y}_t - z_t - g_t) \tag{7-23}$$

$$g_t = \rho_g g_{t-1}\sigma_g \varepsilon_{g,t} \tag{7-24}$$

$$z_t = \rho_z z_{t-1} + \sigma_z \varepsilon_{z,t} \tag{7-25}$$

$$\hat{r}_t^k = \phi_u \hat{u}_t \tag{7-26}$$

$$\theta = [\theta'_{(p)},\ \theta'_{(np)}]' \tag{7-27}$$

$$\hat{M}_t = \rho_m \hat{M}_{t-1} + \phi_\pi \hat{\pi}_t + \phi_y \hat{Y}_t + \varepsilon_t^m \tag{7-28}$$

$$\hat{M}_t - \hat{M}_{t-1} - \hat{\pi}_t = \hat{m}_t - \hat{m}_{t-1} \tag{7-29}$$

$$\hat{Y}_t = c_y\hat{C}_t + i_y\hat{I}_t + k_y a'(1)\hat{u}_t + \frac{\pi_t\theta R^k K}{Y}\left(\hat{\pi}_t + \hat{R}_t^k + \hat{q}_{t-1} + \hat{K}_t + \frac{\eta\theta R^k K}{\theta}\right) \tag{7-30}$$

将式（7-14），式（7-15），式（7-22），式（7-23）代入式（7-30），同时令 $y_{1,t} = R_t$，$y'_{2,t} = [\tilde{y}_t,\ \pi_t]$，$y'_t = [y_{1,t},\ y'_{2,t}]$ 以及 $\theta_{(p)} = [\psi_1,\ \psi_2,\ \sigma_R]'$，可以得到：

$$y_{1,t} = x'_t\beta_1(g_{(p)}) + y'_{2,t}\beta_2(z_{(p)}) + \varepsilon_{1,t}\sigma_R(\theta_{(p)}) \tag{7-31}$$

$$y_{2,t} = \sum_{j=0} D_j^*(g_{(p)},\ z_{(np)})\varepsilon_{t-j} \tag{7-32}$$

$y_{1,t}$为货币政策规则方程，这里 $R_t$ 是名义利率水平，$\pi_t$ 是通胀率，$\tilde{y}_t$ 是产出缺口，$\varepsilon_{1,t}$是政策冲击，$g_t$ 为政府消费，$z_t$ 为技术水平，$D_j^\Delta(\theta_{(p)})$ 为待估计的未知参数，同时，令：$x'_t = [y'_{t-1},\ \cdots,\ y'_{t-p},\ 1]$，$\varepsilon_t = [\varepsilon_{1,t},\ \varepsilon_{g,t},\ \varepsilon_{z,t}]$，$\varepsilon_{g,t}$，$\varepsilon_{z,t}$为独立同分布的标准正态随机扰动项。该 DSGE 模型及货币政策规则方程需进行对数线性化并求解。

## 7.3　DSGE-VAR 模型的构建

在 DSGE 模型的基础上，构建 DSGE-VAR 分析模型，如前所述，DSGE 模型与 VAR 模型各有利弊，一般来说，标准的 DSGE 模型具有限制性的 VAR 方程的特性，因此，VAR 方程作为估计 DSGE 模型的非限制性标准得到了广泛的应用。因而，由于参数的多样性与时间序列的短期性，非限制性的 VAR 系数的估计在大多数情况下是不准确的，而且预测具有非常大的标准差。因此，我们采用贝叶斯方程来对这一问题进行处理，参照 Schorfheide（2010）的做法，我们假定所构建的货币政策 VAR 模型为如下形式：

$$z_t = A_0 + \sum_{i=1}^{p} A_i z_{t-1} + u_t \tag{7-33}$$

这里，$z_t$ 是被观察的变量的 N 维向量，$A_i$ 是模型系数矩阵，$u_t \sim NID(0, \sum_u)$ 为误差项，并且 p 为最大滞后阶数，方程式（7-36）可以写成矩阵形式为：

$$Z = XA + U \tag{7-34}$$

这里，Z 是 $T \times n$ 的矩阵，矩阵的行为 $Z_t$，X 为 $T \times (np+1)$ 的矩阵，矩阵的行为 $x_t = [1, z'_{t-1}, \cdots, z'_{t-p}]$，U 为 $T \times n$ 的矩阵，矩阵的行为 $u'_t$，$A = [A_0, A_1, \cdots, A_P]'$，T 为样本大小，其似然函数可以表示为：

$$f(Z \mid A, \sum{}_u) \propto \left| \sum{}_u \right|^{-T/2} \exp\left\{ -\frac{1}{2} tr\left[ \sum{}_u^{-1} (Z - XA)'(Z - XA) \right] \right\} \tag{7-35}$$

DSGE－VAR 模型可以作为是在 DSGE 模型的实际观测数据里加入了一些人工模拟的数据，并对这些人为数据与实际数据的混合数据进行 VAR 模型估计后得到的结果，比重参数 λ 表明了系数的优先程度，因此，如果 $\lambda = 0$，DSGE－VAR 模型变为非限制性的 VAR 模型，如果 $\lambda = \infty$，则 DSGE－VAR 模型变成 DSGE 模型的 VAR 表述形式。

考虑 DSGE 模型的变量 θ 与它的状态空间的特性，可以估算出人工数据的样本矩的值，$\Gamma^*_{zz} = E_\theta(z_t z'_t)$，$\Gamma^*_{zx} = E_\theta(z_t x'_t)$，$\Gamma^*_{xz} = E_\theta(x_t z'_t)$ 和 $\Gamma^*_{xx} = E_\theta(x_t x'_t)$，这个结合的 VAR 的系数 $\sum_u$ 与满足 θ 条件的 A 矩阵是一个逆 Wishart－Normal 形式：

$$\sum{}_u \mid \theta, \lambda \sim IW(\lambda T(\Gamma^*_{zz} - \Gamma^*_{zx}\Gamma^{*-1}_{xx}\Gamma^*_{xz}); \lambda T - (np - 1)) \tag{7-36}$$

$$A \mid \sum{}_u, \theta, \lambda \sim N(\Gamma^*_{xx}\Gamma^*_{xz}; \sum{}_u \otimes (\lambda T \Gamma^*_{XX})^{-1}) \tag{7-37}$$

这意味着 VAR 模型系数的后验分布为：

$$\sum{}_u \mid Z, \theta, \lambda \sim IW((\lambda + 1)T \hat{\sum}{}_u; (\lambda + 1)T - (np + 1)) \tag{7-38}$$

$$A \mid Z, \sum{}_u, \theta, \lambda \sim N(\hat{A}; \sum{}_u \otimes (\lambda T \Gamma^*_{xx} + X'X)^{-1}) \tag{7-39}$$

$\hat{A} = (\lambda T\Gamma^*_{xx} + X'X)^{-1}(\lambda T\Gamma^*_{xz} + X'Z)^{-1}))$，$\hat{\sum}_u = [(\lambda + 1)T]^{-1}[\lambda T(\Gamma^*_{zz} - \Gamma^*_{zx}) +$

$(Z'Z - Z'X\hat{A})$]，因此，可以看出，对于参数矩阵 A 来说，其 VAR 模型的后验分布估计值是 DSGE 模型矩阵估计值与非限定的 OLS 模型估计值的加权平均值，加权系数由混合系数 λ 来确定。

先验分布的假设是 DSGE 模型参数的先验分布的一个补充，我们可以定义一个混合系数 λ 的先验分布，其被定义为属于区间 [0, 1]，涉及 DSGE 模型的 VAR 系数与参数，包括 λ，被作为后验分布来一起估计。在 DSGE 模型中，一般 DSGE - VAR 模型参数的后验分布可以通过标准的最优化过程以及 Metropolis - Hastings 程序来实现，其重复计算次数为 12500 次。

在以上推导基础上建立的货币政策 DSGE - VAR 模型包含以下 8 个方程：

$$\begin{bmatrix} g_t \\ z_t \end{bmatrix} = \sum_{j=0}^{\infty}\left(\begin{bmatrix} p_g^j\sigma_g & 0 \\ 0 & p_z^j\sigma_z \end{bmatrix} + C_j^{\Delta}\right)\varepsilon_{2,t-j} = \sum_{j=0}^{\infty}(C_j^*(\theta_{(x)}^*) + C_j^{\Delta})\varepsilon_{2,t-j} \tag{7-40}$$

$$y_{2,t} = \sum_{j=0}^{\infty}[D_j^*(\theta_{(p)}, \theta_{(s)}, \theta_{(x)}^*) + \tilde{D}_j^{\Delta}(\theta_{(p)}, \theta_{(s)}, \theta_{(x)},)]\varepsilon_{t-j} \tag{7-41}$$

$$y_{1,t} = x_t'\beta_1(\theta_{(p)}) + y_{2,t}'\beta_2(\theta_{(p)}) + \varepsilon_{1,t}\sigma_R \tag{7-42}$$

$$y_{2,t}'(1 + \beta_2(\theta_{(\theta)})A_1) = y_{1,t}A_1 + x_t'(\psi - \beta_1(\theta_{(p)})A_1) + \varepsilon_{2,t}'A_2 \tag{7-43}$$

$$A_1 = A_1^*(\theta_{(p)}, \theta_{(np)}) + A_1^{\Delta} \tag{7-44}$$

$$A_2 = A_2^*(\theta_{(p)}, \theta_{(np)}) + A_2^{\Delta} \tag{7-45}$$

$$\theta_{(np)} = [\theta_{(s)}', \theta_{(x)}^{*\prime}, \theta_{(s)}^{\Delta\prime}]' \tag{7-46}$$

$$\theta_{(s)} = [\beta, k]', \theta_{(s)}^* = [\rho_g, \rho_z, \rho_g, \sigma_z]' \tag{7-47}$$

这里，$\theta_x^{\Delta}$ 为滞后项 $\sum_{j=0}^{\infty} C_j^{\Delta}L^j$ 的组成部分，矩阵 $D_j^{\Delta}$ 可以通过公式（7 - 36）推导得出，$\theta_{(x)}^{\Delta}$ 为政策定值，$A_1^*(\theta)$，$A_2^*(\theta)$ 为连接 DSGE 模型与 VAR 模型的参数矩阵，$A_1^*(\theta)$，$A_2^*(\theta)$ 的取值决定了货币政策 DSGE - VAR 模型的形式。

## 7.4　模型方程的对数线性化

在对称性均衡条件下，$P_t(i) = P_t$，$Y_t(i) = Y_t$，$K_t(i) = K_t$，$L_t(i) = L_t$，当政府预算约束均衡时，政府对家庭的转移支付等于其发行货币的收入，即 $X_t = M_t - M_{t-1}$，信贷市场满足 $B_t = D_t$，此外，DSGE 与 DSGE - VAR 模型稳态时，参数满足如下关系：$R = 1/\beta$，$\pi = 1$，$I = \delta K$，$r^k = R^k - (1 - \delta)$，$\alpha'(1) = r^k$，$\frac{R^k}{R} = \frac{1-\beta}{\phi}$，

对 DSGE 及 DSGE - VAR 模型涉及的以上 25 个方程进行对数线性化，并运用 Klein（2000）的方法求解，将模型的解表示成状态空间形式，然后建立刻画可观察变量与状态变量之间关系的测量方程，对数线性化模型的可观察变量对应于产出、消费、通货膨胀、货币供应量、工资、就业人数、企业家净财富及银行贷款数据取对数后进行 BP 滤波再减去均值后的数值。

## 7.5 模型的估计

模型估计的数据采用季度数据，避免了年度数据由于周期波动而导致的不稳定问题，同时，采用 Band - Pass Filter 方法去掉季节性因素。本书选用了 1993Q1 ~ 2015Q4 的季度数据，并用 BP 滤波对原始数据进行去势和季节性处理。模型中的其他变量实际消费水平、实际产出、实际工资、就业人数、通货膨胀、货币供应量、净财富和银行贷款量分别用实际社会消费品零售总额、实际 GDP、从业人员实际平均工资、城镇单位就业人数、消费者物价指数、货币供应量 M2、股票市值、金融机构贷款余额来代替。所有数据取自 CCER 数据库与中经网统计数据库。由于缺少 GDP 平减指数的数据，文中用定基 CPI 折算名义 GDP、名义消费品零售总额、从业人员平均工资、股票市价总值、金融机构各项贷款余额得到对应变量的实际值，所有数据取自 CCER 数据库与中经网数据库，所有参数估计采用 MATLAB 7 的 Dynare 软件包完成。

### 1. DSGE 模型参数的先验分布假设与贝叶斯估计

在估计参数之前，我们对部分参数的参数值进行校准，并对先验分布类型进行假设，部分参数的校准值与分布类型如表 7 - 1 所示：

**表 7 - 1　　参数的先验分布与贝叶斯估计结果**

| 参数 | 先验分布 | | | 后验分布 | | |
|---|---|---|---|---|---|---|
| | 分布类型 | 先验均值 | 标准差 | 最小值 | 后验均值 | 最大值 |
| $\varphi$ | 正态分布 | 4.00 | 1.50 | 2.27 | 2.66 | 3.21 |
| $\sigma_c$ | 正态分布 | 1.50 | 0.37 | 1.27 | 1.46 | 1.57 |
| h | 贝塔分布 | 0.70 | 0.10 | 0.45 | 0.50 | 0.58 |
| $\xi_w$ | 贝塔分布 | 0.50 | 0.10 | 0.57 | 0.61 | 0.62 |
| $\sigma_t$ | 正态分布 | 2.00 | 0.75 | 0.45 | 0.55 | 0.68 |

续表

| 参数 | 先验分布 | | | 后验分布 | | |
|---|---|---|---|---|---|---|
| | 分布类型 | 先验均值 | 标准差 | 最小值 | 后验均值 | 最大值 |
| $\xi_p$ | 贝塔分布 | 0.50 | 0.10 | 0.56 | 0.59 | 0.63 |
| $l_w$ | 贝塔分布 | 0.50 | 0.15 | 0.49 | 0.51 | 0.53 |
| $l_p$ | 贝塔分布 | 0.50 | 0.15 | 0.19 | 0.33 | 0.39 |
| $\psi$ | 贝塔分布 | 0.50 | 0.15 | 0.21 | 0.29 | 0.35 |
| $\lambda_p$ | 正态分布 | 1.25 | 0.12 | 1.77 | 1.84 | 1.89 |
| $\lambda_\pi$ | 正态分布 | 1.50 | 0.25 | 1.77 | 1.87 | 1.96 |
| $\rho$ | 贝塔分布 | 0.75 | 0.10 | 0.80 | 0.82 | 0.84 |
| $\gamma_y$ | 正态分布 | 0.12 | 0.05 | 0.09 | 0.10 | 0.11 |
| $\gamma_{\Delta y}$ | 正态分布 | 0.12 | 0.05 | 0.22 | 0.23 | 0.24 |
| $\pi$ | 伽马分布 | 0.62 | 0.10 | 0.64 | 0.65 | 0.66 |

表7-1中，$\varphi$、$\sigma_c$、h、$\xi_w$、$\sigma_t$、$\xi_p$、$l_w$、$l_p$、$\psi$、$\lambda_p$、$\lambda_\pi$、$\rho$，$\gamma_y$、$\gamma_{\Delta y}$，$\pi$分别表示企业投资成本、消费弹性系数、消费习惯、粘性工资水平、劳动力供给弹性、粘性价格、指数工资、指数价格、资本利用率、通胀率、内部收益率、产出增长率、投资增长率及稳态通胀率。表7-1的前三列给出了部分参数先验分布的分布类型、先验均值与标准差情况，后三列给出了参数后验分布的最小值、最大值以及均值。由表7-1可以看出，投资成本、消费弹性、消费习惯以及粘性工资先验分布类型分别为正态分布与贝塔分布，投资成本的先验均值为4，标准差为1.5，消费弹性均值为1.5，标准差为0.37；投资成本后验分布的最小值为2.27，最大值为3.21，均值为2.66；消费弹性后验分布的最小值为1.27，最大值为1.57，均值为1.46，消费习惯以及粘性工资后验分布的均值都比较小，分别为0.5与0.61。表明投资成本波动比较大，而消费弹性变化范围较小，此外，消费习惯与粘性工资先验均值及标准差都比较低，表明消费习惯与粘性工资的调整周期都比较短，小于一年的时间。劳动力供给弹性的先验分布类型为正态分布，均值为2，标准差为0.75，其后验分布的最小值、最大值及均值都比较小，分别为0.45、0.68、0.55，表明由于我国劳动力资源比较丰富，劳动力供给弹性比较大。粘性价格、指数工资、指数价格及资本利用率的先验分布类型都为贝塔分布，其先验分布均值都为0.5，标准差分别为0.1与0.15，后验分布的均值分别为0.59、0.51、0.33及0.29。通胀率、内部收益率、产出增长率及内部产出

增长率的分布类型都为正态分布，其先验均值分别为1.25、1.50、0.12及0.12，标准差为0.12、0.25、0.05及0.05，内部收益率、产出增长率及投资增长增长率的先验分布标准差都比较小，表明在观测期内三者的波动幅度比较小，后验分布均值为1.84、1.87、0.1及0.23，通胀率及内部收益率的后验分布均值比较大，而产出增长率及投资增长率的后验分布均值较小。稳态通胀率分布类型为伽马分布，先验分布标准差都为0.1，后者后验均值为0.65，比较小。

### 2. DSGE－VAR模型中比重参数的先验分布与贝叶斯估计

表7－2对DSGE－VAR模型的比重参数r进行了估计，通过对DSGE－VAR模型滞后两期估计后可以看到，r的后验分布的均值很低，这也导致DSGE－VAR模型的VAR特性比较明显，从比重参数的估计结果可以看出，DSGE－VAR模型的可信度为36.4%，而非限制性VAR模型的可信度为63.6%。随着滞后期数的提高，超级参数r的后验分布的均值逐渐增大，DSGE－VAR模型的可信度逐渐提高，当滞后期数为8时，超级参数r的后验分布均值为1.99，DSGE－VAR模型可信度为66.4，非限制性VAR模型的可信度为33.6，表明建立的DSGE－VAR模型是有效的。

**表7－2　DSGE－VAR模型比重参数的先验分布与贝叶斯估计结果**

| | 先验分布 | | 后验分布 | | | DSGE比重参数 | | |
|---|---|---|---|---|---|---|---|---|
| | 最小值 | 最大值 | 最小值 | 均值 | 最大值 | 最小值 | 均值 | 最大值 |
| DSGE－VAR2(r) | 0 | 10 | 0.44 | 0.58 | 0.69 | 30.8 | 36.4 | 40.7 |
| DSGE－VAR4(r) | 0 | 10 | 0.71 | 0.91 | 1.13 | 41.5 | 47.6 | 53.0 |
| DSGE－VAR6(r) | 0 | 10 | 1.14 | 1.41 | 1.67 | 53.2 | 58.3 | 62.5 |
| DSGE－VAR8(r) | 0 | 10 | 1.61 | 1.99 | 2.42 | 61.7 | 66.4 | 70.8 |

## 7.6　货币政策的实证分析

考虑不同分析模型下货币政策对产出缺口、通货膨胀率以及利率水平的影响，参照尼德罗和斯考特菲尔德（Negro and Schorfheide，2008）的做法，将式(7－14)、式（7－24)、式（7－25)、式（7－27）代入货币政策方程，同时，令：$p_t - p_{t-1} = \beta\pi_t(p_{t+1} - p_t) + \kappa x_t$，$x_t = \log Y_t - \log Y_t^*$，构建DSGE模型框架下货币政策方程，可得：

$$y_t=\frac{1+g^*}{\sigma+g^*}R_t+\frac{\alpha}{1-\beta}u_t+(p_t-p_{t-1})\alpha \tag{7-48}$$

同理，可得 DSGE－VAR 模型下的货币政策方程为：

$$y_t=(1+g^*)\frac{z^*}{g_t+\sigma}R_t+\frac{r_*^k}{e^r-1+\delta}\log u_t+g_{t*} \tag{7-49}$$

$y_t$，$R_t$，$u_t$ 分别表示产出缺口、利率水平及通货膨胀率，根据上述实证模型，我们采用我国 1993Q1～2015Q4 的关键经济变量产出缺口、通胀率及利率水平的宏观数据，分析在不同的 DSGE 与 DSGE－VAR 模型下货币政策对通胀率、产出缺口及利率水平等变量的影响，所有数据取自 CCER 数据库与中经网数据库，数据分析结果通过 Matlab7.7 软件实现，分别得到如图 7－1 所示的不同模型框架下的脉冲响应分析及方差分解结果。

图 7－1 为 DSGE 模型框架下产出缺口、通胀率及利率水平的脉冲响应分析图。

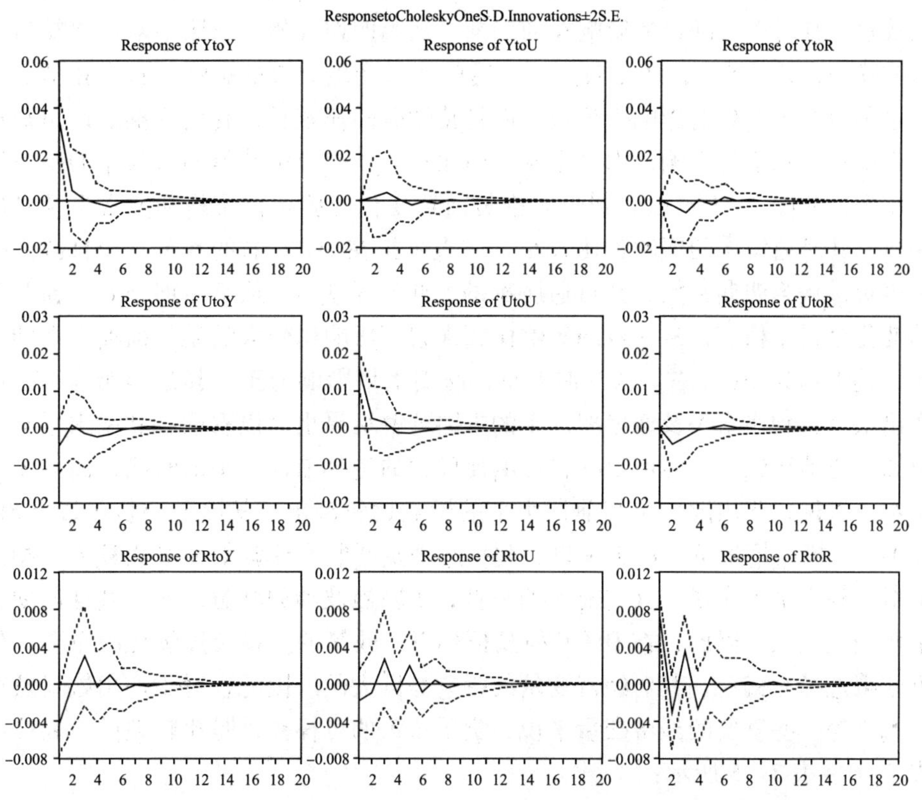


**图 7－1 DSGE 模型框架下产出缺口、通胀率及利率水平脉冲响应分析**

由图 7 -1 可以看出，在 DSGE 模型下，产出缺口、通胀率及利率水平受货币政策冲击影响都较大。其中，受影响最大的是利率水平，由图 7 -1 中可以看出，利率水平在前 5 期波动极大，这说明利率水平受货币政策冲击比较严重，特别是前期利率政策对本期利率水平会产生非常大的反向影响，这是预期对利率水平的影响。此外，产出缺口及通胀率水平对利率水平影响也是巨大的，影响方向与其自身前期的影响方向相同，而且在前 5 期，本期与上一期利率水平波动方向相反，这也表明利率政策的调整时期比较长，政策时滞比较大，政策惯性也比较强。因此，在 DSGE 模型框架下，利率水平作为一个比较直接的政策工具，可操作性比较差，而且其自身波动比较大，对经济的影响也比较大，不利于经济的稳定发展。其次，产出缺口受政策冲击也比较大，其中对其影响最大的是自身前期的影响。从图 7 -1 可以看出，在前三期，其对本期产出缺口的影响基本维持在 4% 左右的水平，从第四期开始，其影响逐渐减弱；从影响方向来看，在前三期，其影响方向为正值，从第四期开始，其影响方向为负值。利率水平及通胀率对产出缺口的影响与其前期水平相比来看比较小，通胀率的影响时间比较短，其对产出缺口的影响在前三期，从第四期开始，通胀率对产出缺口的影响降低，几乎为 0；从方向上看，通胀率对产出缺口的影响一直为正值。利率水平对产出缺口的影响为负值，而且持续时间比较长，在前 8 期，产出缺口一直受利率水平的影响，而且影响作用比较大。受货币政策冲击最小的是通胀率水平，从图 7 -1 可以看到，无论是前期变化的影响，还是利率水平及产出缺口，其对通胀率的影响都比较小，一直维持在 1% 左右的水平，而且持续时间很短，从第四期开始，其对通胀率的影响几乎为 0，从第四期开始，通胀率的变化也趋于稳定；从三者的影响比较来看，影响比较大的是其前期水平的影响，其影响为 1% 左右。从方向来看，前期水平影响为正，其余影响为负。从产出缺口、利率水平及通胀率水平的方差分解结果也可以看到，利率水平及产出缺口波动比较大，对产出缺口影响比较大的是其前期水平的影响，而对于利率水平来说，产出缺口及其前期水平的影响比较突出。从以上分析可以看出，在 DSGE 模型框架下，产出缺口、利率水平及通胀率受政策冲击比较大，特别是对于利率水平来说，其在前 5 期一直处于剧烈波动的状态，而且其受前期水平影响比较大。因此，在 DSGE 模型框架下，政策的选择及连续性很重要，如果政策选择有偏差，其对经济变量的影响是巨大的。因此，对于产出缺口及利率水平等一些重要的经济变量来说，货币政策的可操作性是比较差的。具体如表 7 -3 ~ 表 7 -5 所示：

表7-3 DSGE模型框架下产出缺口方差分解

| Period | S. E. | Y | R | U |
| --- | --- | --- | --- | --- |
| 1.000 | 0.127 | 100.000<br>(0.000) | 0.00<br>(0.000) | 0.000<br>(0.000) |
| 2.000 | 0.139 | 97.567<br>(12.214) | 0.02<br>(7.678) | 2.214<br>(8.546) |
| 3.000 | 0.142 | 96.453<br>(14.769) | 0.768<br>(9.435) | 3.256<br>(8.657) |
| 4.000 | 0.147 | 94.321<br>(16.675) | 1.980<br>(11.588) | 3.678<br>(9.677) |
| 5.000 | 0.148 | 93.124<br>(18.058) | 2.567<br>(12.658) | 3.897<br>(10.435) |
| 6.000 | 0.149 | 93.108<br>(19.443) | 2.890<br>(13.568) | 3.997<br>(10.687) |
| 7.000 | 0.149 | 92.879<br>(19.556) | 3.213<br>(14.556) | 4.145<br>(11.673) |
| 8.000 | 0.149 | 92.345<br>(20.478) | 3.478<br>(14.980) | 4.267<br>(11.435) |
| 9.000 | 0.149 | 92.377<br>(21.546) | 3.621<br>(15.669) | 4.458<br>(11.776) |
| 10.000 | 0.149 | 92.270<br>(21.556) | 3.897<br>(15.667) | 4.678<br>(12.448) |

表7-4 DSGE模型框架下利率水平方差分解

| Period | S. E. | Y | R | U |
| --- | --- | --- | --- | --- |
| 1.000 | 0.189 | 45.566<br>(16.445) | 54.678<br>(16.556) | 0.000<br>(0.000) |
| 2.000 | 0.197 | 48.547<br>(15.667) | 51.989<br>(16.768) | 0.100<br>(7.667) |
| 3.000 | 0.205 | 48.789<br>(16.554) | 51.565<br>(16.556) | 0.106<br>(8.667) |
| 4.000 | 0.207 | 49.056<br>(16.43) | 50.768<br>(16.445) | 0.105<br>(10.656) |
| 5.000 | 0.207 | 49.167<br>(16.567) | 50.657<br>(16.778) | 0.105<br>(10.887) |

续表

| Period | S. E. | Y | R | U |
|---|---|---|---|---|
| 6. 000 | 0. 207 | 49. 189<br>(16. 667) | 50. 654<br>(16. 775) | 0. 105<br>(11. 577) |
| 7. 000 | 0. 208 | 49. 214<br>(17. 667) | 50. 546<br>(16. 554) | 0. 106<br>(11. 669) |
| 8. 000 | 0. 208 | 49. 215<br>(17. 556) | 50. 547<br>(16. 544) | 0. 107<br>(12. 779) |
| 9. 000 | 0. 208 | 49. 217<br>(17. 776) | 50. 435<br>(16. 554) | 0. 107<br>(12. 665) |
| 10. 000 | 0. 209 | 49. 224<br>(17. 578) | 50. 223<br>(16. 648) | 0. 107<br>(12. 659) |

表 7-5　　DSGE 模型框架下通胀率水平方差分解

| Period | S. E. | Y | R | U |
|---|---|---|---|---|
| 1. 000 | 0. 007 | 15. 899<br>(13. 335) | 11. 334<br>(10. 657) | 72. 566<br>(14. 866) |
| 2. 000 | 0. 007 | 15. 657<br>(13. 046) | 18. 556<br>(14. 045) | 66. 689<br>(15. 455) |
| 3. 000 | 0. 007 | 14. 987<br>(12. 866) | 20. 789<br>(13. 467) | 64. 889<br>(15. 745) |
| 4. 000 | 0. 007 | 14. 678<br>(12. 846) | 21. 564<br>(14. 265) | 63. 657<br>(16. 067) |
| 5. 000 | 0. 007 | 14. 587<br>(12. 755) | 21. 890<br>(14. 145) | 63. 556<br>(16. 157) |
| 6. 000 | 0. 007 | 14. 567<br>(12. 744) | 22. 009<br>(14. 467) | 63. 667<br>(16. 289) |
| 7. 000 | 0. 007 | 14. 565<br>(12. 867) | 22. 067<br>(14. 378) | 63. 489<br>(16. 278) |
| 8. 000 | 0. 007 | 14. 533<br>(12. 889) | 22. 154<br>(14. 478) | 63. 367<br>(16. 355) |
| 9. 000 | 0. 007 | 14. 516<br>(12. 867) | 22. 178<br>(14. 378) | 63. 345<br>(16. 456) |
| 10. 000 | 0. 007 | 14. 435<br>(12. 858) | 22. 190<br>(14. 486) | 63. 332<br>(16. 469) |

图7－2为DSGE－VAR模型框架下产出缺口、通胀率及利率水平的脉冲响应分析图。

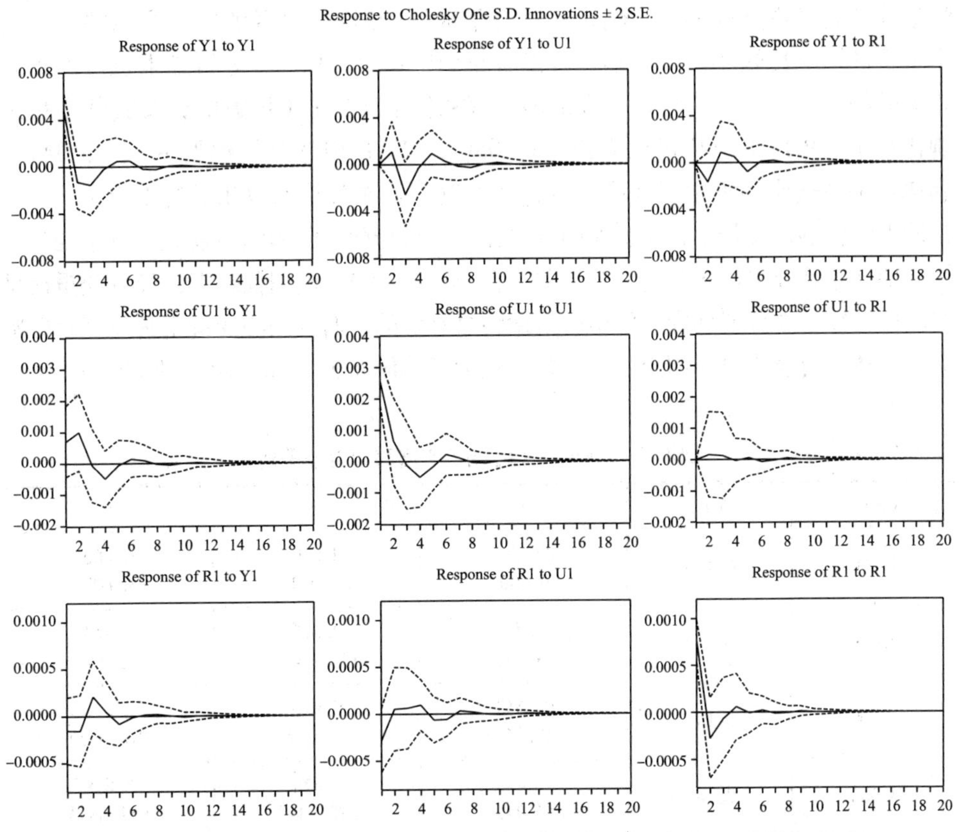


**图7－2　DSGE－VAR模型框架下产出缺口、通胀率及利率水平脉冲响应分析**

由图7－2可以看到，在DSGE－VAR模型分析框架下，产出缺口、通胀率及利率水平等经济变量受货币政策冲击影响较小。其中，受影响最小的是产出缺口，由图7－2可以看到，产出缺口受前期水平的影响为0.004%，持续时间也比较短；而且从方向可以看出，三者对产出缺口的影响方向一致，在前两期，影响为正，从第三期开始，影响作用为负值，从第五期开始，影响几乎为0，三者对产出缺口的影响方向与作用几乎一致。因此，从这个角度来说，便于央行制定统一的货币政策。其次，三者对产出缺口的影响作用很小，除前期影响比较大外，另二者对产出缺口的影响一直维持在0.002%的水平。而对于利率水平来说，在分析期内，其波动是比较小的，从图7－2可以看出，其受前期水平的影响最大为0.0005%，而且持续时间比较短，从第四期开始，其对利率水平的影响为0，一直持续到期末，产出缺口及通胀率对利率水平的影响也很小，而且其对利率水平的影响方向一致，持续时间短。通胀率的分析与前二者分析基本一致，其中影响最大的是受本身前期的影响，其对通胀水平的影响为0.002%，产出缺口及利率水平的影响比较小，三者影响持续时间都比较短。从方差分析结果也可以得到相似的结论，对三者影响比较大的因素都来自于自身前期的影响，受其他变量影响比较小。由以上分析可以看出，在DSGE－VAR模型分析框架下，产出缺口、利率水平及通胀率等主要经济变量波动比较小，在分析期内几乎趋于稳定，受政策冲击的影响都比较小；在影响因素里面，其自身前期的影响比较大，三个变量从第四期开始就几乎趋于稳定。这表明，在DSGE－VAR模型框架下，经济变量波动时间比较短，在分析期内，货币政策调整是有效的，而且经济变量受其他因素影响方向一致，也便于央行制定统一的货币政策。具体如表7－6～表7－8所示：

**表7－6　　DSGE－VAR模型框架下产出缺口方差分解**

| Period | S. E. | Y | Y | U |
|---|---|---|---|---|
| 1.000 | 0.123 | 100.000<br>(0.000) | 0.000<br>(0.000) | 0.000<br>(0.000) |
| 2.000 | 0.132 | 97.435<br>(23.343) | 0.015<br>(10.554) | 1.445<br>(22.443) |
| 3.000 | 0.145 | 95.554<br>(17.554) | 0.876<br>(12.657) | 2.876<br>(18.432) |
| 4.000 | 0.146 | 94.445<br>(15.443) | 1.678<br>(12.434) | 3.878<br>(17.655) |
| 5.000 | 0.147 | 93.565<br>(15.445) | 2.656<br>(12.347) | 3.776<br>(17.789) |
| 6.000 | 0.147 | 93.676<br>(15.456) | 2.765<br>(12.565) | 3.567<br>(17.579) |
| 7.000 | 0.147 | 92.478<br>(15.450) | 3.980<br>(12.623) | 4.890<br>(17.698) |
| 8.000 | 0.147 | 92.478<br>(15.670) | 3.554<br>(12.337) | 4.544<br>(17.665) |
| 9.000 | 0.148 | 92.668<br>(15.325) | 3.667<br>(12.324) | 4.387<br>(17.556) |
| 10.000 | 0.157 | 92.469<br>(15.556) | 3.673<br>(12.379) | 4.489<br>(17.329) |

表7－7　　DSGE－VAR模型框架下利率水平方差分解

| Period | S. E. | Y | R | U |
|---|---|---|---|---|
| 1. 000 | 0. 145 | 45. 567<br>(15. 445) | 54. 435<br>(15. 436) | 0. 000<br>(0. 000) |
| 2. 000 | 0. 187 | 48. 55<br>(15. 447) | 51. 439<br>(15. 665) | 0. 096<br>(21. 289) |
| 3. 000 | 0. 205 | 48. 498<br>(15. 166) | 51. 458<br>(12. 897) | 0. 109<br>(18. 356) |
| 4. 000 | 0. 205 | 48. 554<br>(15. 336) | 50. 346<br>(12. 776) | 0. 102<br>(17. 768) |
| 5. 000 | 0. 205 | 49. 454<br>(15. 333) | 50. 679<br>(12. 657) | 0. 102<br>(17. 655) |
| 6. 000 | 0. 205 | 49. 245<br>(15. 154) | 50. 689<br>(12. 654) | 0. 102<br>(17. 454) |
| 7. 000 | 0. 205 | 49. 154<br>(15. 232) | 50. 768<br>(12. 787) | 0. 103<br>(17. 608) |
| 8. 000 | 0. 206 | 49. 144<br>(15. 256) | 50. 789<br>(12. 865) | 0. 104<br>(17. 465) |
| 9. 000 | 0. 206 | 49. 144<br>(15. 287) | 50. 754<br>(12. 543) | 0. 104<br>(17. 443) |
| 10. 000 | 0. 206 | 49. 145<br>(15. 289) | 50. 757<br>(12. 434) | 0. 104<br>(17. 443) |

表7－8　　DSGE－VAR模型框架下通胀率水平方差分解

| Period | S. E. | Y | R | U |
|---|---|---|---|---|
| 1. 000 | 0. 154 | 15. 767<br>(14. 455) | 11. 546<br>(12. 565) | 72. 65<br>(16. 665) |
| 2. 000 | 0. 164 | 15. 237<br>(14. 556) | 18. 234<br>(13. 556) | 66. 76<br>(17. 677) |
| 3. 000 | 0. 165 | 14. 707<br>(14. 667) | 20. 567<br>(12. 455) | 64. 678<br>(17. 445) |
| 4. 000 | 0. 169 | 14. 687<br>(14. 335) | 21. 766<br>(12. 546) | 63. 897<br>(17. 566) |
| 5. 000 | 0. 169 | 14. 56<br>(15. 678) | 21. 789<br>(12. 889) | 63. 546<br>(17. 667) |

续表

| Period | S. E. | Y | R | U |
|---|---|---|---|---|
| 6.000 | 0.169 | 14.534<br>(15.323) | 21.966<br>(12.678) | 63.435<br>(17.545) |
| 7.000 | 0.169 | 14.523<br>(15.145) | 22.015<br>(12.434) | 63.324<br>(17.455) |
| 8.000 | 0.169 | 14.521<br>(15.245) | 22.054<br>(12.285) | 63.213<br>(17.443) |
| 9.000 | 0.169 | 14.534<br>(15.234) | 22.065<br>(12.356) | 63.213<br>(17.546) |
| 10.000 | 0.171 | 14.521<br>(15.456) | 22.089<br>(12.345) | 63.134<br>(17.368) |

## 7.7 本章小结

本章以DSGE模型为基础，将DSGE模型与VAR模型结合起来，利用二者的特点，发挥二者分析与预测的优势，构建了一个包含家庭、中间产品部门、最终产品部门以及劳动力供给的四部门DSGE－VAR模型。并与DSGE模型结合起来，利用我国1993Q1～2015Q4的季度数据，比较了在不同的模型分析框架下，货币政策对不同经济变量产出缺口、通胀率及利率水平的影响机理，最后对两种模型的货币政策分析能力进行了比较。通过分析发现，在DSGE模型下，产出缺口、通胀率及利率水平受货币政策冲击影响都较大。其中，受影响最大的是利率水平，其在前5期一直处于剧烈波动的状态，受前期水平影响比较大，而且本期与上一期利率水平波动方向相反。这表明，在DSGE模型框架下，利率水平作为一个比较直接的政策工具，可操作性比较差，而且其自身波动比较大，对经济的影响也比较大，不利于经济的稳定发展。因此，在DSGE模型框架下，政策的选择及连续性很重要，如果政策选择有偏差，其对经济变量的影响是巨大的。因此，对于产出缺口及利率水平等一些重要的经济变量来说，货币政策可操作性是比较差的。在DSGE－VAR模型分析框架下，产出缺口、通胀率及利率水平等经济变量受货币政策冲击影响较小。其中，受影响最小的是产出缺口，而且产出缺口受三者影响方向几乎一致，在前两期，影响为正，从第三期开始，影响作用为负值，从第五期开始，影响几乎为0，三者对产出缺口的影响方向与作用几乎一致，便于制定统一的货币政策。通胀率与利率水平受政策冲击也比较小，持续时间比较短，在影响自身变化的因素里面，其自身前期的影响比较大，这表明，在 DSGE－VAR 模型框架下，政策调整时间比较短。在分析期内，货币政策调整是有效的，而且经济变量受其他因素影响方向一致，便于央行制定统一的货币政策。因此，从这个意义上说，集合了 DSGE 与 VAR 模型优势的 DSGE－VAR 模型比单纯的 DSGE 模型更具有政策价值。

# 第 8 章

# 粘性价格、零通胀政策与中国经济波动

## 8.1 引　　言

法国经济学家莫里斯·阿莱（Maurice Allais）提出的零通胀政策或无通胀的增长政策，是一个国家经济增长的假说，也是一个国家物价水平发展的最理想状态。他认为，没有通货膨胀的增长是最优的，“过度的通货膨胀以及为了校正前一段时期货币超量发行而采取的通货紧缩政策这两者的不断交替发生，一般来说对经济增长都十分有害”。因此，零通胀政策一度成为西方国家央行制定经济政策的基准，将通货膨胀作为经济发展的头号公敌，将反通胀作为货币政策的首要目标。目前，对于通货膨胀的作用，理论界有三种观点，即促进论、促退论和中性论。一般认为，消除通胀可以有效提高社会整体福利水平，减少由于市场垄断及价格粘性导致的分配效率低下问题。当然，受各个国家经济发展条件的影响，零通胀政策并不一定完全实现。另一种观点即最优货币政策，凯恩斯框架下最优货币政策规则不仅可以指导中央银行制定出切实可行的货币政策，而且可以提高货币政策的有效性、可信性和透明性，优化资源配置，实现社会产能最大化，促进经济的平稳发展。

目前，西方国家对于这两种政策的讨论比较多，如金（King，1996，1999），加利（Gali，1999，2002），伍德福德（Woodford，1999）等，主要以粘性价格理论为基础，侧重讨论零通胀与最优政策均衡的实现以及对宏观经济变量的影响，采用实证分析的方法。国内的论述主要侧重于最优货币政策，包括最优货币政策实施的条件、均衡的实现以及对宏观经济的影响，如易纲（2002）、刘斌（2003）和王宏涛（2011）等。零通胀政策的论述尚少，讨论的主要内容也仅限于对零通胀现象的描述以及国外相关理论的转述，如赵果庆（2008）、郑艳艳（2011）等。当然，在现实经济中，绝对的零通胀率对经济增长也并无大益，但这种政策手段毕竟也为控制物价水平的过快增长提供了一种途径。本书认为，零通胀政策对我们目前的经济发展还是有重要的指导意义的。一方面，改革开放后，由于不同的历史原因，我国的物价水平曾出现大幅度上涨。依据国家统计局的数据，1978～2014 年，我国居民消费价格指数（CPI）平均为 5.3%，有些年份如 1994 年增长达到 20% 以上，最近几年，物价水平有所回落，物价水平的过快增长给我国经济增长及居民生活造成了比较大的影响，因此，在我国经济发展的不同时期，控制物价水平的过快增长也成为政府政策的一个很大问题。而同期美国的 CPI 的变化则相对稳定，维持在年均 3% 的水平，而且我国 CPI 的变化受政策影响非常明显，CPI 的变化与我国不同时期的政策出台有密切关系。另一方面，随着我国经济改革的持续深入，越来越多的不可控经济因素涌现出来，同时由于经济部门对生产要素的需求持续膨胀，维持物价水平的相对稳定，防止通货膨胀的发生也成为经济调控的重要内容。

对于一个国家来说，零通胀与最优货币政策都是调控经济，稳定物价，促进社会稳定发展的有力政策工具，那么这两种政策如何选择呢？其对一个国家主要经济变量的影响是怎样的呢？从这样的切入点，本书利用我国历年数据，试图构建一个包括家庭与厂商的粘性价格模型来分析不同政策下，我国主要经济变量的关系及动态变化过程，以此来判断不同政策因素对我国主要经济变量的影响。本书思路如下：首先，构建一个包含厂商与家庭的粘性价格模型，并推导出在不同政策下，产出缺口、通胀率以及利率水平的动态模型；其次，利用蒙特卡罗数值模拟方法，对模型变量进行赋值，并检验粘性价格模型的适用性；最后，利用我国 1994～2014 年的数据进行实证分析，分析在不同的政策环境下，主要经济变量产出缺口、通胀率以及利率水平关系及动态变化过程，以此来分析不同政策对经济的影响。

本书的总体结构如下：第一部分在粘性价格模型的基础上，构建了包含线性生产函数的动态随机均衡模型；第二部分讨论了最优货币政策的实现及均衡问题；第三部分讨论零通胀及其实现过程；第四部分采用我国 1994～2014 年的数据，分别比较了在最优政策与零通胀政策下的动态均衡以及不同政策对我国主要经济变量的影响；第五部分为结论。

## 8.2 模型构建

参考卡尔沃（Calvo）的价格分析过程，构建一个粘性价格模型。为了分析问题的方便以及考虑到我国经济社会的现实，这个模型不包含资本积累以及个人家庭财富的不均衡。

1. 家庭

代表性家庭一生的期望效用为：

$$E_0 \sum_{t=0}^{\infty} \beta^t \left( \frac{C_t^{1-\sigma} - 1}{1 - \sigma} - \frac{H_t^{1+\chi}}{1 + \chi} \right) \tag{8-1}$$

在这里，$\beta$ 是折现因子（$0 < \beta < 1$），$C_t$ 是消费价格指数，$H_t$ 是家庭在 t 时期的工作时间。家庭在零售市场购买不同类别的商品，并通过 Dixit - Stiglitz（1977）模型可以对产品进行组合。其公式为：

$$C_t = \left( \int_0^1 C_t(z)^{(\varepsilon-1)/\varepsilon} dz \right)^{\varepsilon/(\varepsilon-1)}, \ (\varepsilon > 1) \tag{8-2}$$

这里 $C_t(z)$ 是对产品 z 的需求量，$\varepsilon$ 为不同产品之间的替代弹性。家庭获得产品的最小总成本为 $P_t(z)$，最小总成本以需求曲线的形式表示如下：

$$C_t(z) = \left( \frac{P_t(z)}{P_t} \right)^{-\varepsilon} C_t \tag{8-3}$$

这里社会平均价格水平 $P_t$ 被定义为：

$$P_t = \left( \int_0^1 P_t(z)^{1-\varepsilon} dz \right)^{1/(1-\varepsilon)} \tag{8-4}$$

在每一个时期，$t = 0, 1, \cdots$，家庭在每一个时期的预算限制下选择消费 $C_t$、劳动力 $H_t$ 和名义债券组合 $B_{t+1}$ 来最大化公式（8 - 1），数列预算限制为：

$$C_t + E_t \left( Q_{t,t+1} \frac{B_{t+1}}{P_{t+1}} \right) = \frac{B_t}{P_t} + (1 + \eta) \frac{W_t}{P_t} H_t + \Phi_t - T_t \tag{8-5}$$

这里 $Q_{t,t+1}$ 是计算在 t + 1 时期消费物品的实际价值的随机折现因子，$W_t$ 是名义工资水平，$T_t$ 是定额税，$\Phi_t$ 是实际的个人收入。劳动津贴是工资的一个比例，而且会给予特殊的家庭，这里 $\eta$ 表示劳动津贴的固定比例。此外，劳动津贴的大小会抵消非完全竞争市场的价格扭曲。家庭最优化的一阶条件是：

$$C_t^{\sigma} H_t^{\chi} = (1 + \eta) \frac{W_t}{P_t} \tag{8-6}$$

$$Q_{t,t+1}=\beta\left(\frac{C_t}{C_{t+1}}\right)^{\sigma} \tag{8-7}$$

$$E_t\left(Q_{t,t+1}\frac{1}{P_{t+1}}\right)=\frac{1}{R_tP_t} \tag{8-8}$$

将式（8 -7）代入式（8 -8）可得到欧拉方程：

$$\beta R_tE_t\left[\left(\frac{C_t}{C_{t+1}}\right)^{\sigma}\frac{P_t}{P_{t+1}}\right]=1 \tag{8-9}$$

2. 企业

企业按照卡尔沃模型（1983）来确定价格。将公司作为一个整体，$1-\alpha$ 部分允许改变价格，其他的部分 $\alpha$ 不允许改变价格。此外，每个企业生产分类的产品 z，其生产函数为规模报酬不变的生产函数，如下式所示：

$$Y_t(z)=A_tH_t(z) \tag{8-10}$$

这里 $Y_t(z)$ 是 z 企业在 t 时期的产量水平，$H_t(z)$ 是企业的劳动时间，企业技术发展过程的对数形式遵循 AR（1）过程。

$$a_t=\rho_a a_{t-1}+e_{at},\ (0\leqslant\rho_a<1) \tag{8-11}$$

这里，$a_t(=\log A_t)$ 为在 t 时期对数形式的技术水平，技术冲击 $e_{at}$ 是独立同分布的随机变量，其均值为 0，标准差为 $\sigma_a$。企业在 t 时期为了实现最优价格可以改变产品价格，为了最大化未来的预期收益，其最优价格为 $P_t^*$。

$$\sum_{k=0}^{\infty}\alpha^kE_t\left[Q_{t,t+k}\left(\frac{P_t^*}{P_{t+k}}-mc_{t+k}\right)\times\left(\frac{P_t^*}{P_{t+k}}\right)^{-\varepsilon}Y_{t+k}\right] \tag{8-12}$$

这里，$Q_{t,t+k}(=\beta^k(C_t/C_{t+k})^{\sigma})$ 是 t + k 时期的消费商品的随机折现因子，$Y_t$ 是总需求，$Y_t=\left[\int_0^1 Y_t(z)^{(\varepsilon-1)/\varepsilon}dz\right]^{\varepsilon/(\varepsilon-1)}$，此外，$mc_t$ 表示 t 时期的实际边际成本，$mc_t=\frac{W_t}{A_tP_t}$。

由以上可以看出，上述所描述的实际边际成本的值不取决于企业的产量水平，只要企业的生产函数表现为规模报酬不变，而且投入品在一个完全竞争的市场上是完全弹性的就可以确定边际成本。比较式（8 -12）和 $P_t^*$ 可以得到下面的一阶条件：

$$\sum_{k=0}^{\infty}\alpha^kE_t\left[Q_{t,t+k}\left(\frac{P_t^*}{P_{t+k}}-\frac{\varepsilon}{\varepsilon-1}mc_{t+k}\right)\times P_{t+k}^{\varepsilon}Y_{t+k}\right]=0 \tag{8-13}$$

此外，上述所述的 Calvo 价格模型可以修改为如式（8 -14）所示的方程：

$$P_t=\left[(1-\alpha)(P_t^*)^{1-\varepsilon}+\alpha P_{t-1}^{1-\varepsilon}\right]^{1/(1-\varepsilon)} \tag{8-14}$$

通过对这个方程进行变换可以得到：

$$1=(1-\alpha)(p_t^*)^{1-\varepsilon}+\alpha(1+\pi_t)^{\varepsilon-1} \tag{8-15}$$

这里 $p_t^*=P_t^*/P_t$ 表示 t 时期新价格的相对价格，$\pi_t=(P_t-P_{t-1})/P_{t-1}$ 表示 t－1 期与 t 期的通货膨胀率。

3. 社会资源限制

在任何价格决定的粘性价格模型中，相对价格在不同的企业中是不同的，大多数情况是，当不同企业有不同的相对价格时，由不同类型商品衡量的总需求与由生产要素投入确定的总产出有差异。为了分析这种差异，企业私人产出采用线性形式：

$$A_tH_t = Y_t\int_0^1\left(\frac{P_t(z)}{P_t}\right)^{-\varepsilon}dz \tag{8-16}$$

这里 $H_t = \int_0^1 H_t(z)dz$，因此将相对价格失真定义为：

$$\Delta_t = \int_0^1\left(\frac{P_t(z)}{P_t}\right)^{-\varepsilon}dz \tag{8-17}$$

总产出与要素投入的关系可以写为：

$$Y_t=\frac{A_t}{\Delta_t}H_t \tag{8-18}$$

因此，t 时期的社会资源限制可以表述为：

$$\frac{A_t}{\Delta_t}H=C_t+G_t \tag{8-19}$$

这里 $G_t$ 是 t 时期的政府支出水平，政府购买是社会消费水平的一个组成部分，

$$G_t=g_tC_t$$

$g_t$ 是外生变量。此外，将卡尔沃模型中相对价格失真的定义写为：

$$\Delta_t=(1-\alpha)(p_t^*)^{-\varepsilon}+\alpha(1+\pi_t)^{\varepsilon}\Delta_{t-1} \tag{8-20}$$

将式（8－15）代入式（8－20）可以得到相对价格失真公式的变化形式：

$$\Delta_t=(1-\alpha)\left[\frac{1-\alpha(1+\pi_t)^{\varepsilon-1}}{1-\alpha}\right]^{\varepsilon/(\varepsilon-1)}+\alpha(1+\pi_t)^{\varepsilon}\Delta_{t-1} \tag{8-21}$$

4. 粘性与弹性均衡价格

在卡尔沃模型中，$\alpha=0$ 表明价格具有完全弹性，在这一模型中，政府确定的劳动补贴率为 $\eta=1/(\varepsilon-1)$。同时，式（8－14）与式（8－15）表明，t 时期

的真实工资率为 $W_t/P_t=[(\varepsilon-1)/\varepsilon]A_t$，在这种情况下，$\alpha=0$。因此，将方程式代入式（8－6）并且令 $\eta=1/(\varepsilon-1)$，得到下式：

$$(C_t^*)^{\sigma}\times(H_t^*)^{\chi}=A_t \tag{8-22}$$

这里 $C_t^*$ 和 $H_t^*$ 分别是弹性价格均衡时的总消费水平和工作时间。式（8－22）表明消费水平与劳动的边际替代率和劳动的边际生产率相等。通过财政政策抵消了由于产品市场的不完全竞争导致的价格失真，弹性价格达到了最优配置。因此这是一个完全的竞争性均衡。

由于 t 时期的政府支出表示为 $G_t=g_tC_t^*$，在弹性价格模型中，社会资源限制变为：

$$Y_t^*=(1+g)_tC_t^* \tag{8-23}$$

这里 $Y_t^*$ 是弹性价格模型中的有效产出水平，将社会资源限制与生产函数代入式（8－22），在有效弹性价格均衡条件下产出为 $Y_t^*=A_t^{(1+\chi)(\sigma+\chi)}(1+g_t)^{\sigma/(\sigma+\chi)}$，自然产出水平是指在有效弹性价格均衡的条件下社会产出水平。从式（8－23）可以看出，自然产出水平不依赖于货币政策。

将式（8－13）与式（8－18）代入式（8－6），我们可以得到粘性价格均衡时的实际边际成本：

$$(1+\eta)mc_t=\left(\frac{Y_t}{Y_t^*}\right)^{\sigma+\chi}\Delta_t^{\chi} \tag{8-24}$$

## 8.3　零通胀政策及其均衡

考虑价格稳定状态下，相对价格失真的均衡动态过程。令 $\overline{\Delta}_t$ 是零通胀政策下 t 时期相对价格失真水平，令 $\pi_t=0$ 在式（8－7）中，得到 $\overline{\Delta}_t$ 的差分方程：

$$\overline{\Delta}_t=(1-\alpha)+\alpha\,\overline{\Delta}_{t-1} \tag{8-25}$$

为了计算价格稳定时期的产出缺口，将 $\pi_t=0$ 代入式（8－15）得到 $p_t^*=1$。此外，令 $\pi_t=0$ 及 $p_t^*=1$，在式（8－14）中，在价格稳定情况下的边际成本为常数，得到 $(1+\eta)mc_t=1$，然后，将 $(1+\eta)mc_t=1$ 代入式（8－24），方程两边同时取对数，可以得到，在零通胀政策下，产出缺口为对数形式的价格失真水平的比例：

$$\bar{x}_t=-\frac{\chi}{\chi+\sigma}\log\overline{\Delta}_t \tag{8-26}$$

这里，$\bar{x}_t(=\log\bar{Y}_t-\log Y_t^*)$ 是在价格稳定状态时均衡产出对数形式的绝对偏差。为了计算零通胀政策下的名义利率，由于消费缺口与产出缺口相等，因此，$\bar{C}_t=\Delta_t^{-\chi/(\sigma+\chi)}C_t^*$。将这个方程代入式（8－9），在价格稳定时的总体名义利率用$\bar{R}_t$ 表示，可以写为：

$$\bar{R}_t=R_t^*\left(\frac{\bar{\Delta}_{t+1}}{\bar{\Delta}_t}\right)^{-\frac{\sigma\chi}{(\chi+\sigma)}} \tag{8－27}$$

## 8.4 零通胀与最优货币政策在中国的检验

在前述理论分析的基础上，根据式（8－7）、式（8－15）、式（8－20）以及式（8－21），我们可以得到最优政策以及零通胀政策下产出缺口、利率缺口及通胀率关系的实证模型。

产出缺口 $$x_t=-\frac{1+\chi}{\sigma+\chi}(p_t-p^{\circ}) \tag{8－28}$$

利率 $$R_t=\left(\frac{\Delta_{t+1}}{\Delta_t}\right)^{[(1-\sigma)\chi]/(\sigma+\chi)}R_t^* \tag{8－29}$$

通胀率 $$\pi_t=\frac{\Delta_t-\Delta_{t-1}}{\Delta_{t-1}} \tag{8－30}$$

为了分析问题的简便，我们假定 $[(1-\sigma)\chi]/(\sigma+\chi)=1$，同时，将

$$\Delta=\frac{1-\alpha}{1-\alpha(1+\pi)^{\varepsilon}}\left(\frac{1-\alpha(1+\pi)^{\varepsilon-1}}{1-\alpha}\right)^{\frac{\varepsilon}{\varepsilon-1}} \tag{8－31}$$

$$p_t-p_{t-1}=\beta\pi_t(p_{t+1}-p_t)+\kappa x_t \tag{8－32}$$

$$x_t=\log Y_t-\log Y_t^* \tag{8－33}$$

$$P_t=\frac{P_{-1}}{\Delta_{-1}}\Delta_t \tag{8－34}$$

代入上述公式，以上方程组可以简化为：

$$x_t=\frac{1+\chi}{\sigma+\chi}R_t+\frac{\alpha}{1-\beta}\pi_t+(p_t-p_{t-1})\alpha \tag{8－35}$$

同理，根据式（8－42）、式（8－43）及式（8－44）可以得到零通胀政策下产出缺口、利率缺口及通胀率的实证模型为：

$$\bar{x}_t=-\frac{\chi}{\chi+\sigma}\log R_t+\frac{\alpha\beta+1}{1-\alpha}\pi_t \tag{8－36}$$

为验证前述理论模型的合理性，我们采用 MCMC 数值模拟算法来对模型变

量进行检验。MCMC 数值模拟算法采用 Crystal Ball 软件的 OptQuest 模块。在数值模拟时，对部分方程形式进行限定，消费采用对数效用方程形式，工作时间采用二次方程形式，二者作为基准的参数值。

为了确定 $\alpha$ 的值，对式（8－14）、式（8－15）及式（8－24）在零通胀条件下取对数并线性化，然后结合三个方程，得到一个方程形式的菲利普斯曲线，$p_t - p_{t-1} = \beta\pi_t(p_{t+1} - p_t) + \kappa x_t$，这里 $\pi = (1-\beta)(1-\alpha\beta)\frac{(\sigma+\chi)}{\alpha}$，罗登堡和伍德福德（Rotemberg and Woodford，1997）估计出菲利普斯曲线的斜率为 0.024。考虑到上述参数值，$\alpha=0.9$ 与 $k=0.024$ 二者结构一致。因此，$\alpha=0.9$ 是一个名义价格刚性的参照值。为了验证不同状态的价格水平，对 $\alpha$ 取值，分别为 $\alpha=0.6$，$\alpha=075$，$\alpha=0.9$。

在动态化的过程中，假定初始状态经济维持在一个具有长期通胀率的稳定状态。此外，相对价格失真水平的变化方程式（8－21）表明稳定状态由以下方程确定：

$$\Delta = \frac{1-\alpha}{1-\alpha(1+\pi)^{\varepsilon}}\left(\frac{1-\alpha(1+\pi)^{\varepsilon-1}}{1-\alpha}\right)^{\frac{\varepsilon}{\varepsilon-1}} \tag{8-37}$$

这里 $\Delta$ 和 $\pi$ 分别表示相对价格失真的稳定状态值和通胀率，表明选择一个长期的平均通胀率对应于采用长期的相对价格失真。作为参照，相对价格失真的初始水平与 2% 的年通胀率水平相当。这也表明，通过式（8－44）可以得到一个稳定价格水平的必要条件是：

$$\alpha(1+\pi)^{\varepsilon} < 1 \tag{8-38}$$

采用 Crystal Ball 软件的 OptQuest 模块建立基于式（8－1）、式（8－25）、式（8－31）的优化模型，抽样数为 1000，模拟产生 1000 个样本长度的时间序列。模型的参数值设定如表 8－1 所示。同时设 S＝24，迭代次数设为 4，重复模拟实验 100 次来获得参数估值的均值、标准差和均方根误差（RMSE）。

**表 8－1　相关参数值**

| 参数 | 取值 | 参数描述 |
|---|---|---|
| $\pi$ | 0.001 | 长期的平均通货膨胀率 |
| $\varepsilon$ | 21 | 不同商品的需求弹性值 |
| $\chi$ | 3 | 劳动的供给弹性的负值 |
| $\sigma$ | 2 | 风险厌恶系数 |

续表

| 参数 | 取值 | 参数描述 |
|---|---|---|
| $\beta$ | 0.99 | 时间折现因子 |
| g | 0.11 | 政府消费支出的均值 |
| $\sigma_g$ | 0.01 | log（1 + $g_t$ 的标准差） |

表8－2给出数值模拟的实验结果。由表8－2可以看出，除g和$\sigma_g$外，其估计误差比较小，参数模拟的均值均接近于真实的参数值。此外，参数估计值RMSE也接近于标准误差，表明以上模型对经济数据的解释比较精确，其有限样本偏差比较小。因此，以上理论模型对现实经济的解释比较合理，利用以上模型来分析最优货币政策与零通胀政策对通胀率、产出缺口及利率缺口的影响也是有效的。

**表8－2　数值模拟实验结果**

| 参数 | 模拟值 | 均值 | 标准差 | RMSE |
|---|---|---|---|---|
| $\pi$ | 0.001 | 0.0011 | 0.0045 | 0.0043 |
| $\varepsilon$ | 21 | 20.2632 | 0.0038 | 0.0036 |
| $\chi$ | 3 | 2.9661 | 0.0162 | 0.0013 |
| $\sigma$ | 2 | 2.1007 | 0.0115 | 0.0012 |
| $\beta$ | 0.99 | 0.9853 | 0.0163 | 0.0128 |
| g | 0.11 | 0.1136 | 0.0248 | 0.0248 |
| $\sigma_g$ | 0.01 | 0.0098 | 0.0564 | 0.0524 |

## 8.5　脉冲响应分析

根据上述实证模型，我们采用我国1994～2014年的产出缺口、利率缺口及通胀率的宏观数据，数据取自CCER数据库与中经网数据库，分析在不同时期零通胀与最优货币政策对通胀率、产出缺口及利率水平的影响。数据分析结果通过Matlab7.7软件实现。分别得到如图8－1所示的不同政策下的脉冲响应分析结果与方差分解结果。

由图8－1可以看出，在最优货币政策下，产出缺口、通胀率水平及利率水平三个内生变量受政策冲击的影响较小。

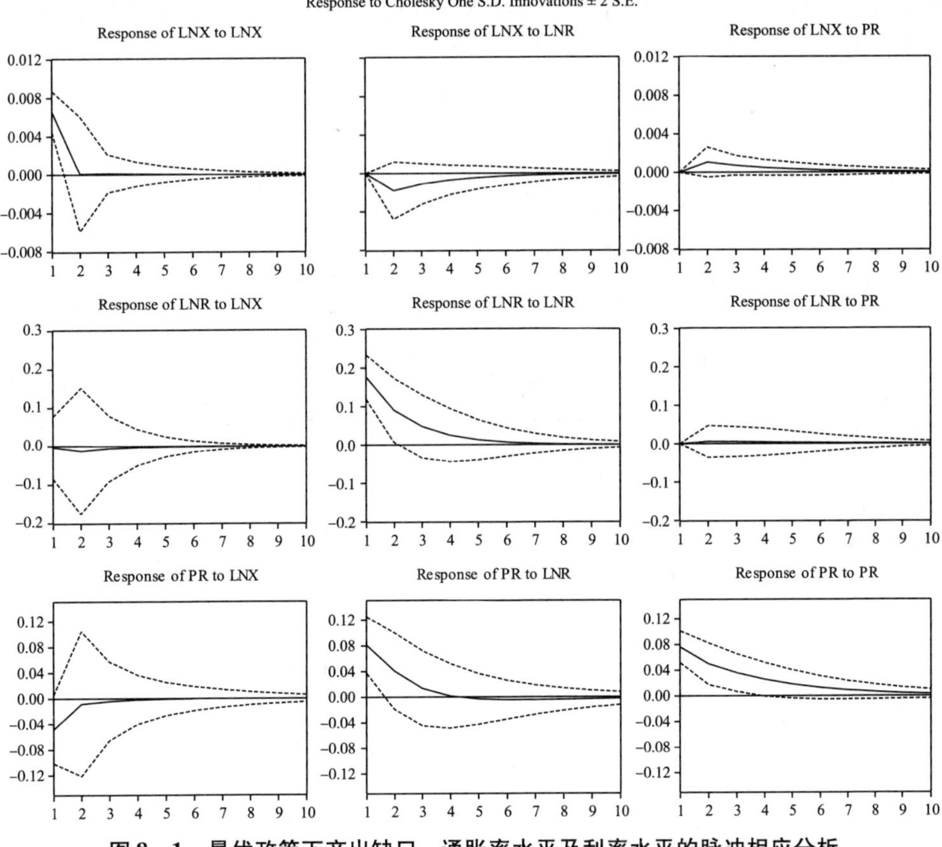


**图 8－1　最优政策下产出缺口、通胀率水平及利率水平的脉冲相应分析**

其中，受影响最小的是产出水平。由图 8－1 可以看出，产出水平受利率冲击及通胀率冲击的影响比较小，特别是通胀率冲击，对产出缺口的影响在前 5 期一直在 0.02% 的水平，后 5 期的影响几乎为 0。其次，产出缺口受利率冲击的影响也较小。虽然影响为负值，但程度也一直维持在 0.02% 的水平。受自身前期冲击的影响，在第一期为正值，从第二期开始，趋近于 0。从这三个方面可以看出，在最优货币政策下，产出水平变化不大，产出水平受各种冲击的影响较小，因此，产出可以维持在一个比较理想的水平，这也是最优货币政策的目的所在。但在最优货币政策下，利率水平及通胀率水平受冲击的影响较大，特别是利率水平。在第一期，受前期因素的冲击影响，可以达到 20% 的水平，而且，不同的冲击，影响各不同。由表 8－3 同样可以看到，在三个变量里面，产出缺口的变化比较稳定，其受到其他因素的冲击影响较小。对于产出缺口来说，最大的影响来自于产出变量及前一期的影响，受利率及通胀率的影响较小，这也与前述分析相吻合。而利率水平受产出冲击影响巨大，在第十期，产出冲击对利率水平的影响几乎占50%，对通胀率水平来说，影响最大的是自身或者前期的因素冲击，利率产出冲击影响最小。具体如表8－3～表8－5所示：

**表8－3　　最优货币政策下产出缺口方差分解**

| Period | S. E. | LNX | LNR | PR |
|---|---|---|---|---|
| 1.000 | 0.121 | 100.00<br>(0.000) | 0.000<br>(0.000) | 0.000<br>(0.000) |
| 2.000 | 0.138 | 97.995<br>(24.017) | 0.014<br>(11.892) | 1.991<br>(23.326) |
| 3.000 | 0.143 | 96.298<br>(17.002) | 0.715<br>(12.763) | 2.988<br>(18.956) |
| 4.000 | 0.145 | 94.812<br>(15.417) | 1.650<br>(12.309) | 3.538<br>(17.742) |
| 5.000 | 0.146 | 93.740<br>(15.312) | 2.428<br>(12.338) | 3.832<br>(17.943) |
| 6.000 | 0.147 | 93.058<br>(15.206) | 2.957<br>(12.359) | 3.985<br>(17.534) |
| 7.000 | 0.147 | 92.657<br>(15.204) | 3.281<br>(12.841) | 4.062<br>(17.753) |
| 8.000 | 0.147 | 92.434<br>(15.237) | 3.465<br>(12.578) | 4.101<br>(17.493) |
| 9.000 | 0.148 | 92.314<br>(15.275) | 3.566<br>(12.432) | 4.120<br>(17.512) |
| 10.000 | 0.148 | 92.251<br>(15.295) | 3.620<br>(12.239) | 4.129<br>(17.437) |

**表8－4　　最优货币政策下利率水平方差分解**

| Period | S. E. | LNX | LNR | PR |
|---|---|---|---|---|
| 1.000 | 0.176 | 45.723<br>(15.480) | 54.277<br>(15.362) | 0.000<br>(0.000) |
| 2.000 | 0.198 | 48.024<br>(15.937) | 51.879<br>(15.087) | 0.097<br>(21.256) |
| 3.000 | 0.204 | 48.72<br>(15.177) | 51.167<br>(12.930) | 0.103<br>(18.821) |
| 4.000 | 0.206 | 48.99<br>(15.087) | 50.905<br>(12.405) | 0.102<br>(17.287) |

续表

| Period | S. E. | LNX | LNR | PR |
|---|---|---|---|---|
| 5. 000 | 0. 206 | 49. 092<br>(15. 143) | 50. 806<br>(12. 518) | 0. 102<br>(17. 615) |
| 6. 000 | 0. 206 | 49. 128<br>(15. 164) | 50. 770<br>(12. 648) | 0. 102<br>(17. 406) |
| 7. 000 | 0. 206 | 49. 140<br>(15. 190) | 50. 757<br>(12. 997) | 0. 103<br>(17. 609) |
| 8. 000 | 0. 206 | 49. 144<br>(15. 242) | 50. 753<br>(12. 858) | 0. 104<br>(17. 459) |
| 9. 000 | 0. 206 | 49. 144<br>(15. 270) | 50. 751<br>(12. 531) | 0. 104<br>(17. 439) |
| 10. 000 | 0. 206 | 49. 145<br>(15. 287) | 50. 75<br>(12. 424) | 0. 104<br>(17. 417) |

**表 8－5　　最优货币政策下通胀率水平方差分解**

| Period | S. E. | LNX | LNR | PR |
|---|---|---|---|---|
| 1. 000 | 0. 153 | 15. 787<br>(14. 814) | 11. 415<br>(12. 380) | 72. 798<br>(16. 896) |
| 2. 000 | 0. 161 | 15. 097<br>(14. 537) | 18. 030<br>(13. 005) | 66. 872<br>(17. 844) |
| 3. 000 | 0. 164 | 14. 804<br>(14. 930) | 20. 377<br>(12. 366) | 64. 820<br>(17. 341) |
| 4. 000 | 0. 165 | 14. 663<br>(14. 831) | 21. 338<br>(12. 425) | 63. 999<br>(17. 724) |
| 5. 000 | 0. 165 | 14. 595<br>(15. 036) | 21. 751<br>(12. 686) | 63. 654<br>(17. 381) |
| 6. 000 | 0. 166 | 14. 563<br>(15. 103) | 21. 933<br>(12. 695) | 63. 504<br>(17. 595) |
| 7. 000 | 0. 166 | 14. 548<br>(15. 185) | 22. 014<br>(12. 480) | 63. 438<br>(17. 323) |
| 8. 000 | 0. 166 | 14. 540<br>(15. 245) | 22. 052<br>(12. 282) | 63. 408<br>(17. 447) |
| 9. 000 | 0. 166 | 14. 537<br>(15. 253) | 22. 069<br>(12. 349) | 63. 395<br>(17. 436) |
| 10. 000 | 0. 166 | 14. 535<br>(15. 235) | 22. 077<br>(12. 389) | 63. 388<br>(17. 378) |

由图 8 - 2 可以看出，在零通胀政策下，产出缺口、通胀率水平及利率水平受政策冲击的影响较大。

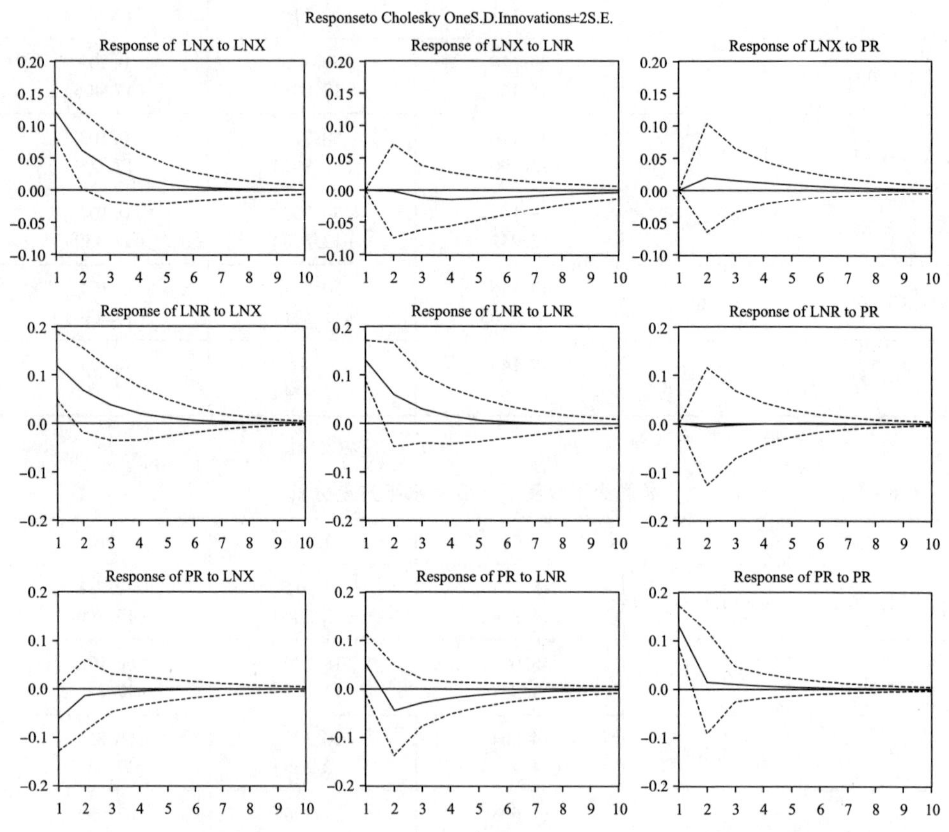


**图 8 - 2　零通胀率下的产出缺口、通胀率水平及利率水平的脉冲相应分析**

特别是利率水平，产出冲击及自身前期冲击的影响在前两期都在 10% 以上。产出水平的波动幅度也是巨大的，尤其是受到前期冲击的影响，而通胀率波动幅度较小，对利率及产出缺口冲击的反应也较小。这是由于在零通胀政策下，政策中心以降低通胀率为主，因此价格水平维持在一个比较低的水平，波动幅度较小，对产出与利率的影响比较小。从这个角度来说，零通胀政策降低高通胀，稳定物价的效果更明显。从表 8 - 6 的方差分解可以看到，跟前述分析一样，对于产出缺口来说，最大的影响来自于产出变量及前一期的影响，这些影响在第十期仍然达到 90% 以上，说明自身因素对产出缺口影响巨大，也说明在零通胀政策下，产出缺口波动幅度比较大。同样，利率水平受产出冲击影响巨大，对通胀率水平来说，影响最大的是自身或者前期的因素冲击，利率与产出冲击影响最小。综合以上分析，可以得出，在商品价格需求弹性较大的情况下，最优政策下的产出水平波动幅度要比零通胀政策下要小得多，其最优产出水平也比零通胀政策下高得多，受政策冲击的影响比较小。因此，从促进产出增长的角度来说，最优货币政策要优于零通胀政策。而在零通胀政策下，通胀率水平波动较小，而且长期维持在一个比较低的水平，但产出缺口波动明显。具体如表 8 -6 ~ 表 8 -8 所示：

**表 8 -6　　零通胀政策下产出缺口方差分解**

| Period | S. E. | LNX | LNR | PR |
|---|---|---|---|---|
| 1.000 | 0.121 | 100.000<br>(0.000) | 0.000<br>(0.000) | 0.000<br>(0.000) |
| 2.000 | 0.138 | 97.967<br>(12.072) | 0.013<br>(7.620) | 2.019<br>(8.722) |
| 3.000 | 0.143 | 96.271<br>(14.907) | 0.721<br>(9.642) | 3.008<br>(8.943) |
| 4.000 | 0.145 | 94.787<br>(16.841) | 1.659<br>(11.600) | 3.554<br>(9.829) |
| 5.000 | 0.146 | 93.718<br>(18.082) | 2.436<br>(12.836) | 3.846<br>(10.249) |
| 6.000 | 0.147 | 93.039<br>(19.021) | 2.965<br>(13.561) | 3.997<br>(10.724) |
| 7.000 | 0.147 | 92.640<br>(19.797) | 3.287<br>(14.263) | 4.073<br>(11.075) |
| 8.000 | 0.147 | 92.418<br>(20.453) | 3.471<br>(14.646) | 4.111<br>(11.469) |
| 9.000 | 0.148 | 92.299<br>(21.055) | 3.571<br>(15.239) | 4.130<br>(11.710) |
| 10.000 | 0.148 | 92.236<br>(21.577) | 3.624<br>(15.547) | 4.140<br>(12.029) |

表8－7　　零通胀政策下利率水平方差分解

| Period | S. E. | LNX | LNR | PR |
|---|---|---|---|---|
| 1.000 | 0.176 | 45.724<br>(16.489) | 54.276<br>(16.489) | 0.000<br>(0.000) |
| 2.000 | 0.198 | 48.042<br>(15.838) | 51.858<br>(16.029) | 0.100<br>(7.413) |
| 3.000 | 0.204 | 48.745<br>(16.223) | 51.148<br>(16.040) | 0.106<br>(8.986) |
| 4.000 | 0.206 | 49.008<br>(16.602) | 50.886<br>(16.444) | 0.105<br>(10.107) |
| 5.000 | 0.206 | 49.107<br>(16.727) | 50.788<br>(16.410) | 0.105<br>(10.815) |
| 6.000 | 0.206 | 49.143<br>(16.919) | 50.751<br>(16.540) | 0.105<br>(11.363) |
| 7.000 | 0.206 | 49.156<br>(17.073) | 50.738<br>(16.453) | 0.106<br>(11.768) |
| 8.000 | 0.206 | 49.159<br>(17.250) | 50.734<br>(16.538) | 0.107<br>(12.159) |
| 9.000 | 0.206 | 49.160<br>(17.371) | 50.733<br>(16.460) | 0.107<br>(12.484) |
| 10.000 | 0.206 | 49.160<br>(17.513) | 50.732<br>(16.513) | 0.107<br>(12.784) |

表8－8　　零通胀政策下通胀率水平方差分解

| Period | S. E. | LNX | LNR | PR |
|---|---|---|---|---|
| 1.000 | 0.007 | 15.78<br>(13.045) | 11.432<br>(10.734) | 72.782<br>(14.864) |
| 2.000 | 0.007 | 15.048<br>(13.069) | 18.195<br>(14.020) | 66.757<br>(15.469) |
| 3.000 | 0.007 | 14.761<br>(12.821) | 20.484<br>(13.436) | 64.755<br>(15.712) |
| 4.000 | 0.007 | 14.623<br>(12.808) | 21.423<br>(14.267) | 63.954<br>(16.099) |
| 5.000 | 0.007 | 14.558<br>(12.771) | 21.826<br>(14.195) | 63.617<br>(16.145) |

续表

| Period | S. E. | LNX | LNR | PR |
|---|---|---|---|---|
| 6.000 | 0.007 | 14.526<br>(12.778) | 22.003<br>(14.468) | 63.470<br>(16.267) |
| 7.000 | 0.007 | 14.511<br>(12.827) | 22.083<br>(14.328) | 63.406<br>(16.287) |
| 8.000 | 0.007 | 14.504<br>(12.850) | 22.119<br>(14.420) | 63.37<br>(16.368) |
| 9.000 | 0.007 | 14.501<br>(12.871) | 22.136<br>(14.382) | 63.364<br>(16.423) |
| 10.000 | 0.007 | 14.499<br>(12.882) | 22.143<br>(14.444) | 63.357<br>(16.468) |

## 8.6 本章小结

本章构建了包括企业与家庭的不同政策下粘性价格模型来分析零通胀政策与最优政策对于经济系统的影响。并采用我国 1994 ~ 2014 年的年度数据，检验并比较了不同的政策对我国主要经济变量通胀率、利率水平及产出缺口的影响。分析发现，零通胀政策与最优货币政策相比，其对相对价格扭曲的影响更大，但降低通胀的效果更明显。从具体的变量来看，无论是哪种政策，从长期来看，都可以最终达到一个稳定的状态，但是稳定状态的实现过程不同，产出缺口在零通胀政策下波动幅度更大，最优货币政策下产出波动幅度较小。对于零通胀政策来说，如果政策当局的中心任务是降低物价水平，这无疑是一个合理的政策选择，因为在零通胀政策下，物价可以保持在一个较低的水平，而产出水平及利率水平受通胀率影响较小。对于降低通胀来说，零通胀政策比最优政策更有效果，而且降低通胀的效果也更明显，零通胀的目标也更容易实现。因此从这个角度来说，零通胀政策要优于最优货币政策。但由于其他冲击的影响，利率水平特别是产出水平在零通胀政策下波动幅度较大，这对于稳定经济、促进发展来说是非常不利的。而最优政策下的产出水平要远大于零通胀政策的产出水平，而且最优货币政策下的产出波动幅度更小。因此，从促进产出增长的角度来说，最优货币政策要优于零通胀政策。因此，二者政策对经济变量的影响各有侧重，取决于政策制定者的目标及手段。

# 第 9 章

# 研究结论与展望

## 9.1 主要结论

对于经济波动的研究一直是宏观经济学研究的中心问题，经济波动问题的研究由来已久，对经济波动问题进行研究，不可回避的一个前提问题是价格及价格波动问题，即社会总体价格水平确定模式以及社会总体价格水平是否是自由波动的？价格水平的波动与经济波动有什么关系？在经济波动的问题研究中，大多数研究没有关注价格定价模式或者微观粘性价格变动对于宏观经济波动的影响，国外对于直接分析粘性价格与宏观经济波动的关系方面，研究文献比较少，研究结论模糊，没有得出统一的结论。大多数研究侧重分析粘性价格与通胀惯性关系的研究，对于其他方面如：利率变动、社会整体产出水平的变化等基本没有涉及到。国内研究也比较少，大多数研究集中在笼统的价格总体水平及要素价格水平变化，如能源价格、房地产价格等对宏观经济波动的影响方面。从分析方法上，在利用 DSGE 模型对经济波动进行分析时，一般将价格粘性作为一个既定的前提条件或隐含条件，而并未实际分析粘性价格微观的动态变化对经济宏观变量的影响。

从这样的切入点，本书对粘性价格理论进行了详细的阐述，并以粘性价格微观理论为基础，将粘性价格纳入宏观经济的分析框架，并引入金融摩擦、粘性信息、福利损失等问题，分析在中国市场价格存在粘性的条件下，粘性价格、粘性信息等要素对中国宏观经济变量，如产出波动、通货膨胀率、名义利率水平等的动态影响与机制问题，并对不同模型框架下我国经济主体的福利损失状况进行了比较。

通过分析，本书得出了一些有意义的结论：

（1）通过构建粘性价格与宏观经济波动基本模型，我们可以发现，不同的价格确定模式对中国宏观经济变量影响不同。在粘性价格下，由于市场价格水平不能及时对冲击做出反应，各经济变量受货币政策冲击的影响比较大；而在弹性价格模式下，由于价格可以随着市场的状况进行及时调整，因此经济系统受到的冲击比较小。因此，无论是从各变量冲击响应的持续时间还是冲击响应的波动范围来看，粘性价格模型框架下各变量受货币政策冲击的影响都比弹性价格模型框架下各变量受冲击的影响要大得多。

（2）粘性信息对于中国宏观经济变量的影响要远大于粘性价格对于中国宏观经济变量的影响。当经济存在粘性信息的条件下，对我国经济系统一个正向的货币供应量冲击会使经济系统的各个宏观变量产生比较明显的经济波动，而且粘性信息下经济波动的幅度要比粘性价格与弹性价格大得多，持续时间也长，大多数变量的冲击反应时间为 10 期以上。而粘性价格下，我国宏观经济变量的反应时间要远低于 10 个时期，特别是对于产出缺口、名义利率水平与通货膨胀率水平等关键的宏观经济变量来说，其波动幅度、波动持续时间都也比粘性信息条件下要低得多。此外，粘性信息对通货膨胀的长期趋势具有抑制作用，在粘性信息下，通货膨胀率水平呈现出比较明显的趋势性，粘性信息比粘性价格能够更好地解释通货膨胀的持续性问题。

（3）粘性价格对金融摩擦的作用渠道与效果影响巨大。当经济中存在粘性价格与金融摩擦时，我国经济变量特别是产出水平受货币政策的冲击比较大，产出水平的周期性波动也比较明显，周期性波动持续的时间比较长，波动幅度也比较大；当经济中不存在粘性价格存在金融摩擦时，产出水平周期性波动不明显，波动时间也比较短，产出水平受冲击较小。因此，价格粘性可以增强金融摩擦对经济变量的影响。特别是会使产出水平等一些影响中国社会经济的关键变量产生周期性变化，放大外部冲击对实体经济的影响，会使经济产生比较明显的衰退、繁荣循环。

（4）粘性信息框架下中国宏观经济变量的波动幅度及福利损失要比粘性价格与弹性价格下大得多。粘性信息下，中国各个宏观经济变量对长期稳态值的偏离幅度更大，经济波动更加强烈。特别是部门平均产出水平，粘性信息下的变量方差比粘性价格与弹性价格下的变量方差要大，而且从三者的福利损失比较来看，粘性信息框架下的福利损失也远大于粘性价格与弹性价格框架下的福利损失情况。从不同的金融摩擦条件的福利损失情况来看，当中国经济系统中存在粘性价格与金融摩擦时，宏观经济变量对长期稳态值的偏离程度比较大，经济大起大落比较大，经济主体的福利损失比较大；而中国经济系统中不存在粘性价格与金融摩擦时，宏观经济变量的波动幅度比较小，经济比较稳定。

（5）以DSGE模型为基础，将DSGE模型与VAR模型结合起来，利用二者的特点，发挥二者分析与预测的优势，构建了一个包含家庭、中间产品部门、最终产品部门以及劳动力供给的四部门DSGE－VAR模型。并与DSGE模型结合起来，利用我国1993Q1～2015Q4的季度数据，比较了在不同的模型分析框架下，货币政策对不同经济变量产出缺口、通胀率及利率水平的影响机理，最后对两种模型的货币政策分析能力进行了比较。通过分析发现，在DSGE模型下，产出缺口，通胀率及利率水平受货币政策冲击影响都较大。表明，在DSGE模型框架下，对于产出缺口及利率水平等一些重要的经济变量来说，货币政策可操作性是比较差的。在DSGE－VAR模型分析框架下，产出缺口、通胀率及利率水平等经济变量受货币政策冲击影响较小。政策调整时间比较短。在分析期内，货币政策调整是有效的，而且经济变量受其他因素影响方向一致，便于央行制定统一的货币政策。因此，从这个意义上说，集合了DSGE与VAR模型优势的DSGE－VAR模型比单纯的DSGE模型更具有政策价值。

（6）构建了包括企业与家庭的不同政策下粘性价格模型来分析零通胀政策与最优政策对于经济系统的影响。并采用我国1994～2014年的年度数据，检验并比较了不同的政策对我国主要经济变量通胀率、利率水平及产出缺口的影响。分析发现，零通胀政策与最优货币政策相比，其对相对价格扭曲的影响更大，但降低通胀的效果更明显。从具体的变量来看，无论是哪种政策，从长期来看，都可以最终达到一个稳定的状态，但是稳定状态的实现过程不同，产出缺口在零通胀政策下波动幅度更大，最优货币政策下产出波动幅度较小。

## 9.2 不足与需要进一步研究的问题

（1）未考虑开放条件下粘性价格对宏观经济变量的影响。本书的所有研究以我国是一个封闭市场作为前提，没有考虑汇率因素或者贸易传导机制对我国宏观经济变量的影响，但现实经济中，各国汇率的波动及贸易传导机制对一国宏观经济有重要影响，而由于各个国家商品粘性价格的程度不同，汇率波动及贸易传导机制对一国宏观经济层面的影响也不同，这一点本书没有涉及到。

（2）理论上对于微观价格粘性的微小变化对于宏观经济行为的影响机制与影响渠道、建立微观价格粘性与宏观经济表象的关系方面的研究有待加强。虽然本书利用计量工具对粘性价格变化与宏观经济变量的关系进行了分析，但并未从理论上深入揭示粘性价格波动对于通货膨胀与经济产出波动影响的动态模式与机制，因此，这方面的工作是以后研究的方向。

（3）粘性信息、粘性价格与弹性价格机制的关系研究有待加强。与粘性价格一样，本书将粘性信息引入了宏观经济分析模型，并分析了粘性信息对宏观经济波动的影响，比较了粘性信息、粘性价格与弹性价格等不同的价格确定模式下，宏观经济变量对外生冲击的不同反应，但对于粘性信息与粘性价格的因果关系问题、粘性信息的起源以及微观层面粘性信息的变化如何引起粘性价格的波动没有涉及到，这也是本研究以后关注的重点内容。

## 9.3 研究展望

（1）粘性价格理论目前已成为现代宏观经济分析的理论基础，也是现代宏观经济学重要的研究内容，代表了新凯恩斯主义经济理论的前沿进展，一定程度上可以说没有粘性价格理论，现代宏观经济学将缺乏宏观分析的微观基础。围绕粘性价格行为的理论与实证研究是目前宏观经济研究的前沿问题，也是最活跃的内容。在普遍强调微观基础的DSGE模型分析中，价格粘性假设也已经成为经济波动与宏观政策分析的标准前提。从现有国内外的研究文献来看，粘性价格理论的大部分研究集中在对粘性价格理论的微观解释与各国粘性价格程度的测算，而以粘性价格微观理论为基础，利用宏观经济分析模型，分析粘性价格微观变化对宏观经济系统的动态影响与机制，建立微观价格与宏观经济波动的内在关系方面，研究内容非常少，结论也很含糊，没有形成统一的观点。此外，粘性价格作为一种普遍存在的价格现象，其对货币政策传导机制的影响、对一个国家行业发展阶段、不同类型企业的影响，这些研究内容还有待揭示。

（2）曼昆和里斯（Mankiw and Reis，2002）认为，价格粘性只是一个表象，在目前的经济社会中，价格之所以不能自由波动，主要原因在于深层次的信息问题，即信息粘性问题，由于经济主体的认知能力、成本问题与理性疏忽，经济主体在进行决策时往往不更新信息，而使用过期信息，这导致了经济主体做出的决策往往与前期的决策一致，因此，导致了价格粘性。特别是后来新兴不完全信息经济学的产生，为信息经济学与宏观经济学的融合提供了新的思路。粘性信息及信息经济学产生时间不长，因此，如何从信息经济学的角度来深入揭示一国宏观经济波动的机制、粘性信息与宏观经济变量的动态关系、粘性信息对社会总需求及微观企业的行为决策等方面的研究将会为宏观经济学提供更加广阔的研究领域。

# 附录 A

附表 1　　1993Q1~2016Q4 我国 GDP 季度数据

| 季度 | 季度累计 | 季度数据 | 同比 | 环比 |
|---|---|---|---|---|
| 1993Q1 | 6500.50 | 6500.50 | NA | NA |
| 1993Q2 | 14543.54 | 8043.04 | 32.43 | 23.73 |
| 1993Q3 | 23591.51 | 9047.97 | 29.82 | 12.49 |
| 1993Q4 | 35333.92 | 11742.41 | 21.25 | 29.78 |
| 1994Q1 | 9064.73 | 9064.73 | 39.45 | -22.80 |
| 1994Q2 | 20149.73 | 11085.00 | 37.82 | 22.29 |
| 1994Q3 | 32596.65 | 12446.92 | 37.57 | 12.29 |
| 1994Q4 | 48197.86 | 15601.21 | 32.86 | 25.34 |
| 1995Q1 | 11858.47 | 11858.47 | 30.82 | -23.99 |
| 1995Q2 | 25967.57 | 14109.10 | 27.28 | 18.98 |
| 1995Q3 | 41502.56 | 15534.99 | 24.81 | 10.11 |
| 1995Q4 | 60793.73 | 19291.17 | 23.65 | 24.18 |
| 1996Q1 | 14261.22 | 14261.22 | 20.26 | -26.07 |
| 1996Q2 | 30861.78 | 16600.56 | 17.66 | 16.40 |
| 1996Q3 | 48533.06 | 17671.28 | 13.75 | 6.45 |
| 1996Q4 | 71176.59 | 22643.53 | 17.38 | 28.14 |
| 1997Q1 | 16256.68 | 16256.68 | 13.99 | -28.21 |
| 1997Q2 | 34954.31 | 18697.63 | 12.63 | 15.02 |
| 1997Q3 | 54102.36 | 19148.05 | 8.36 | 2.41 |
| 1997Q4 | 78973.03 | 24870.67 | 9.84 | 29.89 |
| 1998Q1 | 17501.31 | 17501.31 | 7.66 | -29.63 |
| 1998Q2 | 37222.72 | 19721.41 | 5.48 | 12.69 |
| 1998Q3 | 57595.24 | 20372.52 | 6.39 | 3.30 |
| 1998Q4 | 84402.28 | 26807.04 | 7.79 | 31.58 |
| 1999Q1 | 18789.68 | 18789.68 | 7.36 | -29.91 |

续表

| 季度 | 季度累计 | 季度数据 | 同比 | 环比 |
| --- | --- | --- | --- | --- |
| 1999Q2 | 39554.88 | 20765.20 | 5.29 | 10.51 |
| 1999Q3 | 61414.22 | 21859.34 | 7.30 | 5.27 |
| 1999Q4 | 89677.05 | 28262.83 | 5.43 | 29.29 |
| 2000Q1 | 20646.96 | 20646.96 | 9.88 | -26.95 |
| 2000Q2 | 43748.22 | 23101.26 | 11.25 | 11.89 |
| 2000Q3 | 68087.50 | 24339.28 | 11.34 | 5.36 |
| 2000Q4 | 99214.55 | 31127.05 | 10.13 | 27.89 |
| 2001Q1 | 23299.54 | 23299.54 | 12.85 | -25.15 |
| 2001Q2 | 48950.86 | 25651.32 | 11.04 | 10.09 |
| 2001Q3 | 75818.19 | 26867.33 | 10.39 | 4.74 |
| 2001Q4 | 109655.17 | 33836.98 | 8.71 | 25.94 |
| 2002Q1 | 25375.69 | 25375.69 | 8.91 | -25.01 |
| 2002Q2 | 53341.01 | 27965.32 | 9.02 | 10.21 |
| 2002Q3 | 83056.71 | 29715.70 | 10.60 | 6.26 |
| 2002Q4 | 120332.69 | 37275.98 | 10.16 | 25.44 |
| 2003Q1 | 28861.81 | 28861.81 | 13.74 | -22.57 |
| 2003Q2 | 59868.87 | 31007.06 | 10.88 | 7.43 |
| 2003Q3 | 93329.32 | 33460.45 | 12.60 | 7.91 |
| 2003Q4 | 135822.76 | 42493.44 | 14.00 | 27.00 |
| 2004Q1 | 33420.65 | 33420.65 | 15.80 | -21.35 |
| 2004Q2 | 70405.89 | 36985.24 | 19.28 | 10.67 |
| 2004Q3 | 109967.57 | 39561.68 | 18.23 | 6.97 |
| 2004Q4 | 159878.34 | 49910.77 | 17.46 | 26.16 |
| 2005Q1 | 39117.43 | 39117.43 | 17.05 | -21.63 |
| 2005Q2 | 81912.57 | 42795.14 | 15.71 | 9.40 |
| 2005Q3 | 126657.04 | 44744.47 | 13.10 | 4.56 |
| 2005Q4 | 184937.37 | 58280.33 | 16.77 | 30.25 |
| 2006Q1 | 45315.83 | 45315.83 | 15.85 | -22.25 |
| 2006Q2 | 95428.52 | 50112.69 | 17.10 | 10.59 |
| 2006Q3 | 147341.26 | 51912.74 | 16.02 | 3.59 |

续表

| 季度 | 季度累计 | 季度数据 | 同比 | 环比 |
| --- | --- | --- | --- | --- |
| 2006Q4 | 216314.43 | 68973.17 | 18.35 | 32.86 |
| 2007Q1 | 54755.89 | 54755.89 | 20.83 | -20.61 |
| 2007Q2 | 115998.89 | 61243.00 | 22.21 | 11.85 |
| 2007Q3 | 180101.06 | 64102.17 | 23.48 | 4.67 |
| 2007Q4 | 265810.31 | 85709.25 | 24.26 | 33.71 |
| 2008Q1 | 66283.78 | 66283.78 | 21.05 | -22.66 |
| 2008Q2 | 140477.82 | 74194.04 | 21.15 | 11.93 |
| 2008Q3 | 217026.14 | 76548.32 | 19.42 | 3.17 |
| 2008Q4 | 314045.43 | 97019.29 | 13.20 | 26.74 |
| 2009Q1 | 69816.92 | 69816.92 | 5.33 | -28.04 |
| 2009Q2 | 148203.60 | 78386.68 | 5.65 | 12.27 |
| 2009Q3 | 231303.33 | 83099.73 | 8.56 | 6.01 |
| 2009Q4 | 340902.81 | 109599.48 | 12.97 | 31.89 |
| 2010Q1 | 82613.39 | 82613.39 | 18.33 | -24.62 |
| 2010Q2 | 174878.83 | 92265.44 | 17.71 | 11.68 |
| 2010Q3 | 272626.74 | 97747.91 | 17.63 | 5.94 |
| 2010Q4 | 401512.80 | 128886.06 | 17.60 | 31.86 |
| 2011Q1 | 97479.54 | 97479.54 | 17.99 | -24.37 |
| 2011Q2 | 206488.11 | 109008.57 | 18.15 | 11.83 |
| 2011Q3 | 322344.67 | 115856.56 | 18.53 | 6.28 |
| 2011Q4 | 473104.05 | 150759.38 | 16.97 | 30.13 |
| 2012Q1 | 108471.97 | 108471.97 | 11.28 | -28.05 |
| 2012Q2 | 228003.09 | 119531.12 | 9.65 | 10.20 |
| 2012Q3 | 353741.55 | 125738.46 | 8.53 | 5.19 |
| 2012Q4 | 519470.10 | 165728.55 | 9.93 | 31.80 |
| 2013Q1 | 118862.08 | 118862.08 | 9.58 | -28.28 |
| 2013Q2 | 248024.45 | 129162.37 | 8.06 | 8.67 |
| 2013Q3 | 387100.24 | 139075.79 | 10.61 | 7.68 |
| 2013Q4 | 568845.21 | 181744.97 | 9.66 | 30.68 |
| 2014Q1 | 128212.70 | 128212.70 | 7.87 | -29.45 |

续表

| 季度 | 季度累计 | 季度数据 | 同比 | 环比 |
| --- | --- | --- | --- | --- |
| 2014Q2 | 269044. 10 | 140831. 40 | 9. 03 | 9. 84 |
| 2014Q3 | 419908. 40 | 150864. 30 | 8. 48 | 7. 12 |
| 2014Q4 | 636463. 00 | 216554. 60 | 19. 15 | 43. 54 |
| 2015Q1 | 249987. 70 | 249987. 70 | 7 | 4. 67 |
| 2015Q2 | 517638. 9 | 267651. 20 | 7 | 33. 71 |
| 2015Q3 | 785290. 1 | 2756160 | 6. 9 | 22. 66 |
| 2015Q4 | 1077541 | 292250. 80 | 6. 8 | 11. 93 |
| 2016Q1 | 261572. 70 | 261572. 70 | 6. 7 | －13. 17 |
| 2016Q2 | 542316. 4 | 280743. 70 | 6. 7 | 26. 74 |
| 2016Q3 | 832845. 9 | 290529. 50 | 6. 7 | －28. 04 |
| 2016Q4 | 1044127. 2 | 211281. 30 | 6. 8 | －12. 27 |

资料来源：根据 CCER 数据库、中经网数据库、Wind 资讯网及国家统计局官方网站整理得到。

**附表 2　　1993M1～2016M12 我国 CPI 月度数据**

| 指标名称 | CPI：食品：当月同比 | CPI：当月同比 | CPI：环比 | CPI：食品：环比 | CPI：食品烟酒：鲜菜：当月同比 |
| --- | --- | --- | --- | --- | --- |
| 1993－01 | 22. 40 | 10. 30 | －0. 20 | －0. 30 | 7. 40 |
| 1993－02 | 21. 70 | 10. 50 | －0. 90 | －1. 00 | 0. 40 |
| 1993－03 | 24. 00 | 12. 20 | －1. 70 | 0. 00 | －1. 80 |
| 1993－04 | 25. 80 | 12. 60 | －1. 20 | －0. 80 | －5. 00 |
| 1993－05 | 27. 30 | 14. 00 | 0. 60 | －1. 30 | －2. 40 |
| 1993－06 | 27. 70 | 15. 10 | 1. 70 | －1. 10 | 2. 10 |
| 1993－07 | 27. 50 | 16. 20 | －0. 60 | －0. 80 | －2. 90 |
| 1993－08 | 25. 50 | 16. 00 | －0. 30 | －0. 90 | －4. 00 |
| 1993－09 | 24. 10 | 15. 70 | 0. 10 | －0. 70 | －3. 90 |
| 1993－10 | 22. 40 | 15. 90 | 0. 70 | －0. 70 | 8. 20 |
| 1993－11 | 21. 30 | 16. 70 | 1. 50 | －0. 80 | 11. 50 |
| 1993－12 | 20. 70 | 18. 80 | －0. 50 | －0. 70 | 5. 40 |
| 1994－01 | 23. 80 | 21. 10 | －0. 80 | －0. 40 | －3. 20 |
| 1994－02 | 28. 40 | 23. 20 | －1. 40 | 0. 40 | 8. 90 |

续表

| 指标名称 | CPI：食品：当月同比 | CPI：当月同比 | CPI：环比 | CPI：食品：环比 | CPI：食品烟酒：鲜菜：当月同比 |
|---|---|---|---|---|---|
| 1994-03 | 27.00 | 22.40 | -1.80 | 0.20 | 7.60 |
| 1994-04 | 25.60 | 21.70 | -1.30 | 0.90 | 3.50 |
| 1994-05 | 25.30 | 21.30 | 0.80 | 1.00 | 2.80 |
| 1994-06 | 28.50 | 22.60 | 1.60 | 0.70 | -0.70 |
| 1994-07 | 32.10 | 24.00 | -0.30 | 0.30 | 1.10 |
| 1994-08 | 36.50 | 25.80 | -0.30 | 0.50 | 3.30 |
| 1994-09 | 39.20 | 27.30 | 0.20 | 0.90 | 3.90 |
| 1994-10 | 40.20 | 27.70 | 0.20 | 1.10 | -3.90 |
| 1994-11 | 39.70 | 27.50 | 1.30 | 1.80 | -7.80 |
| 1994-12 | 35.50 | 25.50 | 0.20 | 3.00 | -6.70 |
| 1995-01 | 35.70 | 24.10 | 3.70 | 3.20 | 5.30 |
| 1995-02 | 32.10 | 22.40 | 2.10 | 3.20 | 5.00 |
| 1995-03 | 30.60 | 21.30 | -0.10 | 2.10 | 5.20 |
| 1995-04 | 30.00 | 20.70 | 0.80 | 3.00 | 14.40 |
| 1995-05 | 29.20 | 20.30 | 0.10 | 3.80 | 7.60 |
| 1995-06 | 25.30 | 18.20 | -1.40 | 4.40 | 5.10 |
| 1995-07 | 22.20 | 16.70 | -0.70 | 5.00 | 1.20 |
| 1995-08 | 17.90 | 14.50 | 1.70 | 5.30 | 1.30 |
| 1995-09 | 16.10 | 13.20 | 2.50 | 5.30 | 4.20 |
| 1995-10 | 13.90 | 12.10 | 0.00 | 5.20 | 0.40 |
| 1995-11 | 12.00 | 11.20 | 0.20 | 4.30 | 3.60 |
| 1995-12 | 12.00 | 10.10 | 0.80 | 2.80 | 9.10 |
| 1996-01 | 8.20 | 9.00 | 2.10 | 2.40 | 6.80 |
| 1996-02 | 9.30 | 9.30 | 2.30 | 1.90 | -0.90 |
| 1996-03 | 10.00 | 9.80 | 0.60 | 3.90 | 1.70 |
| 1996-04 | 10.00 | 9.70 | 0.70 | 2.70 | -0.60 |
| 1996-05 | 8.50 | 8.90 | -0.50 | 1.80 | -2.00 |
| 1996-06 | 7.90 | 8.60 | -1.60 | 1.80 | 0.50 |
| 1996-07 | 7.80 | 8.30 | -0.80 | 1.60 | 2.00 |

续表

| 指标名称 | CPI：食品：当月同比 | CPI：当月同比 | CPI：环比 | CPI：食品：环比 | CPI：食品烟酒：鲜菜：当月同比 |
|---|---|---|---|---|---|
| 1996 - 08 | 7. 60 | 8. 10 | 1. 50 | 1. 80 | 0. 10 |
| 1996 - 09 | 5. 90 | 7. 40 | 1. 50 | 1. 30 | - 7. 20 |
| 1996 - 10 | 5. 70 | 7. 00 | - 0. 20 | 0. 90 | - 2. 60 |
| 1996 - 11 | 5. 40 | 6. 90 | - 0. 10 | 1. 20 | - 6. 30 |
| 1996 - 12 | 5. 00 | 7. 00 | 0. 70 | 1. 30 | - 11. 40 |
| 1997 - 01 | 3. 70 | 5. 90 | 1. 10 | 1. 60 | - 10. 00 |
| 1997 - 02 | 3. 50 | 5. 60 | 2. 00 | 0. 90 | - 1. 50 |
| 1997 - 03 | 1. 20 | 4. 00 | - 1. 10 | 0. 10 | 11. 00 |
| 1997 - 04 | 0. 10 | 3. 20 | - 0. 20 | - 0. 60 | 11. 90 |
| 1997 - 05 | - 0. 30 | 2. 80 | - 0. 90 | 0. 20 | 8. 40 |
| 1997 - 06 | 0. 00 | 2. 80 | - 1. 70 | - 0. 50 | 6. 20 |
| 1997 - 07 | 0. 00 | 2. 70 | - 1. 20 | - 1. 20 | - 7. 20 |
| 1997 - 08 | - 1. 40 | 1. 90 | 0. 60 | - 0. 50 | - 4. 70 |
| 1997 - 09 | - 1. 20 | 1. 80 | 1. 70 | 0. 10 | - 5. 20 |
| 1997 - 10 | - 1. 80 | 1. 50 | - 0. 60 | 0. 90 | - 1. 40 |
| 1997 - 11 | - 2. 20 | 1. 10 | - 0. 30 | 0. 30 | - 11. 30 |
| 1997 - 12 | - 2. 90 | 0. 40 | 0. 10 | - 0. 20 | - 15. 60 |
| 1998 - 01 | - 2. 30 | 0. 30 | 0. 70 | 0. 10 | - 7. 30 |
| 1998 - 02 | - 2. 90 | - 0. 10 | 1. 50 | 0. 30 | 0. 40 |
| 1998 - 03 | - 0. 80 | 0. 70 | - 0. 50 | 1. 10 | - 3. 70 |
| 1998 - 04 | - 2. 80 | - 0. 30 | - 0. 80 | - 1. 30 | 3. 00 |
| 1998 - 05 | - 3. 90 | - 1. 00 | - 1. 40 | - 0. 30 | 3. 40 |
| 1998 - 06 | - 5. 50 | - 1. 30 | - 1. 80 | - 0. 30 | 5. 90 |
| 1998 - 07 | - 4. 20 | - 1. 40 | - 1. 30 | - 0. 90 | 7. 10 |
| 1998 - 08 | - 4. 10 | - 1. 40 | 0. 80 | - 0. 70 | 8. 10 |
| 1998 - 09 | - 3. 90 | - 1. 50 | 1. 60 | 0. 30 | 24. 20 |
| 1998 - 10 | - 3. 20 | - 1. 10 | - 0. 30 | 1. 00 | 30. 20 |
| 1998 - 11 | - 3. 30 | - 1. 20 | - 0. 30 | 0. 20 | - 18. 10 |
| 1998 - 12 | - 2. 80 | - 1. 00 | 0. 20 | - 0. 10 | - 9. 80 |

续表

| 指标名称 | CPI：食品：当月同比 | CPI：当月同比 | CPI：环比 | CPI：食品：环比 | CPI：食品烟酒：鲜菜：当月同比 |
|---|---|---|---|---|---|
| 1999-01 | -3.60 | -1.20 | 0.20 | 0.30 | -9.30 |
| 1999-02 | -3.70 | -1.30 | 1.30 | 1.10 | -15.50 |
| 1999-03 | -4.90 | -1.80 | -0.80 | 0.90 | -18.10 |
| 1999-04 | -5.50 | -2.20 | -1.00 | -0.60 | -9.80 |
| 1999-05 | -5.40 | -2.20 | -1.30 | -0.20 | -4.80 |
| 1999-06 | -5.10 | -2.10 | -1.80 | -0.70 | 5.10 |
| 1999-07 | -3.50 | -6.90 | -0.90 | -1.20 | 14.00 |
| 1999-08 | -3.40 | -1.30 | 1.00 | -0.50 | 4.90 |
| 1999-09 | -3.70 | -0.80 | 2.00 | 0.70 | 5.50 |
| 1999-10 | -3.30 | -0.60 | 0.00 | 1.20 | 15.40 |
| 1999-11 | -3.90 | -0.90 | -0.60 | 0.90 | 11.80 |
| 1999-12 | -4.40 | -1.00 | 0.00 | 1.00 | 8.70 |
| 2000-01 | -3.10 | -0.20 | 0.90 | 0.60 | 21.70 |
| 2000-02 | -1.40 | 0.70 | 1.90 | 1.10 | 39.80 |
| 2000-03 | -3.30 | -0.20 | -1.60 | -1.30 | 23.00 |
| 2000-04 | -3.90 | -0.30 | -0.90 | -0.80 | 0.70 |
| 2000-05 | -3.10 | 0.10 | -1.00 | -0.60 | -5.90 |
| 2000-06 | -2.40 | 0.50 | -1.50 | -0.90 | -4.50 |
| 2000-07 | -2.40 | 0.50 | -0.80 | -1.00 | -7.00 |
| 2000-08 | -2.60 | 0.30 | 1.00 | -0.20 | -0.70 |
| 2000-09 | -3.70 | 0.00 | 1.60 | 0.70 | -4.30 |
| 2000-10 | -3.70 | 0.00 | -0.10 | -0.20 | -9.20 |
| 2000-11 | -1.00 | 1.30 | 0.70 | -0.30 | 6.70 |
| 2000-12 | -0.10 | 1.50 | 0.10 | 0.10 | 5.10 |
| 2001-01 | -0.40 | 1.20 | 0.90 | 2.30 | -4.80 |
| 2001-02 | -3.30 | 0.00 | 0.10 | 0.60 | -20.00 |
| 2001-03 | -1.00 | 0.80 | -0.60 | -1.10 | -8.20 |
| 2001-04 | 1.30 | 1.60 | 0.20 | 0.40 | 8.70 |
| 2001-05 | 1.70 | 1.70 | -0.50 | -1.10 | 15.40 |

续表

| 指标名称 | CPI：食品：当月同比 | CPI：当月同比 | CPI：环比 | CPI：食品：环比 | CPI：食品烟酒：鲜菜：当月同比 |
|---|---|---|---|---|---|
| 2001－06 | 1.00 | 1.40 | －1.20 | －3.20 | 15.30 |
| 2001－07 | 1.50 | 1.50 | －0.50 | －1.10 | 22.80 |
| 2001－08 | 0.20 | 1.00 | 0.10 | 0.70 | 11.90 |
| 2001－09 | 0.30 | －0.10 | 0.90 | 1.70 | 8.40 |
| 2001－10 | 0.80 | 0.20 | 0.30 | 0.50 | 6.20 |
| 2001－11 | －0.80 | －0.30 | －0.20 | －0.70 | －7.20 |
| 2001－12 | －0.70 | －0.30 | 0.10 | 0.30 | －4.70 |
| 2002－01 | －1.90 | －1.00 | 0.30 | 1.10 | －5.20 |
| 2002－02 | 0.60 | 0.00 | 1.10 | 3.20 | －1.40 |
| 2002－03 | －0.60 | －0.80 | －1.30 | －2.40 | －11.30 |
| 2002－04 | －2.00 | －1.30 | －0.30 | －0.90 | －15.60 |
| 2002－05 | －1.50 | －1.10 | －0.30 | －0.60 | －7.30 |
| 2002－06 | －0.20 | －0.80 | －0.90 | －1.90 | 0.40 |
| 2002－07 | －0.90 | －0.90 | －0.70 | －1.70 | －3.70 |
| 2002－08 | －0.40 | －0.70 | 0.30 | 1.20 | 3.00 |
| 2002－09 | －0.20 | －0.70 | 1.00 | 1.80 | 3.40 |
| 2002－10 | －0.50 | －0.80 | 0.20 | 0.20 | 5.90 |
| 2002－11 | －0.10 | －0.70 | －0.10 | －0.30 | 7.10 |
| 2002－12 | 0.50 | －0.40 | 0.30 | 1.00 | 8.10 |
| 2003－01 | 2.40 | 0.40 | 1.10 | 3.00 | 24.20 |
| 2003－02 | 1.80 | 0.20 | 0.90 | 2.60 | 30.20 |
| 2003－03 | 3.20 | 0.90 | －0.60 | －1.00 | 50.70 |
| 2003－04 | 3.20 | 1.00 | －0.20 | －1.00 | 43.90 |
| 2003－05 | 1.90 | 0.70 | －0.70 | －1.90 | 18.30 |
| 2003－06 | 0.40 | 0.30 | －1.20 | －3.30 | －2.90 |
| 2003－07 | 1.00 | 0.50 | －0.50 | －1.10 | －0.70 |
| 2003－08 | 2.20 | 0.90 | 0.70 | 2.40 | 4.90 |
| 2003－09 | 3.20 | 1.10 | 1.20 | 2.70 | 12.00 |
| 2003－10 | 5.10 | 1.80 | 0.90 | 2.10 | 16.00 |

续表

| 指标名称 | CPI：食品：当月同比 | CPI：当月同比 | CPI：环比 | CPI：食品：环比 | CPI：食品烟酒：鲜菜：当月同比 |
|---|---|---|---|---|---|
| 2003 - 11 | 8.10 | 3.00 | 1.00 | 2.60 | 19.40 |
| 2003 - 12 | 8.60 | 3.20 | 0.60 | 1.40 | 20.50 |
| 2004 - 01 | 8.00 | 3.20 | 1.10 | 2.40 | 0.60 |
| 2004 - 02 | 5.60 | 2.10 | -0.20 | 0.30 | -10.40 |
| 2004 - 03 | 7.90 | 3.00 | 0.30 | 1.10 | -15.20 |
| 2004 - 04 | 10.20 | 3.80 | 0.50 | 1.10 | -14.80 |
| 2004 - 05 | 11.80 | 4.40 | -0.10 | -0.40 | -6.00 |
| 2004 - 06 | 14.00 | 5.00 | -0.70 | -1.50 | 10.20 |
| 2004 - 07 | 14.60 | 5.30 | -0.20 | -0.50 | 13.40 |
| 2004 - 08 | 13.90 | 5.30 | 0.70 | 1.80 | 5.80 |
| 2004 - 09 | 13.00 | 5.20 | 1.10 | 1.80 | 1.00 |
| 2004 - 10 | 10.00 | 4.30 | 0.00 | -0.50 | -9.50 |
| 2004 - 11 | 5.90 | 2.80 | -0.30 | -1.20 | -14.40 |
| 2004 - 12 | 4.90 | 2.40 | 0.10 | 0.40 | -15.40 |
| 2005 - 01 | 4.00 | 1.90 | 0.60 | 1.60 | -10.20 |
| 2005 - 02 | 8.80 | 3.90 | 1.80 | 4.90 | 13.10 |
| 2005 - 03 | 5.60 | 2.70 | -0.90 | -1.90 | 9.00 |
| 2005 - 04 | 3.10 | 1.80 | -0.30 | -1.30 | 6.40 |
| 2005 - 05 | 2.80 | 1.80 | -0.20 | -0.70 | 10.10 |
| 2005 - 06 | 2.10 | 1.60 | -0.80 | -2.20 | 8.90 |
| 2005 - 07 | 2.30 | 1.80 | 0.00 | -0.30 | 15.50 |
| 2005 - 08 | 0.90 | 1.30 | 0.20 | 0.40 | 7.70 |
| 2005 - 09 | 0.30 | 0.90 | 0.70 | 1.30 | 4.90 |
| 2005 - 10 | 1.30 | 1.20 | 0.40 | 0.40 | 17.50 |
| 2005 - 11 | 1.60 | 1.30 | -0.30 | -0.90 | 22.00 |
| 2005 - 12 | 2.20 | 1.60 | 0.40 | 1.00 | 25.80 |
| 2006 - 01 | 3.60 | 1.90 | 1.30 | 3.20 | 34.90 |
| 2006 - 02 | 1.20 | 0.90 | 0.50 | 1.80 | 14.60 |
| 2006 - 03 | 0.80 | 0.80 | -1.00 | -2.00 | 10.00 |

续表

| 指标名称 | CPI：食品：当月同比 | CPI：当月同比 | CPI：环比 | CPI：食品：环比 | CPI：食品烟酒：鲜菜：当月同比 |
|---|---|---|---|---|---|
| 2006－04 | 1. 80 | 1. 20 | 0. 10 | 0. 00 | 15. 60 |
| 2006－05 | 1. 90 | 1. 40 | －0. 20 | －0. 60 | 14. 60 |
| 2006－06 | 2. 10 | 1. 50 | 1. 50 | －1. 40 | 13. 50 |
| 2006－07 | 0. 60 | 1. 00 | 1. 00 | －1. 30 | －3. 50 |
| 2006－08 | 1. 40 | 1. 30 | 0. 40 | 0. 90 | －0. 10 |
| 2006－09 | 2. 40 | 1. 50 | 0. 50 | 1. 40 | 7. 80 |
| 2006－10 | 2. 20 | 1. 40 | 0. 10 | －0. 40 | －5. 70 |
| 2006－11 | 3. 70 | 1. 90 | 0. 30 | 0. 90 | －4. 20 |
| 2006－12 | 6. 30 | 2. 80 | 1. 40 | 3. 80 | 1. 00 |
| 2007－01 | 5. 00 | 2. 20 | 0. 70 | 2. 00 | －11. 90 |
| 2007－02 | 6. 00 | 2. 70 | 1. 00 | 2. 70 | －10. 40 |
| 2007－03 | 7. 70 | 3. 30 | －0. 30 | －0. 40 | 2. 30 |
| 2007－04 | 7. 10 | 3. 00 | －0. 10 | －0. 60 | 3. 10 |
| 2007－05 | 8. 30 | 3. 40 | 0. 30 | 0. 60 | －2. 30 |
| 2007－06 | 11. 30 | 4. 40 | 0. 40 | 1. 30 | 4. 80 |
| 2007－07 | 15. 40 | 5. 60 | 0. 90 | 2. 40 | 18. 70 |
| 2007－08 | 18. 20 | 6. 50 | 1. 20 | 3. 30 | 22. 50 |
| 2007－09 | 16. 90 | 6. 20 | 0. 30 | 0. 30 | 12. 00 |
| 2007－10 | 17. 60 | 6. 50 | 0. 30 | 0. 20 | 29. 90 |
| 2007－11 | 18. 20 | 6. 90 | 0. 70 | 1. 40 | 28. 60 |
| 2007－12 | 16. 70 | 6. 50 | 1. 00 | 2. 50 | 9. 50 |
| 2008－01 | 18. 20 | 7. 10 | 1. 20 | 3. 30 | 13. 70 |
| 2008－02 | 23. 30 | 8. 70 | 2. 60 | 7. 10 | 46. 00 |
| 2008－03 | 21. 40 | 8. 30 | －0. 70 | －1. 80 | 22. 70 |
| 2008－04 | 22. 10 | 8. 50 | 0. 10 | －0. 10 | 13. 60 |
| 2008－05 | 19. 90 | 7. 70 | －0. 40 | －1. 30 | 10. 30 |
| 2008－06 | 17. 30 | 7. 10 | －0. 20 | －0. 80 | 8. 30 |
| 2008－07 | 14. 40 | 6. 30 | 0. 10 | －0. 10 | 8. 40 |
| 2008－08 | 10. 30 | 4. 90 | －0. 10 | －0. 40 | －0. 50 |

续表

| 指标名称 | CPI：食品：当月同比 | CPI：当月同比 | CPI：环比 | CPI：食品：环比 | CPI：食品烟酒：鲜菜：当月同比 |
|---|---|---|---|---|---|
| 2008-09 | 9.70 | 4.60 | 0.00 | -0.30 | 0.10 |
| 2008-10 | 8.50 | 4.00 | -0.30 | -0.90 | 0.20 |
| 2008-11 | 5.90 | 2.40 | -0.80 | -1.00 | -2.10 |
| 2008-12 | 4.20 | 1.20 | -0.20 | 0.80 | 5.50 |
| 2009-01 | 4.20 | 1.00 | 0.90 | 3.30 | 19.60 |
| 2009-02 | -1.90 | -1.60 | 0.00 | 0.80 | -9.30 |
| 2009-03 | -0.70 | -1.20 | -0.30 | -0.60 | 5.90 |
| 2009-04 | -1.30 | -1.50 | -0.20 | -0.80 | 10.90 |
| 2009-05 | -0.60 | -1.40 | -0.30 | -0.60 | 22.20 |
| 2009-06 | -1.10 | -1.70 | -0.50 | -1.30 | 17.60 |
| 2009-07 | -1.20 | -1.80 | 0.00 | -0.20 | 10.10 |
| 2009-08 | 0.50 | -1.20 | 0.50 | 1.30 | 21.80 |
| 2009-09 | 1.50 | -0.80 | 0.40 | 0.70 | 25.80 |
| 2009-10 | 1.60 | -0.50 | -0.10 | -0.80 | 14.80 |
| 2009-11 | 3.20 | 0.60 | 0.30 | 0.50 | 23.90 |
| 2009-12 | 5.30 | 1.90 | 1.00 | 2.90 | 36.20 |
| 2010-01 | 3.70 | 1.50 | 0.60 | 1.80 | 17.10 |
| 2010-02 | 6.20 | 2.70 | 1.20 | 3.30 | 25.50 |
| 2010-03 | 5.20 | 2.40 | -0.70 | -1.50 | 18.50 |
| 2010-04 | 5.90 | 2.80 | 0.20 | -0.10 | 24.90 |
| 2010-05 | 6.10 | 3.10 | -0.10 | -0.50 | 21.30 |
| 2010-06 | 5.70 | 2.90 | -0.60 | -1.60 | 14.60 |
| 2010-07 | 6.80 | 3.30 | 0.40 | 0.90 | 22.30 |
| 2010-08 | 7.50 | 3.50 | 0.60 | 2.00 | 19.20 |
| 2010-09 | 8.00 | 3.60 | 0.60 | 1.20 | 18.00 |
| 2010-10 | 10.10 | 4.40 | 0.70 | 1.10 | 31.00 |
| 2010-11 | 11.70 | 5.10 | 1.10 | 2.00 | 21.30 |
| 2010-12 | 9.60 | 4.60 | 0.50 | 0.90 | -5.70 |
| 2011-01 | 10.30 | 4.90 | 1.00 | 2.80 | 2.00 |

续表

| 指标名称 | CPI：食品：当月同比 | CPI：当月同比 | CPI：环比 | CPI：食品：环比 | CPI：食品烟酒：鲜菜：当月同比 |
|---|---|---|---|---|---|
| 2011 - 02 | 11.00 | 4.94 | 1.24 | 3.70 | 6.00 |
| 2011 - 03 | 11.70 | 5.38 | -0.21 | -1.00 | 4.30 |
| 2011 - 04 | 11.50 | 5.34 | 0.14 | -0.40 | -7.40 |
| 2011 - 05 | 11.70 | 5.52 | 0.07 | -0.30 | -7.10 |
| 2011 - 06 | 14.40 | 6.36 | 0.28 | 0.90 | 7.30 |
| 2011 - 07 | 14.80 | 6.45 | 0.46 | 1.20 | 7.60 |
| 2011 - 08 | 13.40 | 6.15 | 0.31 | 0.60 | 0.10 |
| 2011 - 09 | 13.40 | 6.07 | 0.47 | 1.10 | 2.10 |
| 2011 - 10 | 11.90 | 5.50 | 0.09 | -0.20 | -6.80 |
| 2011 - 11 | 8.80 | 4.23 | -0.19 | -0.80 | -11.00 |
| 2011 - 12 | 9.10 | 4.07 | 0.31 | 1.20 | 11.50 |
| 2012 - 01 | 10.50 | 4.50 | 1.50 | 4.20 | 23.00 |
| 2012 - 02 | 6.20 | 3.20 | -0.10 | -0.30 | 6.50 |
| 2012 - 03 | 7.50 | 3.60 | 0.20 | 0.20 | 20.50 |
| 2012 - 04 | 7.00 | 3.40 | -0.10 | -0.90 | 27.80 |
| 2012 - 05 | 6.40 | 3.00 | -0.30 | -0.80 | 31.20 |
| 2012 - 06 | 3.80 | 2.20 | -0.60 | -1.60 | 12.10 |
| 2012 - 07 | 2.40 | 1.80 | 0.10 | -0.10 | 8.00 |
| 2012 - 08 | 3.40 | 2.00 | 0.60 | 1.50 | 23.80 |
| 2012 - 09 | 2.50 | 1.90 | 0.30 | 0.20 | 11.10 |
| 2012 - 10 | 1.80 | 1.70 | -0.10 | -0.80 | 1.10 |
| 2012 - 11 | 3.00 | 2.00 | 0.10 | 0.40 | 11.30 |
| 2012 - 12 | 4.20 | 2.50 | 0.80 | 2.40 | 14.80 |
| 2013 - 01 | 2.88 | 2.03 | 1.01 | 2.80 | 2.56 |
| 2013 - 02 | 5.99 | 3.22 | 1.06 | 2.67 | 10.02 |
| 2013 - 03 | 2.68 | 2.07 | -0.91 | -2.92 | -10.28 |
| 2013 - 04 | 4.05 | 2.39 | 0.24 | 0.40 | 5.92 |
| 2013 - 05 | 3.23 | 2.10 | -0.56 | -1.56 | -1.86 |
| 2013 - 06 | 4.93 | 2.67 | 0.00 | 0.01 | 9.69 |

续表

| 指标名称 | CPI：食品：当月同比 | CPI：当月同比 | CPI：环比 | CPI：食品：环比 | CPI：食品烟酒：鲜菜：当月同比 |
|---|---|---|---|---|---|
| 2013-07 | 5.02 | 2.67 | 0.10 | -0.04 | 11.81 |
| 2013-08 | 4.73 | 2.57 | 0.47 | 1.23 | 5.22 |
| 2013-09 | 6.10 | 3.05 | 0.81 | 1.55 | 18.94 |
| 2013-10 | 6.55 | 3.21 | 0.06 | -0.41 | 31.54 |
| 2013-11 | 5.94 | 3.02 | -0.06 | -0.22 | 22.34 |
| 2013-12 | 4.05 | 2.50 | 0.28 | 0.61 | 2.55 |
| 2014-01 | 3.67 | 2.49 | 1.00 | 2.43 | 2.05 |
| 2014-02 | 2.65 | 1.95 | 0.53 | 1.66 | 3.26 |
| 2014-03 | 4.07 | 2.38 | -0.49 | -1.57 | 12.88 |
| 2014-04 | 2.29 | 1.80 | -0.34 | -1.32 | -7.93 |
| 2014-05 | 4.10 | 2.48 | 0.10 | 0.18 | -2.47 |
| 2014-06 | 3.68 | 2.34 | -0.13 | -0.40 | -1.77 |
| 2014-07 | 3.60 | 2.29 | 0.05 | -0.12 | -1.64 |
| 2014-08 | 3.05 | 1.99 | 0.18 | 0.69 | -6.92 |
| 2014-09 | 2.32 | 1.63 | 0.45 | 0.83 | -9.39 |
| 2014-10 | 2.50 | 1.60 | 0.03 | -0.24 | -7.25 |
| 2014-11 | 2.31 | 1.44 | -0.22 | -0.40 | -5.19 |
| 2014-12 | 2.86 | 1.51 | 0.35 | 1.15 | 7.17 |
| 2015-01 | 1.11 | 0.76 | 0.26 | 0.69 | -0.64 |
| 2015-02 | 2.37 | 1.43 | 1.19 | 2.92 | 4.32 |
| 2015-03 | 2.33 | 1.38 | -0.55 | -1.60 | 0.42 |
| 2015-04 | 2.73 | 1.51 | -0.21 | -0.94 | 7.23 |
| 2015-05 | 1.60 | 1.23 | -0.17 | -0.92 | 6.54 |
| 2015-06 | 1.85 | 1.39 | 0.03 | -0.15 | 11.44 |
| 2015-07 | 2.73 | 1.65 | 0.31 | 0.74 | 10.48 |
| 2015-08 | 3.68 | 1.96 | 0.48 | 1.63 | 15.90 |
| 2015-09 | 2.72 | 1.60 | 0.10 | -0.09 | 10.38 |
| 2015-10 | 1.94 | 1.27 | -0.29 | -1.00 | 4.67 |
| 2015-11 | 2.32 | 1.49 | -0.01 | -0.03 | 9.41 |

续表

| 指标名称 | CPI：食品：当月同比 | CPI：当月同比 | CPI：环比 | CPI：食品：环比 | CPI：食品烟酒：鲜菜：当月同比 |
|---|---|---|---|---|---|
| 2015 - 12 | 2.70 | 1.60 | 0.50 | 1.53 | 11.75 |
| 2016 - 01 | 4.10 | 1.80 | 0.50 | 2.00 | 14.70 |
| 2016 - 02 | 7.30 | 2.30 | 1.60 | 6.70 | 30.60 |
| 2016 - 04 | 2.29 | 1.80 | -0.34 | -1.32 | -7.93 |
| 2016 - 05 | 4.10 | 2.48 | 0.10 | 0.18 | -2.47 |
| 2016 - 06 | 3.68 | 2.34 | -0.13 | -0.40 | -1.77 |
| 2016 - 07 | 3.60 | 2.29 | 0.05 | -0.12 | -1.64 |
| 2016 - 08 | 3.05 | 1.99 | 0.18 | 0.69 | -6.92 |
| 2016 - 09 | 2.32 | 1.63 | 0.45 | 0.83 | -9.39 |
| 2016 - 10 | 2.50 | 1.60 | 0.03 | -0.24 | -7.25 |
| 2016 - 11 | 2.31 | 1.44 | -0.22 | -0.40 | -5.19 |
| 2016 - 12 | 2.86 | 1.51 | 0.35 | 1.15 | 7.17 |

资料来源：根据 CCER 数据库、中经网数据库、Wind 资讯网及国家统计局官方网站整理得到。

**附表 3　　1993M1 ~ 2016M12 我国商业银行贷款利率**

| 指标名称 | 短期贷款利率 6 个月 | 短期贷款利率 6 个月至 1 年 | 中长期贷款利率 1 ~ 3 年 | 中长期贷款利率 3 ~ 5 年 | 中长期贷款利率 5 年以上 |
|---|---|---|---|---|---|
| 1993 - 01 | 8.10 | 8.64 | 9.00 | 9.57 | 9.72 |
| 1993 - 02 | 8.10 | 8.64 | 9.00 | 9.54 | 9.72 |
| 1993 - 03 | 8.10 | 8.64 | 9.00 | 9.54 | 9.72 |
| 1993 - 04 | 8.10 | 8.64 | 9.00 | 9.54 | 9.72 |
| 1993 - 05 | 8.82 | 9.36 | 10.80 | 12.06 | 12.24 |
| 1993 - 06 | 8.82 | 9.36 | 10.80 | 12.06 | 12.24 |
| 1993 - 07 | 9.00 | 10.98 | 12.24 | 13.86 | 14.04 |
| 1995 - 06 | 9.00 | 10.98 | 12.96 | 14.58 | 14.76 |
| 1995 - 07 | 10.08 | 12.06 | 13.50 | 15.12 | 15.30 |
| 1996 - 04 | 10.08 | 12.06 | 13.50 | 15.12 | 15.30 |
| 1996 - 05 | 9.72 | 10.98 | 13.14 | 14.94 | 15.12 |
| 1996 - 06 | 9.72 | 10.98 | 13.14 | 14.94 | 15.12 |

续表

| 指标名称 | 短期贷款利率<br>6个月 | 短期贷款利率<br>6个月至1年 | 中长期贷款利率<br>1~3年 | 中长期贷款利率<br>3~5年 | 中长期贷款利率<br>5年以上 |
|---|---|---|---|---|---|
| 1996-07 | 9.72 | 10.98 | 13.14 | 14.94 | 15.12 |
| 1996-08 | 9.18 | 10.08 | 10.98 | 11.70 | 12.42 |
| 1997-09 | 9.18 | 10.08 | 10.98 | 11.70 | 12.42 |
| 1997-10 | 7.65 | 8.64 | 9.36 | 9.90 | 10.53 |
| 1998-02 | 7.65 | 8.64 | 9.36 | 9.90 | 10.53 |
| 1998-03 | 7.02 | 7.92 | 9.00 | 9.72 | 10.35 |
| 1998-04 | 7.02 | 7.92 | 9.00 | 9.72 | 10.35 |
| 1998-05 | 7.02 | 7.92 | 9.00 | 9.72 | 10.35 |
| 1998-06 | 7.02 | 7.92 | 9.00 | 9.72 | 10.35 |
| 1998-07 | 6.57 | 6.93 | 7.11 | 7.65 | 8.01 |
| 1998-08 | 6.57 | 6.93 | 7.11 | 7.65 | 8.01 |
| 1998-11 | 6.57 | 6.93 | 7.11 | 7.65 | 8.01 |
| 1998-12 | 6.12 | 6.39 | 6.66 | 7.20 | 7.56 |
| 1999-01 | 6.12 | 6.39 | 6.66 | 7.20 | 7.56 |
| 1999-02 | 6.12 | 6.39 | 6.66 | 7.20 | 7.56 |
| 1999-03 | 6.12 | 6.39 | 6.66 | 7.20 | 7.56 |
| 1999-04 | 6.12 | 6.39 | 6.66 | 7.20 | 7.56 |
| 1999-05 | 6.12 | 6.39 | 6.66 | 7.20 | 7.56 |
| 1999-06 | 5.58 | 5.85 | 5.94 | 6.03 | 6.21 |
| 1999-07 | 5.58 | 5.85 | 5.94 | 6.03 | 6.21 |
| 1999-08 | 5.58 | 5.85 | 5.94 | 6.03 | 6.21 |
| 1999-09 | 5.58 | 5.85 | 5.94 | 6.03 | 6.21 |
| 1999-10 | 5.58 | 5.85 | 5.94 | 6.03 | 6.21 |
| 1999-11 | 5.58 | 5.85 | 5.94 | 6.03 | 6.21 |
| 1999-12 | 5.58 | 5.85 | 5.94 | 6.03 | 6.21 |
| 2000-01 | 5.58 | 5.85 | 5.94 | 6.03 | 6.21 |
| 2000-02 | 5.58 | 5.85 | 5.94 | 6.03 | 6.21 |
| 2000-03 | 5.58 | 5.85 | 5.94 | 6.03 | 6.21 |
| 2000-04 | 5.58 | 5.85 | 5.94 | 6.03 | 6.21 |

续表

| 指标名称 | 短期贷款利率 6个月 | 短期贷款利率 6个月至1年 | 中长期贷款利率 1~3年 | 中长期贷款利率 3~5年 | 中长期贷款利率 5年以上 |
|---|---|---|---|---|---|
| 2000-05 | 5.58 | 5.85 | 5.94 | 6.03 | 6.21 |
| 2000-06 | 5.58 | 5.85 | 5.94 | 6.03 | 6.21 |
| 2000-07 | 5.58 | 5.85 | 5.94 | 6.03 | 6.21 |
| 2000-08 | 5.58 | 5.85 | 5.94 | 6.03 | 6.21 |
| 2000-09 | 5.58 | 5.85 | 5.94 | 6.03 | 6.21 |
| 2000-10 | 5.58 | 5.85 | 5.94 | 6.03 | 6.21 |
| 2000-11 | 5.58 | 5.85 | 5.94 | 6.03 | 6.21 |
| 2000-12 | 5.58 | 5.85 | 5.94 | 6.03 | 6.21 |
| 2001-01 | 5.58 | 5.85 | 5.94 | 6.03 | 6.21 |
| 2001-02 | 5.58 | 5.85 | 5.94 | 6.03 | 6.21 |
| 2001-03 | 5.58 | 5.85 | 5.94 | 6.03 | 6.21 |
| 2001-04 | 5.58 | 5.85 | 5.94 | 6.03 | 6.21 |
| 2001-05 | 5.58 | 5.85 | 5.94 | 6.03 | 6.21 |
| 2001-06 | 5.58 | 5.85 | 5.94 | 6.03 | 6.21 |
| 2001-07 | 5.58 | 5.85 | 5.94 | 6.03 | 6.21 |
| 2001-08 | 5.58 | 5.85 | 5.94 | 6.03 | 6.21 |
| 2001-09 | 5.58 | 5.85 | 5.94 | 6.03 | 6.21 |
| 2001-10 | 5.58 | 5.85 | 5.94 | 6.03 | 6.21 |
| 2001-11 | 5.58 | 5.85 | 5.94 | 6.03 | 6.21 |
| 2001-12 | 5.58 | 5.85 | 5.94 | 6.03 | 6.21 |
| 2002-01 | 5.58 | 5.85 | 5.94 | 6.03 | 6.21 |
| 2002-02 | 5.04 | 5.31 | 5.49 | 5.58 | 5.76 |
| 2002-03 | 5.04 | 5.31 | 5.49 | 5.58 | 5.76 |
| 2002-04 | 5.04 | 5.31 | 5.49 | 5.58 | 5.76 |
| 2002-05 | 5.04 | 5.31 | 5.49 | 5.58 | 5.76 |
| 2002-06 | 5.04 | 5.31 | 5.49 | 5.58 | 5.76 |
| 2002-07 | 5.04 | 5.31 | 5.49 | 5.58 | 5.76 |
| 2002-08 | 5.04 | 5.31 | 5.49 | 5.58 | 5.76 |
| 2002-09 | 5.04 | 5.31 | 5.49 | 5.58 | 5.76 |

续表

| 指标名称 | 短期贷款利率 6个月 | 短期贷款利率 6个月至1年 | 中长期贷款利率 1~3年 | 中长期贷款利率 3~5年 | 中长期贷款利率 5年以上 |
|---|---|---|---|---|---|
| 2002-10 | 5.04 | 5.31 | 5.49 | 5.58 | 5.76 |
| 2002-11 | 5.04 | 5.31 | 5.49 | 5.58 | 5.76 |
| 2002-12 | 5.04 | 5.31 | 5.49 | 5.58 | 5.76 |
| 2003-01 | 5.04 | 5.31 | 5.49 | 5.58 | 5.76 |
| 2003-02 | 5.04 | 5.31 | 5.49 | 5.58 | 5.76 |
| 2003-03 | 5.04 | 5.31 | 5.49 | 5.58 | 5.76 |
| 2003-04 | 5.04 | 5.31 | 5.49 | 5.58 | 5.76 |
| 2003-05 | 5.04 | 5.31 | 5.49 | 5.58 | 5.76 |
| 2003-06 | 5.04 | 5.31 | 5.49 | 5.58 | 5.76 |
| 2003-07 | 5.04 | 5.31 | 5.49 | 5.58 | 5.76 |
| 2003-08 | 5.04 | 5.31 | 5.49 | 5.58 | 5.76 |
| 2003-09 | 5.04 | 5.31 | 5.49 | 5.58 | 5.76 |
| 2003-10 | 5.04 | 5.31 | 5.49 | 5.58 | 5.76 |
| 2003-11 | 5.04 | 5.31 | 5.49 | 5.58 | 5.76 |
| 2003-12 | 5.04 | 5.31 | 5.49 | 5.58 | 5.76 |
| 2004-01 | 5.04 | 5.31 | 5.49 | 5.58 | 5.76 |
| 2004-02 | 5.04 | 5.31 | 5.49 | 5.58 | 5.76 |
| 2004-03 | 5.04 | 5.31 | 5.49 | 5.58 | 5.76 |
| 2004-04 | 5.04 | 5.31 | 5.49 | 5.58 | 5.76 |
| 2004-05 | 5.04 | 5.31 | 5.49 | 5.58 | 5.76 |
| 2004-06 | 5.04 | 5.31 | 5.49 | 5.58 | 5.76 |
| 2004-07 | 5.04 | 5.31 | 5.49 | 5.58 | 5.76 |
| 2004-08 | 5.04 | 5.31 | 5.49 | 5.58 | 5.76 |
| 2004-09 | 5.04 | 5.31 | 5.49 | 5.58 | 5.76 |
| 2004-10 | 5.22 | 5.58 | 5.76 | 5.85 | 6.12 |
| 2004-11 | 5.22 | 5.58 | 5.76 | 5.85 | 6.12 |
| 2004-12 | 5.22 | 5.58 | 5.76 | 5.85 | 6.12 |
| 2005-01 | 5.22 | 5.58 | 5.76 | 5.85 | 6.12 |
| 2005-02 | 5.22 | 5.58 | 5.76 | 5.85 | 6.12 |

续表

| 指标名称 | 短期贷款利率<br>6 个月 | 短期贷款利率<br>6 个月至 1 年 | 中长期贷款利率<br>1 ~ 3 年 | 中长期贷款利率<br>3 ~ 5 年 | 中长期贷款利率<br>5 年以上 |
|---|---|---|---|---|---|
| 2005 - 03 | 5. 22 | 5. 58 | 5. 76 | 5. 85 | 6. 12 |
| 2005 - 04 | 5. 22 | 5. 58 | 5. 76 | 5. 85 | 6. 12 |
| 2005 - 05 | 5. 22 | 5. 58 | 5. 76 | 5. 85 | 6. 12 |
| 2005 - 06 | 5. 22 | 5. 58 | 5. 76 | 5. 85 | 6. 12 |
| 2005 - 07 | 5. 22 | 5. 58 | 5. 76 | 5. 85 | 6. 12 |
| 2005 - 08 | 5. 22 | 5. 58 | 5. 76 | 5. 85 | 6. 12 |
| 2005 - 09 | 5. 22 | 5. 58 | 5. 76 | 5. 85 | 6. 12 |
| 2005 - 10 | 5. 22 | 5. 58 | 5. 76 | 5. 85 | 6. 12 |
| 2005 - 11 | 5. 22 | 5. 58 | 5. 76 | 5. 85 | 6. 12 |
| 2005 - 12 | 5. 22 | 5. 58 | 5. 76 | 5. 85 | 6. 12 |
| 2006 - 01 | 5. 22 | 5. 58 | 5. 76 | 5. 85 | 6. 12 |
| 2006 - 02 | 5. 22 | 5. 58 | 5. 76 | 5. 85 | 6. 12 |
| 2006 - 03 | 5. 22 | 5. 58 | 5. 76 | 5. 85 | 6. 12 |
| 2006 - 04 | 5. 40 | 5. 85 | 6. 03 | 6. 12 | 6. 39 |
| 2006 - 05 | 5. 40 | 5. 85 | 6. 03 | 6. 12 | 6. 39 |
| 2006 - 06 | 5. 40 | 5. 85 | 6. 03 | 6. 12 | 6. 39 |
| 2006 - 07 | 5. 40 | 5. 85 | 6. 03 | 6. 12 | 6. 39 |
| 2006 - 08 | 5. 58 | 6. 12 | 6. 30 | 6. 48 | 6. 84 |
| 2006 - 09 | 5. 58 | 6. 12 | 6. 30 | 6. 48 | 6. 84 |
| 2006 - 10 | 5. 58 | 6. 12 | 6. 30 | 6. 48 | 6. 84 |
| 2006 - 11 | 5. 58 | 6. 12 | 6. 30 | 6. 48 | 6. 84 |
| 2006 - 12 | 5. 58 | 6. 12 | 6. 30 | 6. 48 | 6. 84 |
| 2007 - 01 | 5. 58 | 6. 12 | 6. 30 | 6. 48 | 6. 84 |
| 2007 - 02 | 5. 58 | 6. 12 | 6. 30 | 6. 48 | 6. 84 |
| 2007 - 03 | 5. 67 | 6. 39 | 6. 57 | 6. 75 | 7. 11 |
| 2007 - 04 | 5. 67 | 6. 39 | 6. 57 | 6. 75 | 7. 11 |
| 2007 - 05 | 5. 85 | 6. 57 | 6. 75 | 6. 93 | 7. 20 |
| 2007 - 06 | 5. 85 | 6. 57 | 6. 75 | 6. 93 | 7. 20 |
| 2007 - 07 | 6. 03 | 6. 84 | 7. 02 | 7. 20 | 7. 38 |

续表

| 指标名称 | 短期贷款利率 6个月 | 短期贷款利率 6个月至1年 | 中长期贷款利率 1~3年 | 中长期贷款利率 3~5年 | 中长期贷款利率 5年以上 |
|---|---|---|---|---|---|
| 2007-08 | 6.21 | 7.02 | 7.20 | 7.38 | 7.56 |
| 2007-09 | 6.48 | 7.29 | 7.47 | 7.65 | 7.83 |
| 2007-10 | 6.48 | 7.29 | 7.47 | 7.65 | 7.83 |
| 2007-11 | 6.48 | 7.29 | 7.47 | 7.65 | 7.83 |
| 2007-12 | 6.57 | 7.47 | 7.56 | 7.74 | 7.83 |
| 2008-01 | 6.57 | 7.47 | 7.56 | 7.74 | 7.83 |
| 2008-02 | 6.57 | 7.47 | 7.56 | 7.74 | 7.83 |
| 2008-03 | 6.57 | 7.47 | 7.56 | 7.74 | 7.83 |
| 2008-04 | 6.57 | 7.47 | 7.56 | 7.74 | 7.83 |
| 2008-05 | 6.57 | 7.47 | 7.56 | 7.74 | 7.83 |
| 2008-06 | 6.57 | 7.47 | 7.56 | 7.74 | 7.83 |
| 2008-07 | 6.57 | 7.47 | 7.56 | 7.74 | 7.83 |
| 2008-08 | 6.57 | 7.47 | 7.56 | 7.74 | 7.83 |
| 2008-09 | 6.21 | 7.20 | 7.29 | 7.56 | 7.74 |
| 2008-10 | 6.03 | 6.66 | 6.75 | 7.02 | 7.20 |
| 2008-11 | 5.04 | 5.58 | 5.67 | 5.94 | 6.12 |
| 2008-12 | 4.86 | 5.31 | 5.40 | 5.76 | 5.94 |
| 2009-01 | 4.86 | 5.31 | 5.40 | 5.76 | 5.94 |
| 2009-02 | 4.86 | 5.31 | 5.40 | 5.76 | 5.94 |
| 2009-03 | 4.86 | 5.31 | 5.40 | 5.76 | 5.94 |
| 2009-04 | 4.86 | 5.31 | 5.40 | 5.76 | 5.94 |
| 2009-05 | 4.86 | 5.31 | 5.40 | 5.76 | 5.94 |
| 2009-06 | 4.86 | 5.31 | 5.40 | 5.76 | 5.94 |
| 2009-07 | 4.86 | 5.31 | 5.40 | 5.76 | 5.94 |
| 2009-08 | 4.86 | 5.31 | 5.40 | 5.76 | 5.94 |
| 2009-09 | 4.86 | 5.31 | 5.40 | 5.76 | 5.94 |
| 2009-10 | 4.86 | 5.31 | 5.40 | 5.76 | 5.94 |
| 2009-11 | 4.86 | 5.31 | 5.40 | 5.76 | 5.94 |
| 2009-12 | 4.86 | 5.31 | 5.40 | 5.76 | 5.94 |

续表

| 指标名称 | 短期贷款利率<br>6 个月 | 短期贷款利率<br>6 个月至 1 年 | 中长期贷款利率<br>1 ~ 3 年 | 中长期贷款利率<br>3 ~ 5 年 | 中长期贷款利率<br>5 年以上 |
|---|---|---|---|---|---|
| 2010 - 01 | 4. 86 | 5. 31 | 5. 40 | 5. 76 | 5. 94 |
| 2010 - 02 | 4. 86 | 5. 31 | 5. 40 | 5. 76 | 5. 94 |
| 2010 - 03 | 4. 86 | 5. 31 | 5. 40 | 5. 76 | 5. 94 |
| 2010 - 04 | 4. 86 | 5. 31 | 5. 40 | 5. 76 | 5. 94 |
| 2010 - 05 | 4. 86 | 5. 31 | 5. 40 | 5. 76 | 5. 94 |
| 2010 - 06 | 4. 86 | 5. 31 | 5. 40 | 5. 76 | 5. 94 |
| 2010 - 07 | 4. 86 | 5. 31 | 5. 40 | 5. 76 | 5. 94 |
| 2010 - 08 | 4. 86 | 5. 31 | 5. 40 | 5. 76 | 5. 94 |
| 2010 - 09 | 4. 86 | 5. 31 | 5. 40 | 5. 76 | 5. 94 |
| 2010 - 10 | 5. 10 | 5. 56 | 5. 60 | 5. 96 | 6. 14 |
| 2010 - 11 | 5. 10 | 5. 56 | 5. 60 | 5. 96 | 6. 14 |
| 2010 - 12 | 5. 35 | 5. 81 | 5. 85 | 6. 22 | 6. 40 |
| 2011 - 01 | 5. 35 | 5. 81 | 5. 85 | 6. 22 | 6. 40 |
| 2011 - 02 | 5. 60 | 6. 06 | 6. 10 | 6. 45 | 6. 60 |
| 2011 - 03 | 5. 60 | 6. 06 | 6. 10 | 6. 45 | 6. 60 |
| 2011 - 04 | 5. 85 | 6. 31 | 6. 40 | 6. 65 | 6. 80 |
| 2011 - 05 | 5. 85 | 6. 31 | 6. 40 | 6. 65 | 6. 80 |
| 2011 - 06 | 5. 85 | 6. 31 | 6. 40 | 6. 65 | 6. 80 |
| 2011 - 07 | 6. 10 | 6. 56 | 6. 65 | 6. 90 | 7. 05 |
| 2011 - 08 | 6. 10 | 6. 56 | 6. 65 | 6. 90 | 7. 05 |
| 2011 - 09 | 6. 10 | 6. 56 | 6. 65 | 6. 90 | 7. 05 |
| 2011 - 10 | 6. 10 | 6. 56 | 6. 65 | 6. 90 | 7. 05 |
| 2011 - 11 | 6. 10 | 6. 56 | 6. 65 | 6. 90 | 7. 05 |
| 2011 - 12 | 6. 10 | 6. 56 | 6. 65 | 6. 90 | 7. 05 |
| 2012 - 01 | 6. 10 | 6. 56 | 6. 65 | 6. 90 | 7. 05 |
| 2012 - 02 | 6. 10 | 6. 56 | 6. 65 | 6. 90 | 7. 05 |
| 2012 - 03 | 6. 10 | 6. 56 | 6. 65 | 6. 90 | 7. 05 |
| 2012 - 04 | 6. 10 | 6. 56 | 6. 65 | 6. 90 | 7. 05 |
| 2012 - 05 | 6. 10 | 6. 56 | 6. 65 | 6. 90 | 7. 05 |

续表

| 指标名称 | 短期贷款利率<br>6 个月 | 短期贷款利率<br>6 个月至 1 年 | 中长期贷款利率<br>1～3 年 | 中长期贷款利率<br>3～5 年 | 中长期贷款利率<br>5 年以上 |
|---|---|---|---|---|---|
| 2012－06 | 5.85 | 6.31 | 6.40 | 6.65 | 6.80 |
| 2012－07 | 5.60 | 6.00 | 6.15 | 6.40 | 6.55 |
| 2012－08 | 5.60 | 6.00 | 6.15 | 6.40 | 6.55 |
| 2012－09 | 5.60 | 6.00 | 6.15 | 6.40 | 6.55 |
| 2012－10 | 5.60 | 6.00 | 6.15 | 6.40 | 6.55 |
| 2012－11 | 5.60 | 6.00 | 6.15 | 6.40 | 6.55 |
| 2012－12 | 5.60 | 6.00 | 6.15 | 6.40 | 6.55 |
| 2013－01 | 5.60 | 6.00 | 6.15 | 6.40 | 6.55 |
| 2013－02 | 5.60 | 6.00 | 6.15 | 6.40 | 6.55 |
| 2013－03 | 5.60 | 6.00 | 6.15 | 6.40 | 6.55 |
| 2013－04 | 5.60 | 6.00 | 6.15 | 6.40 | 6.55 |
| 2013－05 | 5.60 | 6.00 | 6.15 | 6.40 | 6.55 |
| 2013－06 | 5.60 | 6.00 | 6.15 | 6.40 | 6.55 |
| 2013－07 | 5.60 | 6.00 | 6.15 | 6.40 | 6.55 |
| 2013－08 | 5.60 | 6.00 | 6.15 | 6.40 | 6.55 |
| 2013－09 | 5.60 | 6.00 | 6.15 | 6.40 | 6.55 |
| 2013－10 | 5.60 | 6.00 | 6.15 | 6.40 | 6.55 |
| 2013－11 | 5.60 | 6.00 | 6.15 | 6.40 | 6.55 |
| 2013－12 | 5.60 | 6.00 | 6.15 | 6.40 | 6.55 |
| 2014－01 | 5.60 | 6.00 | 6.15 | 6.40 | 6.55 |
| 2014－02 | 5.60 | 6.00 | 6.15 | 6.40 | 6.55 |
| 2014－03 | 5.60 | 6.00 | 6.15 | 6.40 | 6.55 |
| 2014－04 | 5.60 | 6.00 | 6.15 | 6.40 | 6.55 |
| 2014－05 | 5.60 | 6.00 | 6.15 | 6.40 | 6.55 |
| 2014－06 | 5.60 | 6.00 | 6.15 | 6.40 | 6.55 |
| 2014－07 | 5.60 | 6.00 | 6.15 | 6.40 | 6.55 |
| 2014－08 | 5.60 | 6.00 | 6.15 | 6.40 | 6.55 |
| 2014－09 | 5.60 | 6.00 | 6.15 | 6.40 | 6.55 |
| 2014－10 | 5.60 | 6.00 | 6.15 | 6.40 | 6.55 |

续表

| 指标名称 | 短期贷款利率<br>6 个月 | 短期贷款利率<br>6 个月至 1 年 | 中长期贷款利率<br>1 ~3 年 | 中长期贷款利率<br>3 ~5 年 | 中长期贷款利率<br>5 年以上 |
|---|---|---|---|---|---|
| 2014 – 11 | 5.60 | 5.60 | 6.00 | 6.00 | 6.15 |
| 2014 – 12 | 5.60 | 5.60 | 6.00 | 6.00 | 6.15 |
| 2015 – 01 | 5.60 | 5.60 | 6.00 | 6.00 | 6.15 |
| 2015 – 02 | 5.60 | 5.60 | 6.00 | 6.00 | 6.15 |
| 2015 – 03 | 5.35 | 5.35 | 5.75 | 5.75 | 5.90 |
| 2015 – 04 | 5.60 | 6.00 | 6.15 | 6.40 | 6.55 |
| 2015 – 05 | 5.60 | 6.00 | 6.15 | 6.40 | 6.55 |
| 2015 – 06 | 5.60 | 6.00 | 6.15 | 6.40 | 6.55 |
| 2015 – 07 | 5.60 | 6.00 | 6.15 | 6.40 | 6.55 |
| 2015 – 08 | 5.60 | 6.00 | 6.15 | 6.40 | 6.55 |
| 2015 – 09 | 5.60 | 6.00 | 6.15 | 6.40 | 6.55 |
| 2015 – 10 | 5.60 | 6.00 | 6.15 | 6.40 | 6.55 |
| 2015 – 11 | 5.60 | 6.00 | 6.15 | 6.40 | 6.55 |
| 2015 – 12 | 5.60 | 6.00 | 6.15 | 6.40 | 6.55 |
| 2016 – 01 | 5.60 | 6.00 | 6.15 | 6.40 | 6.55 |
| 2016 – 02 | 5.60 | 6.00 | 6.15 | 6.40 | 6.55 |
| 2016 – 03 | 5.60 | 6.00 | 6.15 | 6.40 | 6.55 |
| 2016 – 04 | 5.60 | 6.00 | 6.15 | 6.40 | 6.55 |
| 2016 – 05 | 5.60 | 6.00 | 6.15 | 6.40 | 6.55 |
| 2016 – 06 | 5.60 | 6.00 | 6.15 | 6.40 | 6.55 |
| 2016 – 07 | 5.60 | 6.00 | 6.15 | 6.40 | 6.55 |
| 2016 – 08 | 5.60 | 6.00 | 6.15 | 6.40 | 6.55 |
| 2016 – 09 | 5.60 | 6.00 | 6.15 | 6.40 | 6.55 |
| 2016 – 10 | 5.60 | 6.00 | 6.15 | 6.40 | 6.55 |
| 2016 – 11 | 5.60 | 5.60 | 6.00 | 6.00 | 6.15 |
| 2016 – 12 | 5.60 | 5.60 | 6.00 | 6.00 | 6.15 |

资料来源：根据中国人民银行及各商业银行网站信息整理得到。

附表 4　　1993M1～2016M4 我国社会消费品零售总额　　单位：亿元

| 日期 | 社会消费品零售总额（月度） | 社会消费品零售总额变化 |
|---|---|---|
| 1993－01 | 977. 5000 | — |
| 1993－02 | 892. 5000 | －85. 0000 |
| 1993－03 | 942. 3000 | 49. 8000 |
| 1993－04 | 941. 3000 | －1. 0000 |
| 1993－05 | 962. 2000 | 20. 9000 |
| 1993－06 | 1005. 7000 | 43. 5000 |
| 1993－07 | 963. 8000 | －41. 9000 |
| 1993－08 | 959. 8000 | －4. 0000 |
| 1993－09 | 1023. 3000 | 63. 5000 |
| 1993－10 | 1051. 1000 | 27. 8000 |
| 1993－11 | 1102. 0000 | 50. 9000 |
| 1993－12 | 1415. 5000 | 313. 5000 |
| 1994－01 | 1192. 2000 | －223. 3000 |
| 1994－02 | 1162. 7000 | －29. 5000 |
| 1994－03 | 1166. 1000 | 3. 4000 |
| 1994－04 | 1176. 6300 | 10. 5300 |
| 1994－05 | 1213. 7000 | 37. 0700 |
| 1994－06 | 1238. 6700 | 24. 9700 |
| 1994－07 | 1251. 5000 | 12. 8300 |
| 1994－08 | 1286. 0000 | 34. 5000 |
| 1994－09 | 1399. 0000 | 113. 0000 |
| 1994－10 | 1444. 1000 | 45. 1000 |
| 1994－11 | 1553. 8000 | 109. 7000 |
| 1994－12 | 1992. 3000 | 438. 5000 |
| 1995－01 | 1602. 2000 | －390. 1000 |
| 1995－02 | 1491. 5000 | －110. 7000 |
| 1995－03 | 1533. 3000 | 41. 8000 |
| 1995－04 | 1548. 7000 | 15. 4000 |
| 1995－05 | 1585. 4000 | 36. 7000 |
| 1995－06 | 1639. 7000 | 54. 3000 |

续表

| 日期 | 社会消费品零售总额（月度） | 社会消费品零售总额变化 |
|---|---|---|
| 1995 - 07 | 1623.6000 | -16.1000 |
| 1995 - 08 | 1637.1000 | 13.5000 |
| 1995 - 09 | 1756.0000 | 118.9000 |
| 1995 - 10 | 1818.0000 | 62.0000 |
| 1995 - 11 | 1935.2000 | 117.2000 |
| 1995 - 12 | 2389.5000 | 454.3000 |
| 1996 - 01 | 1909.1000 | -480.4000 |
| 1996 - 02 | 1911.2000 | 2.1000 |
| 1996 - 03 | 1860.1000 | -51.1000 |
| 1996 - 04 | 1854.8000 | -5.3000 |
| 1996 - 05 | 1898.3000 | 43.5000 |
| 1996 - 06 | 1966.0000 | 67.7000 |
| 1996 - 07 | 1888.7000 | -77.3000 |
| 1996 - 08 | 1916.4000 | 27.7000 |
| 1996 - 09 | 2083.5000 | 167.1000 |
| 1996 - 10 | 2148.3000 | 64.8000 |
| 1996 - 11 | 2290.1000 | 141.8000 |
| 1996 - 12 | 2848.6000 | 558.5000 |
| 1997 - 01 | 2288.5000 | -560.1000 |
| 1997 - 02 | 2213.5000 | -75.0000 |
| 1997 - 03 | 2130.9000 | -82.6000 |
| 1997 - 04 | 2100.5000 | -30.4000 |
| 1997 - 05 | 2108.2000 | 7.7000 |
| 1997 - 06 | 2164.7000 | 56.5000 |
| 1997 - 07 | 2102.5000 | -62.2000 |
| 1997 - 08 | 2104.4000 | 1.9000 |
| 1997 - 09 | 2239.6000 | 135.2000 |
| 1997 - 10 | 2348.0000 | 108.4000 |
| 1997 - 11 | 2454.9000 | 106.9000 |
| 1997 - 12 | 2881.7000 | 426.8000 |

续表

| 日期 | 社会消费品零售总额（月度） | 社会消费品零售总额变化 |
| --- | --- | --- |
| 1998 - 01 | 2549. 5000 | - 332. 2000 |
| 1998 - 02 | 2306. 4000 | - 243. 1000 |
| 1998 - 03 | 2279. 7000 | - 26. 7000 |
| 1998 - 04 | 2252. 7000 | - 27. 0000 |
| 1998 - 05 | 2265. 2000 | 12. 5000 |
| 1998 - 06 | 2326. 0000 | 60. 8000 |
| 1998 - 07 | 2286. 1000 | - 39. 9000 |
| 1998 - 08 | 2314. 6000 | 28. 5000 |
| 1998 - 09 | 2443. 1000 | 128. 5000 |
| 1998 - 10 | 2536. 0000 | 92. 9000 |
| 1998 - 11 | 2652. 2000 | 116. 2000 |
| 1998 - 12 | 3131. 4000 | 479. 2000 |
| 1999 - 01 | 2662. 1000 | - 469. 3000 |
| 1999 - 02 | 2538. 4000 | - 123. 7000 |
| 1999 - 03 | 2403. 1000 | - 135. 3000 |
| 1999 - 04 | 2356. 8000 | - 46. 3000 |
| 1999 - 05 | 2364. 0000 | 7. 2000 |
| 1999 - 06 | 2428. 8000 | 64. 8000 |
| 1999 - 07 | 2380. 3000 | - 48. 5000 |
| 1999 - 08 | 2410. 9000 | 30. 6000 |
| 1999 - 09 | 2604. 3000 | 193. 4000 |
| 1999 - 10 | — | — |
| 1999 - 11 | — | — |
| 1999 - 12 | — | — |
| 2000 - 01 | 2962. 9000 | — |
| 2000 - 02 | 2804. 9000 | - 158. 0000 |
| 2000 - 03 | 2626. 6000 | - 178. 3000 |
| 2000 - 04 | 2571. 5000 | - 55. 1000 |
| 2000 - 05 | 2636. 9000 | 65. 4000 |
| 2000 - 06 | 2645. 2000 | 8. 3000 |

续表

| 日期 | 社会消费品零售总额（月度） | 社会消费品零售总额变化 |
| --- | --- | --- |
| 2000-07 | 2596.9000 | -48.3000 |
| 2000-08 | 2636.3000 | 39.4000 |
| 2000-09 | 2854.3000 | 218.0000 |
| 2000-10 | 3029.3000 | 175.0000 |
| 2000-11 | 3107.8000 | 78.5000 |
| 2000-12 | 3680.0000 | 572.2000 |
| 2001-01 | 3332.8000 | -347.2000 |
| 2001-02 | 3047.1000 | -285.7000 |
| 2001-03 | 2876.1000 | -171.0000 |
| 2001-04 | 2820.9000 | -55.2000 |
| 2001-05 | 2929.6000 | 108.7000 |
| 2001-06 | 2908.7000 | -20.9000 |
| 2001-07 | 2851.4000 | -57.3000 |
| 2001-08 | 2889.4000 | 38.0000 |
| 2001-09 | 3136.9000 | 247.5000 |
| 2001-10 | 3347.3000 | 210.4000 |
| 2001-11 | 3421.7000 | 74.4000 |
| 2001-12 | 4033.3000 | 611.6000 |
| 2002-01 | 3596.1000 | -437.2000 |
| 2002-02 | 3324.4000 | -271.7000 |
| 2002-03 | 3114.8000 | -209.6000 |
| 2002-04 | 3052.2000 | -62.6000 |
| 2002-05 | 3202.1000 | 149.9000 |
| 2002-06 | 3158.8000 | -43.3000 |
| 2002-07 | 3096.6000 | -62.2000 |
| 2002-08 | 3143.7000 | 47.1000 |
| 2002-09 | 3422.4000 | 278.7000 |
| 2002-10 | 3661.9000 | 239.5000 |
| 2002-11 | 3733.1000 | 71.2000 |
| 2002-12 | 4404.4000 | 671.3000 |

续表

| 日期 | 社会消费品零售总额（月度） | 社会消费品零售总额变化 |
| --- | --- | --- |
| 2003 - 01 | 3907. 4000 | - 497. 0000 |
| 2003 - 02 | 3706. 4000 | - 201. 0000 |
| 2003 - 03 | 3494. 8000 | - 211. 6000 |
| 2003 - 04 | 3406. 9000 | - 87. 9000 |
| 2003 - 05 | 3463. 3000 | 56. 4000 |
| 2003 - 06 | 3576. 9000 | 113. 6000 |
| 2003 - 07 | 3562. 1000 | - 14. 8000 |
| 2003 - 08 | 3609. 6000 | 47. 5000 |
| 2003 - 09 | 3971. 8000 | 362. 2000 |
| 2003 - 10 | 4204. 4000 | 232. 6000 |
| 2003 - 11 | 4202. 7000 | - 1. 7000 |
| 2003 - 12 | 4735. 7000 | 533. 0000 |
| 2004 - 01 | 4569. 4000 | - 166. 3000 |
| 2004 - 02 | 4211. 4000 | - 358. 0000 |
| 2004 - 03 | 4049. 8000 | - 161. 6000 |
| 2004 - 04 | 4001. 8000 | - 48. 0000 |
| 2004 - 05 | 4166. 1000 | 164. 3000 |
| 2004 - 06 | 4250. 7000 | 84. 6000 |
| 2004 - 07 | 4209. 2000 | - 41. 5000 |
| 2004 - 08 | 4262. 7000 | 53. 5000 |
| 2004 - 09 | 4717. 7000 | 455. 0000 |
| 2004 - 10 | 4983. 2000 | 265. 5000 |
| 2004 - 11 | 4965. 6000 | - 17. 6000 |
| 2004 - 12 | 5562. 5000 | 596. 9000 |
| 2005 - 01 | 5300. 9000 | - 261. 6000 |
| 2005 - 02 | 5012. 2000 | - 288. 7000 |
| 2005 - 03 | 4799. 1000 | - 213. 1000 |
| 2005 - 04 | 4663. 3000 | - 135. 8000 |
| 2005 - 05 | 4899. 2000 | 235. 9000 |
| 2005 - 06 | 4935. 0000 | 35. 8000 |

续表

| 日期 | 社会消费品零售总额（月度） | 社会消费品零售总额变化 |
|---|---|---|
| 2005 - 07 | 4934. 9000 | -0. 1000 |
| 2005 - 08 | 5040. 8000 | 105. 9000 |
| 2005 - 09 | 5495. 2000 | 454. 4000 |
| 2005 - 10 | 5846. 6000 | 351. 4000 |
| 2005 - 11 | 5909. 0000 | 62. 4000 |
| 2005 - 12 | 6850. 4000 | 941. 4000 |
| 2006 - 01 | 6641. 6000 | -208. 8000 |
| 2006 - 02 | 6001. 9000 | -639. 7000 |
| 2006 - 03 | 5796. 7000 | -205. 2000 |
| 2006 - 04 | 5774. 6000 | -22. 1000 |
| 2006 - 05 | 6175. 6000 | 401. 0000 |
| 2006 - 06 | 6057. 8000 | -117. 8000 |
| 2006 - 07 | 6012. 2000 | -45. 6000 |
| 2006 - 08 | 6077. 4000 | 65. 2000 |
| 2006 - 09 | 6553. 6000 | 476. 2000 |
| 2006 - 10 | 6997. 7000 | 444. 1000 |
| 2006 - 11 | 6821. 7000 | -176. 0000 |
| 2006 - 12 | 7499. 2000 | 677. 5000 |
| 2007 - 01 | 7488. 3000 | -10. 9000 |
| 2007 - 02 | 7013. 7000 | -474. 6000 |
| 2007 - 03 | 6685. 8000 | -327. 9000 |
| 2007 - 04 | 6672. 5000 | -13. 3000 |
| 2007 - 05 | 7157. 5000 | 485. 0000 |
| 2007 - 06 | 7026. 0000 | -131. 5000 |
| 2007 - 07 | 6998. 2000 | -27. 8000 |
| 2007 - 08 | 7116. 6000 | 118. 4000 |
| 2007 - 09 | 7668. 4000 | 551. 8000 |
| 2007 - 10 | 8263. 0000 | 594. 6000 |
| 2007 - 11 | 8104. 7000 | -158. 3000 |
| 2007 - 12 | 9015. 3000 | 910. 6000 |

续表

| 日期 | 社会消费品零售总额（月度） | 社会消费品零售总额变化 |
|---|---|---|
| 2008－01 | 9077.3000 | 62.0000 |
| 2008－02 | 8354.7000 | －722.6000 |
| 2008－03 | 8123.2000 | －231.5000 |
| 2008－04 | 8142.0000 | 18.8000 |
| 2008－05 | 8703.5000 | 561.5000 |
| 2008－06 | 8642.0000 | －61.5000 |
| 2008－07 | 8628.8000 | －13.2000 |
| 2008－08 | 8767.7000 | 138.9000 |
| 2008－09 | 9446.5000 | 678.8000 |
| 2008－10 | 10082.7000 | 636.2000 |
| 2008－11 | 9790.8000 | －291.9000 |
| 2008－12 | 10728.5000 | 937.7000 |
| 2009－01 | 10756.6000 | 28.1000 |
| 2009－02 | 9323.8000 | －1432.8000 |
| 2009－03 | 9317.6000 | －6.2000 |
| 2009－04 | 9343.2000 | 25.6000 |
| 2009－05 | 10028.4000 | 685.2000 |
| 2009－06 | 9941.6000 | －86.8000 |
| 2009－07 | 9936.5000 | －5.1000 |
| 2009－08 | 10115.6000 | 179.1000 |
| 2009－09 | 10912.8000 | 797.2000 |
| 2009－10 | 11717.6000 | 804.8000 |
| 2009－11 | 11339.0000 | －378.6000 |
| 2009－12 | 12610.0000 | 1271.0000 |
| 2010－01 | 11292.5000 | －1317.5000 |
| 2010－02 | 12334.0000 | 1041.5000 |
| 2010－03 | 11321.7000 | －1012.3000 |
| 2010－04 | 11510.4000 | 188.7000 |
| 2010－05 | 12455.1000 | 944.7000 |
| 2010－06 | 12329.9000 | －125.2000 |

续表

| 日期 | 社会消费品零售总额（月度） | 社会消费品零售总额变化 |
|---|---|---|
| 2010 - 07 | 12252.8000 | -77.1000 |
| 2010 - 08 | 12569.8000 | 317.0000 |
| 2010 - 09 | 13536.5000 | 966.7000 |
| 2010 - 10 | 14284.8000 | 748.3000 |
| 2010 - 11 | 13910.9000 | -373.9000 |
| 2010 - 12 | 15329.5000 | 1418.6000 |
| 2011 - 01 | 15249.0000 | -80.5000 |
| 2011 - 02 | 13769.1000 | -1479.9000 |
| 2011 - 03 | 13588.0000 | -181.1000 |
| 2011 - 04 | 13649.0000 | 61.0000 |
| 2011 - 05 | 14697.0000 | 1048.0000 |
| 2011 - 06 | 14564.1000 | -132.9000 |
| 2011 - 07 | 14408.0000 | -156.1000 |
| 2011 - 08 | 14705.0000 | 297.0000 |
| 2011 - 09 | 15865.0000 | 1160.0000 |
| 2011 - 10 | 16546.4000 | 681.4000 |
| 2011 - 11 | 16128.9000 | -417.5000 |
| 2011 - 12 | 17739.7000 | 1610.8000 |
| 2012 - 01 | 0E - 8 | -17739.7000 |
| 2012 - 02 | — | — |
| 2012 - 03 | 15650.2000 | — |
| 2012 - 04 | 15603.1000 | -47.1000 |
| 2012 - 05 | 16714.8000 | 1111.7000 |
| 2012 - 06 | 16584.9000 | -129.9000 |
| 2012 - 07 | 16314.9000 | -270.0000 |
| 2012 - 08 | 16658.9000 | 344.0000 |
| 2012 - 09 | 18226.6000 | 1567.7000 |
| 2012 - 10 | 18933.8000 | 707.2000 |
| 2012 - 11 | 18476.7000 | -457.1000 |
| 2012 - 12 | 20334.2136 | 1857.5136 |

续表

| 日期 | 社会消费品零售总额（月度） | 社会消费品零售总额变化 |
|---|---|---|
| 2015 - 01 | 19373. 3400 | 24194. 8200 |
| 2015 - 02 | 18436. 5000 | -936. 8400 |
| 2015 - 03 | 17641. 2000 | -795. 3000 |
| 2015 - 04 | 17600. 3000 | -40. 9000 |
| 2015 - 05 | 18886. 3000 | 1286. 0000 |
| 2015 - 06 | 18826. 6800 | -59. 6200 |
| 2015 - 07 | 18513. 1600 | -313. 5200 |
| 2015 - 08 | 18886. 2000 | 373. 0400 |
| 2015 - 09 | 20653. 3400 | 1767. 1400 |
| 2015 - 10 | 21491. 3000 | 837. 9600 |
| 2015 - 11 | 21011. 9000 | -479. 4000 |
| 2015 - 12 | 23059. 7000 | 2047. 8000 |
| 2014 - 01 | 21664. 1600 | -1395. 5400 |
| 2014 - 02 | 20616. 5400 | -1047. 6200 |
| 2014 - 03 | 19800. 5500 | -815. 9900 |
| 2014 - 04 | 19701. 2000 | -99. 3500 |
| 2014 - 05 | 21249. 8000 | 1548. 6000 |
| 2014 - 06 | 21166. 4500 | -83. 3500 |
| 2014 - 07 | 20775. 7900 | -390. 6600 |
| 2014 - 08 | 21133. 9300 | 358. 1400 |
| 2014 - 09 | 23042. 4300 | 1908. 5000 |
| 2014 - 10 | 23967. 2400 | 924. 8100 |
| 2014 - 11 | 23474. 7000 | -492. 5400 |
| 2014 - 12 | 25801. 3100 | 2326. 6100 |
| 2015 - 01 | 24576. 9000 | -1224. 4100 |
| 2015 - 02 | 23415. 6100 | -1161. 2900 |
| 2015 - 03 | 22722. 8100 | -692. 8000 |
| 2015 - 04 | 22386. 7100 | -336. 1000 |
| 2015 - 05 | 24194. 8200 | 1808. 1100 |
| 2015 - 06 | 24280. 2700 | 85. 4500 |

续表

| 日期 | 社会消费品零售总额（月度） | 社会消费品零售总额变化 |
|---|---|---|
| 2015－07 | 24338.7800 | 58.5100 |
| 2015－08 | 24893.3600 | 554.5800 |
| 2015－09 | 25270.6000 | 377.2400 |
| 2015－10 | 28278.8900 | 3008.2900 |
| 2015－11 | 27937.3500 | －341.5400 |
| 2015－12 | 28634.6000 | 697.2500 |
| 2016－01 | 27105.5300 | －1529.0700 |
| 2016－02 | 25804.7700 | －1300.7600 |
| 2016－03 | 25114.1000 | －690.6700 |
| 2016－04 | 24645.8000 | －468.3000 |
| 2016－05 | 26610.7000 | 1964.9000 |
| 2016－06 | 26857.4000 | 246.7000 |
| 2016－07 | 26827.4000 | －30.0000 |
| 2016－08 | 27539.6000 | 712.2000 |
| 2016－09 | 27976.4000 | 436.8000 |
| 2016－10 | 31119.2000 | 3142.8000 |
| 2016－11 | 30958.5000 | －160.7000 |
| 2016－12 | 31756.8000 | 798.3000 |

资料来源：根据 CCER 数据库、中经网数据库、Wind 资讯网及国家统计局官方网站整理得到。

**附表5　　1993～2016年我国人均可支配收入**

| 年份 | 城镇居民人均可支配收入 | | |
|---|---|---|---|
| | 绝对数（元） | 指数（上年＝100） | 指数（1978年＝100） |
| 1993 | 2577.4 | 109.5 | 255.1 |
| 1994 | 3496.2 | 108.5 | 276.8 |
| 1995 | 4283 | 104.9 | 290.3 |
| 1996 | 4838.9 | 103.8 | 301.6 |
| 1997 | 5160.3 | 103.4 | 311.9 |
| 1998 | 5425.1 | 105.8 | 329.9 |
| 1999 | 5854 | 109.3 | 360.6 |

续表

| 年份 | 城镇居民人均可支配收入 | | |
|---|---|---|---|
| | 绝对数（元） | 指数（上年＝100） | 指数（1978 年＝100） |
| 2000 | 6280 | 106.4 | 383.7 |
| 2001 | 6859.6 | 108.5 | 416.3 |
| 2002 | 7702.8 | 113.4 | 472.1 |
| 2003 | 8472.2 | 109 | 514.6 |
| 2004 | 9421.6 | 107.7 | 554.2 |
| 2005 | 10493 | 109.6 | 607.4 |
| 2006 | 11759.5 | 110.4 | 670.7 |
| 2007 | 13785.8 | 112.2 | 752.5 |
| 2008 | 15780.8 | 108.4 | 815.7 |
| 2009 | 17174.7 | 109.8 | 895.4 |
| 2010 | 19109.4 | 107.8 | 965.2 |
| 2011 | 21809.8 | 108.4 | 1046.3 |
| 2012 | 24564.7 | 109.6 | 1146.7 |
| 2013 | 26955.1 | 107 | 1227 |
| 2014 | 29381 | 106.8 | 1310.5 |
| 2015 | 31790.3 | 106.6 | 1396.9 |
| 2016 | 33616.5 | 108.3 | 1405.2 |

**附表 6　　1993M1～2016M12 年我国实际货币余额**

| 数据日期 | M2（货币与准货币） | | | M1（货币） | | |
|---|---|---|---|---|---|---|
| | 数量 | 同比（%） | 环比（%） | 数量 | 同比（%） | 环比（%） |
| 1993－01 | 5021.91 | 31.32 | 15.82 | 13264.40 | 43.69 | 13.07 |
| 1993－02 | 4639.35 | 41.66 | －7.62 | 13230.30 | 50.17 | －0.26 |
| 1993－03 | 4557.93 | 46.22 | －1.75 | 13444.03 | 51.52 | 1.62 |
| 1993－04 | 4704.50 | 50.73 | 3.22 | 13952.10 | 51.74 | 3.78 |
| 1993－05 | 4745.84 | 52.54 | 0.88 | 14166.10 | 49.75 | 1.53 |
| 1993－06 | 4863.56 | 54.11 | 2.48 | 14016.27 | 45.00 | －1.06 |
| 1993－07 | 4908.30 | 49.71 | 0.92 | 13749.96 | 35.37 | －1.90 |
| 1993－08 | 4907.59 | 44.87 | －0.01 | 13606.29 | 29.33 | －1.04 |

续表

| 数据日期 | M2（货币与准货币） | | | M1（货币） | | |
|---|---|---|---|---|---|---|
| | 数量 | 同比（%） | 环比（%） | 数量 | 同比（%） | 环比（%） |
| 1993 - 09 | 5074.82 | 42.58 | 3.41 | 13755.00 | 30.30 | 1.09 |
| 1993 - 10 | 5159.56 | 38.23 | 1.67 | 14140.88 | 28.16 | 2.81 |
| 1993 - 11 | 5398.60 | 35.33 | 4.63 | 14968.84 | 30.70 | 5.86 |
| 1993 - 12 | 5864.70 | 35.26 | 8.63 | 16280.40 | 38.78 | 8.76 |
| 1994 - 01 | 6659.03 | 32.60 | 13.54 | 15800.50 | 19.12 | -2.95 |
| 1994 - 02 | 6305.19 | 35.91 | -5.31 | 15434.52 | 16.66 | -2.32 |
| 1994 - 03 | 5834.60 | 28.01 | -7.46 | 15508.77 | 15.36 | 0.48 |
| 1994 - 04 | 5813.99 | 23.58 | -0.35 | 15944.48 | 14.28 | 2.81 |
| 1994 - 05 | 5729.00 | 20.72 | -1.46 | 16314.43 | 15.17 | 2.32 |
| 1994 - 06 | 5781.00 | 18.86 | 0.91 | 16543.00 | 18.03 | 1.40 |
| 1994 - 07 | 5970.00 | 21.63 | 3.27 | 16950.95 | 23.28 | 2.47 |
| 1994 - 08 | 6084.00 | 23.97 | 1.91 | 17503.13 | 28.64 | 3.26 |
| 1994 - 09 | 6413.00 | 26.37 | 5.41 | 17826.48 | 29.60 | 1.85 |
| 1994 - 10 | 6555.00 | 27.05 | 2.21 | 18240.60 | 28.99 | 2.32 |
| 1994 - 11 | 6867.00 | 27.20 | 4.76 | 18678.10 | 24.78 | 2.40 |
| 1994 - 12 | 7288.60 | 24.30 | 6.14 | 20540.70 | 26.20 | 9.97 |
| 1995 - 01 | 9141.00 | 37.27 | 25.42 | 20856.66 | 32.00 | 1.54 |
| 1995 - 02 | 7765.00 | 23.15 | -15.05 | 20018.57 | 29.70 | -4.02 |
| 1995 - 03 | 7271.00 | 24.62 | -6.36 | 19835.70 | 27.90 | -0.91 |
| 1995 - 04 | 7268.00 | 25.01 | -0.04 | 19994.38 | 25.40 | 0.80 |
| 1995 - 05 | 7046.00 | 22.99 | -3.05 | 20050.43 | 22.90 | 0.28 |
| 1995 - 06 | 7004.00 | 21.16 | -0.60 | 20050.12 | 21.20 | 0.00 |
| 1995 - 07 | 7093.00 | 18.81 | 1.27 | 20425.89 | 20.50 | 1.87 |
| 1995 - 08 | 7242.00 | 19.03 | 2.10 | 22354.00 | 27.71 | 9.44 |
| 1995 - 09 | 7369.00 | 14.91 | 1.75 | 22500.00 | 26.22 | 0.65 |
| 1995 - 10 | 7420.06 | 13.20 | 0.69 | 22886.04 | 25.47 | 1.72 |
| 1995 - 11 | 7733.00 | 12.61 | 4.22 | 23428.03 | 25.43 | 2.37 |
| 1995 - 12 | 7885.30 | 8.20 | 1.97 | 23987.10 | 16.80 | 2.39 |
| 1996 - 01 | 8600.00 | -5.92 | 9.06 | 25195.00 | 20.80 | 5.04 |

续表

| 数据日期 | M2（货币与准货币） | | | M1（货币） | | |
|---|---|---|---|---|---|---|
| | 数量 | 同比（%） | 环比（%） | 数量 | 同比（%） | 环比（%） |
| 1996-02 | 9301.00 | 19.78 | 8.15 | 25255.60 | 26.16 | 0.24 |
| 1996-03 | 8169.00 | 12.35 | -12.17 | 23909.00 | 20.54 | -5.33 |
| 1996-04 | 7894.94 | 8.63 | -3.35 | 24145.00 | 20.76 | 0.99 |
| 1996-05 | 7706.00 | 9.37 | -2.39 | 24463.00 | 22.01 | 1.32 |
| 1996-06 | 7666.00 | 9.45 | -0.52 | 24600.00 | 22.69 | 0.56 |
| 1996-07 | 7809.31 | 10.10 | 1.87 | 25078.00 | 22.78 | 1.94 |
| 1996-08 | 8093.35 | 11.76 | 3.64 | 25729.45 | 15.10 | 2.60 |
| 1996-09 | 8409.00 | 14.11 | 3.90 | 26230.00 | 16.58 | 1.95 |
| 1996-10 | 8405.00 | 13.27 | -0.05 | 26798.20 | 17.09 | 2.17 |
| 1996-11 | 8705.00 | 12.57 | 3.57 | 27422.00 | 17.05 | 2.33 |
| 1996-12 | 8802.00 | 11.60 | 1.11 | 28514.80 | 18.90 | 3.99 |
| 1997-01 | 11493.00 | 33.64 | 30.57 | 30573.00 | 21.35 | 7.22 |
| 1997-02 | 10080.00 | 8.38 | -12.29 | 29103.00 | 15.23 | -4.81 |
| 1997-03 | 9282.00 | 13.62 | -7.92 | 29058.00 | 21.54 | -0.15 |
| 1997-04 | 9277.00 | 17.51 | -0.05 | 29991.00 | 24.21 | 3.21 |
| 1997-05 | 9066.00 | 17.65 | -2.27 | 30275.00 | 23.76 | 0.95 |
| 1997-06 | 9122.00 | 18.99 | 0.62 | 31074.00 | 26.32 | 2.64 |
| 1997-07 | 9127.00 | 16.87 | 0.05 | 31100.00 | 24.01 | 0.08 |
| 1997-08 | 9327.00 | 15.24 | 2.19 | 31594.99 | 22.80 | 1.59 |
| 1997-09 | 9426.00 | 12.09 | 1.06 | 32245.00 | 22.93 | 2.06 |
| 1997-10 | 9489.00 | 12.90 | 0.67 | 32422.00 | 20.99 | 0.55 |
| 1997-11 | 9784.58 | 12.40 | 3.11 | 32909.00 | 20.01 | 1.50 |
| 1997-12 | 10177.60 | 15.60 | 4.02 | 34826.30 | 22.10 | 5.83 |
| 1998-01 | 13108.40 | 14.06 | 28.80 | 35585.60 | 16.40 | 2.18 |
| 1998-02 | 10886.06 | 8.00 | -16.95 | 33395.00 | 14.75 | -6.16 |
| 1998-03 | 10201.04 | 9.90 | -6.29 | 33110.00 | 13.94 | -0.85 |
| 1998-04 | 10173.00 | 9.66 | -0.27 | 33360.00 | 11.23 | 0.76 |
| 1998-05 | 9984.40 | 10.13 | -1.85 | 33553.00 | 10.83 | 0.58 |
| 1998-06 | 9720.44 | 6.56 | -2.64 | 33776.00 | 8.70 | 0.66 |

续表

| 数据日期 | M2（货币与准货币） | | | M1（货币） | | |
|---|---|---|---|---|---|---|
| | 数量 | 同比（%） | 环比（%） | 数量 | 同比（%） | 环比（%） |
| 1998 - 07 | 10037.40 | 9.97 | 3.26 | 34356.00 | 10.47 | 1.72 |
| 1998 - 08 | 10129.07 | 8.60 | 0.91 | 35050.00 | 10.94 | 2.02 |
| 1998 - 09 | 10528.00 | 11.69 | 3.94 | 36501.00 | 13.20 | 4.14 |
| 1998 - 10 | 10501.30 | 10.67 | -0.25 | 36786.70 | 13.46 | 0.78 |
| 1998 - 11 | 10671.00 | 9.06 | 1.62 | 37414.00 | 13.69 | 1.71 |
| 1998 - 12 | 11204.20 | 10.10 | 5.00 | 38953.70 | 11.90 | 4.12 |
| 1999 - 01 | 11997.00 | -8.48 | 7.08 | 39011.00 | 9.63 | 0.15 |
| 1999 - 02 | 12784.00 | 17.43 | 6.56 | 38749.00 | 16.03 | -0.67 |
| 1999 - 03 | 11342.00 | 11.18 | -11.28 | 38054.00 | 14.93 | -1.79 |
| 1999 - 04 | 11225.00 | 10.34 | -1.03 | 38053.00 | 14.07 | 0.00 |
| 1999 - 05 | 10889.00 | 9.06 | -2.99 | 38004.00 | 13.27 | -0.13 |
| 1999 - 06 | 10881.00 | 11.94 | -0.07 | 38822.00 | 14.94 | 2.15 |
| 1999 - 07 | 11199.00 | 11.57 | 2.92 | 38991.00 | 13.49 | 0.44 |
| 1999 - 08 | 11395.00 | 12.50 | 1.75 | 40095.00 | 14.39 | 2.83 |
| 1999 - 09 | 12255.00 | 16.40 | 7.55 | 41914.00 | 14.83 | 4.54 |
| 1999 - 10 | 12154.00 | 15.74 | -0.82 | 42265.00 | 14.89 | 0.84 |
| 1999 - 11 | 12483.00 | 16.98 | 2.71 | 43370.00 | 15.92 | 2.61 |
| 1999 - 12 | 13455.50 | 20.10 | 7.79 | 45837.30 | 17.70 | 5.69 |
| 2000 - 01 | 16093.90 | 34.20 | 19.61 | 46570.10 | 19.40 | 1.60 |
| 2000 - 02 | 13983.00 | 9.40 | -13.12 | 44679.20 | 15.30 | -4.06 |
| 2000 - 03 | 13235.40 | 16.70 | -5.35 | 45158.45 | 18.70 | 1.07 |
| 2000 - 04 | 13675.50 | 21.80 | 3.33 | 46319.03 | 21.70 | 2.57 |
| 2000 - 05 | 13075.45 | 20.10 | -4.39 | 46490.23 | 22.30 | 0.37 |
| 2000 - 06 | 13006.04 | 19.50 | -0.53 | 48024.40 | 23.70 | 3.30 |
| 2000 - 07 | 13156.47 | 17.50 | 1.16 | 47803.09 | 22.60 | -0.46 |
| 2000 - 08 | 13378.68 | 17.40 | 1.69 | 48885.38 | 21.90 | 2.26 |
| 2000 - 09 | 13894.69 | 13.40 | 3.86 | 50616.89 | 20.80 | 3.54 |
| 2000 - 10 | 13589.45 | 11.80 | -2.20 | 49952.84 | 18.20 | -1.31 |
| 2000 - 11 | 13877.70 | 11.20 | 2.12 | 50787.49 | 17.10 | 1.67 |

续表

| 数据日期 | M2（货币与准货币） | | | M1（货币） | | |
|---|---|---|---|---|---|---|
| | 数量 | 同比（%） | 环比（%） | 数量 | 同比（%） | 环比（%） |
| 2000－12 | 14652.65 | 8.90 | 5.58 | 53147.15 | 16.00 | 4.65 |
| 2001－01 | 17018.98 | 5.80 | 16.15 | 54406.23 | 16.80 | 2.37 |
| 2001－02 | 14910.39 | 6.60 | －12.39 | 51997.68 | 16.40 | －4.43 |
| 2001－03 | 14362.12 | 8.50 | －3.68 | 53033.36 | 17.40 | 1.99 |
| 2001－04 | 14622.99 | 6.90 | 1.82 | 53261.32 | 15.00 | 0.43 |
| 2001－05 | 13942.28 | 6.60 | －4.66 | 52542.99 | 13.00 | －1.35 |
| 2001－06 | 13943.44 | 7.20 | 0.01 | 55187.36 | 14.90 | 5.03 |
| 2001－07 | 14071.62 | 7.00 | 0.92 | 53502.80 | 11.90 | －3.05 |
| 2001－08 | 14370.13 | 7.40 | 2.12 | 55808.92 | 14.20 | 4.31 |
| 2001－09 | 15064.60 | 8.42 | 4.83 | 56824.00 | 12.26 | 1.82 |
| 2001－10 | 14484.61 | 6.60 | －3.85 | 56114.90 | 12.30 | －1.25 |
| 2001－11 | 14780.00 | 6.50 | 2.04 | 56579.60 | 11.40 | 0.83 |
| 2001－12 | 15688.80 | 7.07 | 6.15 | 59871.59 | 12.65 | 5.82 |
| 2002－01 | 16725.89 | －1.70 | 6.61 | 60576.06 | 9.50 | 1.18 |
| 2002－02 | 16641.55 | 11.60 | －0.50 | 58702.87 | 10.90 | －3.09 |
| 2002－03 | 15544.63 | 8.20 | －6.59 | 59474.83 | 10.10 | 1.32 |
| 2002－04 | 15864.18 | 8.50 | 2.06 | 60461.31 | 11.50 | 1.66 |
| 2002－05 | 15243.07 | 9.60 | －3.92 | 61246.86 | 14.60 | 1.30 |
| 2002－06 | 15097.35 | 8.30 | －0.96 | 63144.00 | 12.80 | 3.10 |
| 2002－07 | 15357.66 | 9.10 | 1.72 | 63487.78 | 17.00 | 0.54 |
| 2002－08 | 15712.61 | 9.30 | 2.31 | 64868.83 | 14.60 | 2.18 |
| 2002－09 | 16233.58 | 7.80 | 3.32 | 66799.76 | 15.90 | 2.98 |
| 2002－10 | 16014.66 | 10.60 | －1.35 | 67100.25 | 17.90 | 0.45 |
| 2002－11 | 16346.39 | 10.60 | 2.07 | 67992.78 | 18.50 | 1.33 |
| 2002－12 | 17278.03 | 10.13 | 5.70 | 70881.79 | 16.82 | 4.25 |
| 2003－01 | 21244.73 | 27.00 | 22.96 | 72405.66 | 19.50 | 2.15 |
| 2003－02 | 17937.17 | 7.80 | －15.57 | 69756.64 | 18.80 | －3.66 |
| 2003－03 | 17106.50 | 10.10 | －4.63 | 71438.82 | 20.10 | 2.41 |
| 2003－04 | 17441.14 | 9.90 | 1.96 | 71321.24 | 18.00 | －0.16 |

续表

| 数据日期 | M2（货币与准货币） | | | M1（货币） | | |
|---|---|---|---|---|---|---|
| | 数量 | 同比（%） | 环比（%） | 数量 | 同比（%） | 环比（%） |
| 2003 - 05 | 17115.03 | 12.30 | -1.87 | 72777.84 | 18.80 | 2.04 |
| 2003 - 06 | 16956.89 | 12.30 | -0.92 | 75923.23 | 20.20 | 4.32 |
| 2003 - 07 | 17362.13 | 13.10 | 2.39 | 76152.77 | 20.00 | 0.30 |
| 2003 - 08 | 17606.76 | 12.10 | 1.41 | 77032.98 | 18.80 | 1.16 |
| 2003 - 09 | 18306.36 | 12.80 | 3.97 | 79163.88 | 18.50 | 2.77 |
| 2003 - 10 | 18250.67 | 14.00 | -0.30 | 80267.10 | 19.60 | 1.39 |
| 2003 - 11 | 18439.56 | 12.80 | 1.03 | 80814.93 | 18.90 | 0.68 |
| 2003 - 12 | 19745.99 | 14.28 | 7.08 | 84118.57 | 18.67 | 4.09 |
| 2004 - 01 | 22287.43 | 4.91 | 12.87 | 83805.90 | 15.74 | -0.37 |
| 2004 - 02 | 19893.44 | 10.91 | -10.74 | 83556.43 | 19.78 | -0.30 |
| 2004 - 03 | 19297.43 | 12.81 | -3.00 | 85815.57 | 20.12 | 2.70 |
| 2004 - 04 | 19878.40 | 13.97 | 3.01 | 85603.64 | 20.03 | -0.25 |
| 2004 - 05 | 19048.43 | 11.30 | -4.18 | 86780.37 | 19.24 | 1.37 |
| 2004 - 06 | 19017.58 | 12.15 | -0.16 | 88627.14 | 16.73 | 2.13 |
| 2004 - 07 | 19409.10 | 11.79 | 2.06 | 87982.23 | 15.53 | -0.73 |
| 2004 - 08 | 19517.94 | 10.85 | 0.56 | 89125.33 | 15.70 | 1.30 |
| 2004 - 09 | 20524.17 | 12.11 | 5.16 | 90439.05 | 14.24 | 1.47 |
| 2004 - 10 | 20078.25 | 10.01 | -2.17 | 90782.48 | 13.10 | 0.38 |
| 2004 - 11 | 20209.25 | 9.60 | 0.65 | 92387.13 | 14.32 | 1.77 |
| 2004 - 12 | 21468.30 | 8.72 | 6.23 | 95970.82 | 13.58 | 3.88 |
| 2005 - 01 | 24015.41 | 7.75 | 11.86 | 97079.03 | 15.84 | 1.15 |
| 2005 - 02 | 22667.97 | 13.95 | -5.61 | 92814.95 | 11.08 | -4.39 |
| 2005 - 03 | 21238.95 | 10.06 | -6.30 | 94743.19 | 10.40 | 2.08 |
| 2005 - 04 | 21666.56 | 9.00 | 2.01 | 94593.72 | 10.50 | -0.16 |
| 2005 - 05 | 20811.59 | 9.26 | -3.95 | 95802.01 | 10.40 | 1.28 |
| 2005 - 06 | 20848.76 | 9.63 | 0.18 | 98601.25 | 11.25 | 2.92 |
| 2005 - 07 | 21171.20 | 9.08 | 1.55 | 97674.10 | 11.00 | -0.94 |
| 2005 - 08 | 21351.56 | 9.39 | 0.85 | 99377.70 | 11.50 | 1.74 |
| 2005 - 09 | 22272.92 | 8.52 | 4.32 | 100964.00 | 11.64 | 1.60 |

续表

| 数据日期 | M2（货币与准货币） | | | M1（货币） | | |
|---|---|---|---|---|---|---|
| | 数量 | 同比（%） | 环比（%） | 数量 | 同比（%） | 环比（%） |
| 2005-10 | 21892.98 | 9.49 | -1.71 | 101751.98 | 12.08 | 0.78 |
| 2005-11 | 22409.39 | 10.89 | 2.36 | 104125.78 | 12.71 | 2.33 |
| 2005-12 | 24031.67 | 11.94 | 7.24 | 107278.76 | 11.78 | 3.03 |
| 2006-01 | 29310.37 | 22.05 | 21.97 | 107250.68 | 10.63 | -0.03 |
| 2006-02 | 24482.02 | 8.00 | -16.47 | 104357.08 | 12.44 | -2.70 |
| 2006-03 | 23472.03 | 10.51 | -4.13 | 106737.08 | 12.67 | 2.28 |
| 2006-04 | 24155.73 | 11.49 | 2.91 | 106389.11 | 12.48 | -0.33 |
| 2006-05 | 23465.31 | 12.75 | -2.86 | 109219.21 | 14.01 | 2.66 |
| 2006-06 | 23469.08 | 12.57 | 0.02 | 112342.36 | 13.94 | 2.86 |
| 2006-07 | 23752.59 | 12.19 | 1.21 | 112653.04 | 15.34 | 0.28 |
| 2006-08 | 25687.38 | 15.33 | 6.21 | 116814.10 | 15.70 | 1.71 |
| 2006-09 | 24964.17 | 14.03 | -2.82 | 118359.97 | 16.33 | 1.32 |
| 2006-10 | 25527.26 | 13.91 | 2.26 | 121644.96 | 16.83 | 2.78 |
| 2006-11 | 27072.62 | 12.65 | 6.05 | 126035.13 | 17.48 | 3.61 |
| 2006-12 | 27949.13 | -4.64 | 3.24 | 128484.06 | 19.80 | 1.94 |
| 2007-01 | 30627.93 | 25.10 | 9.58 | 126258.08 | 20.99 | -1.73 |
| 2007-02 | 27387.95 | 16.68 | -10.58 | 127881.31 | 19.81 | 1.29 |
| 2007-03 | 27813.89 | 15.14 | 1.56 | 127678.34 | 20.01 | -0.16 |
| 2007-04 | 26727.97 | 13.90 | -3.90 | 130275.80 | 19.28 | 2.03 |
| 2007-05 | 26881.10 | 14.54 | 0.57 | 135847.41 | 20.92 | 4.28 |
| 2007-06 | 27326.26 | 15.05 | 1.66 | 136237.43 | 20.94 | 0.29 |
| 2007-07 | 27822.39 | 14.95 | 1.82 | 140993.31 | 22.77 | 3.49 |
| 2007-08 | 29030.58 | 13.01 | 4.34 | 142591.57 | 22.07 | 1.13 |
| 2007-09 | 28317.78 | 13.43 | -2.46 | 144649.33 | 22.21 | 1.44 |
| 2007-10 | 28987.92 | 13.56 | 2.37 | 148009.82 | 21.67 | 2.32 |
| 2007-11 | 30375.23 | 12.20 | 4.79 | 152560.08 | 21.00 | 3.07 |
| 2007-12 | 36673.15 | 31.21 | 20.73 | 154870.16 | 20.54 | 1.51 |
| 2008-01 | 32454.47 | 5.96 | -11.50 | 150177.88 | 18.95 | -3.03 |
| 2008-02 | 30433.07 | 11.12 | -6.23 | 150867.47 | 17.97 | 0.46 |

续表

| 数据日期 | M2（货币与准货币） | | | M1（货币） | | |
|---|---|---|---|---|---|---|
| | 数量 | 同比（%） | 环比（%） | 数量 | 同比（%） | 环比（%） |
| 2008-03 | 30789.61 | 10.70 | 1.17 | 151694.91 | 19.05 | 0.55 |
| 2008-04 | 30169.30 | 12.88 | -2.01 | 153344.75 | 17.93 | 1.09 |
| 2008-05 | 30181.32 | 12.28 | 0.04 | 154820.15 | 14.19 | 0.96 |
| 2008-06 | 30687.19 | 12.30 | 1.68 | 154992.44 | 13.96 | 0.11 |
| 2008-07 | 30851.62 | 10.89 | 0.54 | 156889.92 | 11.48 | 1.22 |
| 2008-08 | 31724.88 | 9.28 | 2.83 | 155748.97 | 9.43 | -0.73 |
| 2008-09 | 31317.84 | 10.59 | -1.28 | 157194.36 | 8.85 | 0.93 |
| 2008-10 | 31607.34 | 9.04 | 0.92 | 157826.61 | 6.80 | 0.40 |
| 2008-11 | 34218.96 | 12.65 | 8.26 | 166217.13 | 9.06 | 5.32 |
| 2008-12 | 41082.37 | 12.02 | 20.06 | 165214.97 | 6.68 | -0.60 |
| 2009-01 | 35141.64 | 8.28 | -14.46 | 166149.60 | 10.87 | 0.57 |
| 2009-02 | 33746.42 | 10.88 | -3.97 | 176541.13 | 17.04 | 6.25 |
| 2009-03 | 34257.27 | 11.26 | 1.51 | 178213.57 | 17.48 | 0.95 |
| 2009-04 | 33559.52 | 11.24 | -2.04 | 182025.58 | 18.69 | 2.14 |
| 2009-05 | 33640.98 | 11.46 | 0.24 | 193138.15 | 24.79 | 6.10 |
| 2009-06 | 34239.30 | 11.59 | 1.78 | 195889.26 | 26.37 | 1.42 |
| 2009-07 | 34406.62 | 11.52 | 0.49 | 200394.83 | 27.72 | 2.30 |
| 2009-08 | 36787.89 | 15.96 | 6.92 | 201708.14 | 29.51 | 0.66 |
| 2009-09 | 35730.23 | 14.09 | -2.88 | 207545.74 | 32.03 | 2.89 |
| 2009-10 | 36343.86 | 14.99 | 1.72 | 212493.20 | 34.63 | 2.38 |
| 2009-11 | 38245.97 | 11.77 | 5.23 | 220001.51 | 32.35 | 3.53 |
| 2009-12 | 40758.58 | -0.79 | 6.57 | 229588.98 | 38.96 | 4.36 |
| 2010-01 | 42865.79 | 21.98 | 5.17 | 224286.95 | 34.99 | -2.31 |
| 2010-02 | 39080.58 | 15.81 | -8.83 | 229397.93 | 29.94 | 2.28 |
| 2010-03 | 39657.54 | 15.76 | 1.48 | 233909.76 | 31.25 | 1.97 |
| 2010-04 | 38652.97 | 15.20 | -2.53 | 236497.88 | 29.90 | 1.11 |
| 2010-05 | 38904.85 | 15.65 | 0.65 | 240580.00 | 24.56 | 1.73 |
| 2010-06 | 39543.16 | 15.50 | 1.64 | 240664.07 | 22.90 | 0.03 |
| 2010-07 | 39922.76 | 16.00 | 0.96 | 244340.64 | 21.90 | 1.53 |

续表

| 数据日期 | M2（货币与准货币） | | | M1（货币） | | |
|---|---|---|---|---|---|---|
| | 数量 | 同比（%） | 环比（%） | 数量 | 同比（%） | 环比（%） |
| 2010－08 | 41854.41 | 13.78 | 4.84 | 243821.90 | 20.87 | －0.21 |
| 2010－09 | 41600.00 | 16.60 | －0.61 | 253300.00 | 22.10 | 3.89 |
| 2010－10 | 42252.16 | 16.30 | 1.45 | 259420.30 | 22.10 | 2.41 |
| 2010－11 | 44628.17 | 16.69 | 5.62 | 266621.30 | 21.19 | 2.78 |
| 2010－12 | 58064.04 | 42.50 | 30.11 | 261765.10 | 13.60 | －1.82 |
| 2011－01 | 47270.34 | 10.30 | －18.59 | 259200.60 | 14.50 | －0.98 |
| 2011－02 | 44845.32 | 14.78 | －5.13 | 266255.60 | 15.01 | 2.72 |
| 2011－03 | 45489.11 | 14.70 | 1.44 | 266767.00 | 12.90 | 0.19 |
| 2011－04 | 44602.93 | 15.40 | －1.95 | 269289.70 | 12.70 | 0.95 |
| 2011－05 | 44477.80 | 14.40 | －0.28 | 274662.60 | 13.10 | 2.00 |
| 2011－06 | 45183.14 | 14.30 | 1.59 | 270545.70 | 11.60 | －1.50 |
| 2011－07 | 45775.33 | 14.70 | 1.31 | 273393.80 | 11.20 | 1.05 |
| 2011－08 | 47145.32 | 12.68 | 2.99 | 267193.20 | 8.85 | －2.27 |
| 2011－09 | 46579.43 | 11.90 | －1.20 | 276552.70 | 8.40 | 3.50 |
| 2011－10 | 47317.30 | 12.00 | 1.58 | 281416.40 | 7.80 | 1.76 |
| 2011－11 | 50748.50 | 13.76 | 7.25 | 289847.70 | 7.85 | 3.00 |
| 2011－12 | 59820.72 | 3.00 | 17.88 | 270010.40 | 3.10 | －6.84 |
| 2012－01 | 51448.78 | 8.80 | －14.00 | 270312.10 | 4.30 | 0.11 |
| 2012－02 | 49595.74 | 10.60 | －3.60 | 277998.10 | 4.40 | 2.84 |
| 2012－03 | 50199.32 | 10.40 | 1.22 | 274983.80 | 3.10 | －1.08 |
| 2012－04 | 49039.72 | 10.00 | －2.31 | 278656.30 | 3.50 | 1.34 |
| 2012－05 | 49284.64 | 10.80 | 0.50 | 287526.20 | 4.70 | 3.18 |
| 2012－06 | 49705.85 | 10.00 | 0.85 | 283090.70 | 4.60 | －1.54 |
| 2012－07 | 50235.06 | 9.70 | 1.06 | 285739.30 | 4.50 | 0.94 |
| 2012－08 | 53433.49 | 13.30 | 6.37 | 286788.20 | 7.30 | 0.37 |
| 2012－09 | 51467.72 | 10.50 | －3.68 | 293311.70 | 6.10 | 2.27 |
| 2012－10 | 944800.00 | 13.90 | 0.90 | 296900.00 | 5.50 | 1.23 |
| 2012－11 | 974200.00 | 13.80 | 3.11 | 308700.00 | 6.50 | 3.97 |
| 2012－12 | 992100.00 | 15.90 | 1.84 | 311300.00 | 15.30 | 0.84 |

续表

| 数据日期 | M2（货币与准货币） | | | M1（货币） | | |
|---|---|---|---|---|---|---|
| | 数量 | 同比（%） | 环比（%） | 数量 | 同比（%） | 环比（%） |
| 2013-01 | 998600.00 | 15.20 | 0.66 | 296100.00 | 9.50 | -4.88 |
| 2013-02 | 1036100.00 | 15.70 | 3.76 | 311200.00 | 11.90 | 5.10 |
| 2013-03 | 1032600.00 | 16.10 | -0.34 | 307600.00 | 11.90 | -1.16 |
| 2013-04 | 1042100.00 | 15.80 | 0.92 | 310200.00 | 11.30 | 0.85 |
| 2013-05 | 1054500.00 | 14.00 | 1.19 | 313600.00 | 9.10 | 1.10 |
| 2013-06 | 1052400.00 | 14.50 | -0.20 | 310600.00 | 9.70 | -0.96 |
| 2013-07 | 1061200.00 | 14.70 | 0.84 | 314100.00 | 9.90 | 1.13 |
| 2013-08 | 1077400.00 | 14.20 | 1.53 | 312300.00 | 8.90 | -0.57 |
| 2013-09 | 1070200.00 | 14.30 | -0.67 | 319400.00 | 8.90 | 2.27 |
| 2013-10 | 1079300.00 | 14.20 | 0.85 | 324800.00 | 9.40 | 1.69 |
| 2013-11 | 1106500.00 | 13.60 | 2.52 | 337300.00 | 9.30 | 3.85 |
| 2013-12 | 1123521.21 | 13.20 | 1.54 | 314900.55 | 1.20 | -6.64 |
| 2014-01 | 1131760.83 | 13.30 | 0.73 | 316625.11 | 6.90 | 0.55 |
| 2014-02 | 1160687.38 | 12.10 | 2.56 | 327683.74 | 5.40 | 3.49 |
| 2014-03 | 1168812.67 | 13.20 | 0.70 | 324482.52 | 5.50 | -0.98 |
| 2014-04 | 1182293.96 | 13.40 | 1.15 | 327839.56 | 5.70 | 1.03 |
| 2014-05 | 1209587.20 | 14.70 | 2.31 | 341487.45 | 8.90 | 4.16 |
| 2014-06 | 1194249.24 | 13.50 | -1.27 | 331347.32 | 6.70 | -2.97 |
| 2014-07 | 1197499.08 | 12.80 | 0.27 | 332023.23 | 5.70 | 0.20 |
| 2014-08 | 1202051.41 | 12.90 | 0.38 | 327220.21 | 4.80 | -1.45 |
| 2014-09 | 1199236.31 | 12.60 | -0.23 | 329617.73 | 3.20 | 0.73 |
| 2014-10 | 1208605.95 | 12.30 | 0.78 | 335114.13 | 3.20 | 1.67 |
| 2014-11 | 1228374.81 | 12.20 | 1.64 | 348056.41 | 3.20 | 3.86 |
| 2014-12 | 1242710.22 | 10.80 | 1.17 | 348109.50 | 10.60 | 0.02 |
| 2015-01 | 1257380.48 | 12.50 | 1.18 | 334439.22 | 5.60 | -3.93 |
| 2015-02 | 1275332.78 | 11.60 | 1.43 | 337210.52 | 2.90 | 0.83 |
| 2015-03 | 1280779.14 | 10.10 | 0.43 | 336388.24 | 3.70 | -0.24 |
| 2015-04 | 1307357.63 | 10.80 | 2.08 | 343085.86 | 4.70 | 1.99 |
| 2015-05 | 1333375.36 | 11.80 | 1.99 | 356082.86 | 4.30 | 3.79 |

续表

| 数据日期 | M2（货币与准货币） | | | M1（货币） | | |
|---|---|---|---|---|---|---|
| | 数量 | 同比（%） | 环比（%） | 数量 | 同比（%） | 环比（%） |
| 2015－06 | 1353210.92 | 13.30 | 1.49 | 353122.19 | 6.60 | －0.83 |
| 2015－07 | 1356907.98 | 13.30 | 0.27 | 362793.73 | 9.30 | 2.74 |
| 2015－08 | 1359824.06 | 13.10 | 0.21 | 364416.90 | 11.40 | 0.45 |
| 2015－09 | 1361020.70 | 13.50 | 0.09 | 375806.45 | 14.00 | 3.13 |
| 2015－10 | 1374000.00 | 13.70 | 0.95 | 387600.00 | 15.70 | 3.14 |
| 2015－11 | 1392300.00 | 13.30 | 1.33 | 401000.00 | 15.20 | 3.46 |
| 2015－12 | 1416300.00 | 14.00 | 1.72 | 412700.00 | 18.60 | 2.92 |
| 2016－01 | 1424600.00 | 13.30 | 0.59 | 392500.00 | 17.40 | －4.89 |
| 2016－02 | 1446200.00 | 13.40 | 1.52 | 411600.00 | 22.10 | 4.87 |
| 2016－03 | 1445200.00 | 12.80 | －0.07 | 413500.00 | 22.90 | 0.46 |
| 2016－04 | 1461700.00 | 11.81 | 1.14 | 424300.00 | 23.67 | 2.61 |
| 2016－05 | 1490500.00 | 11.78 | 1.97 | 443600.00 | 24.58 | 4.55 |
| 2016－06 | 1491600.00 | 10.23 | 0.07 | 442900.00 | 25.42 | －0.16 |
| 2016－07 | 1511000.00 | 11.36 | 1.30 | 454500.00 | 25.28 | 2.62 |
| 2016－08 | 1516400.00 | 11.51 | 0.36 | 454300.00 | 24.66 | －0.04 |
| 2016－09 | 1519500.00 | 11.64 | 0.20 | 465400.00 | 23.84 | 2.44 |
| 2016－10 | 1519985.40 | 11.72 | 0.31 | 465446.65 | 19.52 | 0.03 |
| 2016－11 | 1530432.06 | 11.24 | 0.29 | 475405.54 | 25.36 | 2.14 |
| 2016－12 | 1550100.00 | 11.32 | 0.63 | 486600.00 | 21.43 | 2.35 |

资料来源：根据 CCER 数据库、中经网数据库、Wind 资讯网及国家统计局官方网站整理得到。

# 附录 B

## 1. Bellman 最优政策方程的求解

令向量 $z_t \equiv \begin{bmatrix} x_t \\ y_t \end{bmatrix}$，向量 $x_t$ 的第一个元素恒等于 1，考虑一般的贴现最优化问题，即最大化：

$$\text{Max}\sum_{t=0}^{\infty}\beta^t z_t' M z_t \tag{1}$$

其满足线性预算约束：$x_{t+1} = Ax_t + By_t$，目标函数的矩阵二次型为：

$$z_t' M z_t = [x_t' y_t']\begin{bmatrix} R & W' \\ W & Q \end{bmatrix}\begin{bmatrix} x_t \\ y_t \end{bmatrix} \tag{2}$$

其中，$x_t$ 是 n 维列向量，$y_t$ 是 m 维列向量，因为 $x_t' W' y_t' = y_t' W x_t$，这一目标函数可以写成：

$$x_t' R x_t + y_t' Q y_t + 2y_t' W x_t \tag{3}$$

我们要求该模型的值函数，给定状态变量 $x_t$，则 $x' P x_t$ 就为最大化的贴现最优问题的值。如果矩阵 P 存在，则 Bellman 方程为：

$$x_t' P x_t = \max_{y_t}[z_t' M z_t + \beta x_{t+1}' P x_{t+1}] \tag{4}$$

服从线性预算约束：

$$x_{t+1} = Ax_t + By_t \tag{5}$$

将这一预算约束形式代入 Bellman 方程，可得：

$$x_t' P x_t = \max_{y_t}[x_t' R x_t + y_t' Q y_t + 2y_t' W x_t + \beta(Ax_t + By_t)' P(Ax_t + By_t)] \tag{6}$$

其一阶条件为：

$$[Q + \beta B' PB] y_t = -[W + \beta B' PA] x_t \tag{7}$$

通过这一公式可以得到政策函数（矩阵）F，且：

$$y_t = Fx_t = -[Q + \beta B' PB]^{-1}[W + \beta B' PA] x_t \tag{8}$$

将政策函数代入 Bellman 方程，同时将 Bellman 方程中的 $y_t$ 消掉，经过矩阵运算，得到：

$$P = R + \beta A' PA - (\beta A' PB + W')[Q + \beta B' PB]^{-1}(\beta B' PA + W) \tag{9}$$

给定矩阵 P 一个初始值 $P_0$，并将初始值在矩阵 Ricotti 方程中进行迭代得到矩阵 P：

$$P_{k+1} = R + \beta A'P_kA - (\beta A'P_kB + W')[Q + \beta B'P_kB]^{-1}(\beta B'P_kA + W) \quad (10)$$

得到 $[P_k]$ 的序列，当 $k\to\infty$ 时，这一序列收敛到我们所要求的矩阵 P 上，得到矩阵 P，那么政策函数 F 也就通过方程（8）确定了，F 给出的是稳态领域内最优计划的线性近似。因此，通过这样的矩阵变换，我们可以求得 Bellman 方程的解。

**2. HP 滤波**

假设经济时间序列为 $Y = \{y_1, y_2, \cdots, y_n\}$，趋势要素为 $G = \{g_1, g_2, \cdots, g_n\}$。其中，n 为样本的容量。因此，HP 滤波可以将 $y_t(t = 1, 2, \cdots, n)$ 分解为：

$$y_t = g_t + c_t \quad (10)$$

其中，$g_t$ 和 $c_t$ 均为不可观测值。

一般地，时间序列 Y 中不可观测部分趋势 G 常被定义为下面式（2）最小化问题的解：

$$\min\{\sum_{t=1}^{n}\pi(y_t - g_t)^2 + \lambda\sum_{t=1}^{n}[B(L)g_t]^2\} \quad (11)$$

其中，B(L) 是延迟算子多项式：

$$B(L) = (L^{-1} - 1) - (1 - L) \quad (12)$$

将式（3）代入式（2），则 HP 滤波的问题就是使下面损失函数最小，即：

$$\min\{\sum_{t=1}^{n}(y_t - g_t)^2 + \lambda\sum_{t=1}^{n}[(g_{t+1} - g_t) - (g_t - g_{t-1})]^2\} \quad (13)$$

对式（3）$y_1, y_2, \cdots, y_n$ 进行一阶求导，并令导数为 0，得：

$$g_1 : c_1 = \lambda_1(g_1 - 2g_2 + g_3) \quad (14)$$

$$g_2 : c_2 = \lambda(-2g_1 + 5g_2 - 4g_3 + g_4) \quad (15)$$

$$g_t : c_t = \lambda(g_{t-2} - 4g_{t-1} + 6g_t - 4g_t + 1 + g_4) \quad (16)$$

$$g_{n-1} : c_{n-1} = \lambda(g_{n-3} - 4g_{n-2} + 5gn_1 - 2g_n) \quad (17)$$

$$g_n : c_n = \lambda(g_{n-2} - 2gn_1 + g_n) \quad (18)$$

用矩阵形式表示为：

$$c = \lambda Fg \quad (19)$$

F 为如下 T×T 系数矩阵：

$$F=\begin{bmatrix} 1 & -2 & 1 & 0 & \cdots & & & & 0 \\ -2 & 5 & -4 & 1 & 0 & \cdots & & & 0 \\ 1 & -4 & 6 & -4 & 1 & 0 & \cdots & & 0 \\ 0 & 1 & -4 & 6 & -4 & 1 & 0 & \cdots & 0 \\ \cdots & & & & & & & & \\ \cdots & & & & & & & & \\ \cdots & & & & & & & & \\ 0 & & 0 & 1 & -4 & 6 & 4 & 1 & 0 \\ 0 & & & 0 & 1 & -4 & 6 & 4 & 1 \\ 0 & & & & 0 & 1 & -4 & 5 & -2 \\ 0 & & & & & 0 & 1 & -2 & 1 \end{bmatrix} \tag{20}$$

通过上述公式，可以得到：

$$y-g=\lambda Fg \tag{21}$$

整理后，可得：

$$g=(\lambda F+I)^{-1}y \tag{22}$$

并且，在上述 F 矩阵中，每一列元素之和均为零。因此，根据 C = \lambda Fg 可知，短期波动之和为 0。即：

$$\sum_{t=1}^{n} c_t = 0 \tag{23}$$

用 $\lambda\sum_{t=1}^{n}[B(L)g_t]^2$ 来调整趋势的变化。并且，$\lambda\sum_{t=1}^{1}[B(L)g_t]^2$ 的取值随着 λ 的增大而增大。不同的 λ 值决定了不同的随机波动方式和不同的平滑程度。当 $\lambda=0$ 时，有 $g_t=y_t$，满足最小化问题的趋势等于序列 Y；随着 λ 的增加，估计的趋势越光滑；当 $\lambda\to\infty$ 时，估计的趋势也就接近于线性函数，这时，HP 滤波就退化为用最小二乘法估计趋势。从统计意义上讲，λ 的值的选取是任意的，因为任何一个非平稳时间序列都可以分解成为无数个非平稳趋势成分与平稳周期成分的组合。但 λ 的取值决定着趋势要素对实际序列的跟踪程度和趋势光滑度之间的权衡选择。分别用 $\sigma_1^2$ 和 $\sigma_2^2$ 表示时间序列中趋势成分和周期成分的标准差，那么，λ 的最优取值即为 $\lambda=\sigma_1^2/\sigma_2^2$。根据一般经验，\lambda 的取值如下：

$$\lambda=\begin{cases} 100 \\ 1600 \\ 14400 \end{cases} \tag{24}$$

100 为年度数据；1600 为季度数据；14400 为月度数据。

# 参 考 文 献

[1] 黄滕，金雪军．吉利数字偏好、尾数定价与价格粘性［J］．财贸经济，2014，(12)：121－132.

[2] 龙中．新凯恩斯主义工资和价格粘性论述评［J］．华中科技大学学报，1996 (1)：63－66.

[3] 王军．新凯恩斯主义粘性信息理论述评［J］．管理世界，2009，(8).

[4] 李海明．粘性价格理论：演进框架及其新发展［J］．中国经济年会，2005.

[5] 彭兴韵．粘性信息经济学——宏观经济学最新发展的一个文献综述［J］，经济研究，2011，12.

[6] 渠慎宁，吴利学，夏杰长．中国居民消费价格波动：价格粘性、定价模式及其政含义［J］．经济研究，2012，(11)：88－102.

[7] 蔡晓陈．中国价格粘性的实证研究［J］．中国经济问题，2012，(11)：33－39.

[8] 金雪军，黄滕，祝宇．中国商品市场名义价格粘性的测度［J］．经济研究，2013，(9)：85－98.

[9] 徐建炜，纪洋，陈斌开．中国劳动力市场名义工资粘性程度的估算［J］．经济研究，2012，(4)：64－76.

[10] 李雪松，王秀丽．工资粘性、经济波动与货币政策模拟——基于DSGE模型的分析［J］．数量经济技术经济研究，2011，(11)：22－34.

[11] 赵新伟，余力．零通胀与最优货币政策选择及在中国的检验——基于粘性价格模型的实证分析，云南财经大学学报，2016，(04)：100－113.

[12] 陈昆亭，龚六堂，邹恒甫．基于RBC方法模拟中国经济的数值试验［J］．世界经济文汇，2004，(2)：41－52.

[13] 秦学志，张康，孙晓琳．产业关联视角下的政府投资拉动效应研究［J］．数量经济技术经济研究，2010，(9)：3－17.

[14] 段志刚，李善同，王其文．中国投入产出表中投入系数变化的分析

[J]. 中国软科学, 2006, (8): 58 - 64.

[15] 黄赜琳. 中国经济周期特征与财政政策效应——一个基于三部门 RBC 模型的实证分析 [J]. 经济研究, 2005, (6): 27 - 33.

[16] 赵新伟, 余力. 金融摩擦、粘性价格模型与产出波动——基于中国季度数据的实证分析 [J]. 大连理工大学学报 (社会科学版), 2017, (04): 46 - 55.

[17] 苏梽芳, 陈昌楠. 我国居民消费价格粘性及其与部门通货膨胀惯性关系 [J]. 经济学动态 2014, (10): 47 - 57.

[18] 李宏瑾, 徐爽. 供给刚性、市场结构与金融——关于房价 (Carey) 的模型与扩展 [J]. 财经问题研究, 2006 (8): 37 - 48.

[19] 陆旸. 成本冲击与价格粘性的非对称性——来自中国微观制造业企业的证据 [J]. 经济学季刊, 2015, 14 (2): 624 - 650.

[20] 卞志村, 胡恒强. 粘性价格、粘性信息与中国菲利普斯曲线 [J]. 世界经济, 2016, (4): 22 - 43.

[21] 张小宇, 刘金全. 非线性协整检验与"费雪效应"机制分析 [J]. 统计研究, 2012: 5.

[22] 侯成琪, 龚六堂. 部门价格粘性的异质性与货币政策的传导 [J]. 世界经济, 2014 (7): 23 - 44.

[23] 龚六堂, 康立, 陈永伟. 金融摩擦、银行净资产与经济波动的行业间传导 [J]. 金融研究, 2014 (5).

[24] 康立, 龚六堂. 金融摩擦、银行净资产与国际经济危机传导——基于多部门 DSGE 模型分析 [J]. 经济研究, 2013 (5): 147 - 159.

[25] 赵胜民, 罗琦. 金融摩擦视角下的房产税、信贷政策与住房价格 [J]. 财经研究, 2013 (12): 72 - 99.

[26] 郭强. 金融摩擦与宏观经济波动: 基于批发金融市场的视角 [J]. 经济经纬, 2016 (4): 145 - 149.

[27] 莫里斯·阿莱. 无通货膨胀的经济增长 [M]. 北京: 北京经济学院出版社, 1990.

[28] 阿尔弗雷德·岑克尔. 21 世纪可能成为无通货膨胀增长的时代 [J]. 国际金融研究, 1998 (5).

[29] 陈玉宇, 谭松涛. 稳态通货膨胀下经济增长率的估计 [J]. 经济研究, 2005, (4).

[30] 易纲, 王召. 货币政策与金融资产价格 [J]. 经济研究, 2002 (3).

[31] 刘斌. 最优货币政策规则的选择及在我国的应用 [J]. 经济研究,

2003 (9).

[32] 王洪涛．最优货币政策分析的一般框架理论综述 [J]. 商业研究，2011 (2).

[33] 赵果庆．阿莱无通货膨胀经济增长假说的实证检验 [J]. 经济评论，2008 (1).

[34] 郑艳艳．零通货膨胀政策的动态不一致性研究 [J]. 产业与科技论坛，2011 (17).

[35] Chari V., Kehoe P., Grattan E., et al., Sticky-price Models of the Business Cycle: Can the Contract Multiplier Solve the Persistence Problem? [J]. Econometrica, 2000, 6 (8): 1151 - 1179.

[36] Holden S., Wulfsberg, Fredrik, et al., Downward Nominal Wage Rigidity in the OECD [R]. Norges Bank Working Papers, 2004, (5).

[37] Neiss, Katharine S., Pappa E., Persistence without too much Price Stickiness: the Role of Variable Factor Utilization [J]. Review of Economic Dynamics, 2005, 8 (1): 231 - 255.

[38] Calvo G., Staggered Wages in A Utility Maximization Framework [J]. Journal of Monetary Economics, 1983, 12 (3): 383 - 393.

[39] Midrigan, V., Menu Costs Multi - Product Firms and Aggregate Fluctuations [J]. Econometrica, 2011, 79 (4): 1139 - 1180.

[40] Karanassou, Marika S., et al., A Reappraisal of the Inflation-unemployment Tradeoff [J]. European Journal of Political Economy, 2005, 1 (21): 1 - 32.

[41] Mankiw G. N., Reis R., Sticky Information Versus Sticky Prices: A Proposal to Replace the New Keynesian Phillips Curve [J]. Quarterly Journal of Economics, 2002, 117 (4): 1295 - 1328.

[42] Hicks, John R., Annual Survey of Economic Theory: the Theory of Monopoly [J]. Econometrica, 1935, (3): 1 - 20.

[43] Barro R. J., A Theory of Monopolistic Price Adjustment [J]. Review of Economic Studies, 1972, 39 (1): 17 - 26.

[44] Mankiw N. G., Small Menu Costs and Large Business Cycles: A Macroeconomic Model of Monopoly [J]. Quarterly Journal of Economics, 1985, 100 (2): 529 - 538.

[45] Cecchetti S. G., The Frequency of Price Adjustment: A Study of Newsstand Prices of Magazines [J]. Journal of Econometrics, 1986, (31): 255 - 274.

[46] Ball L. , Romer D. , Real Rigidities and the Non-neutrality of Money [J]. Review of Economic Studies, 1990, 57 (2): 183 -203.

[47] Akerlof G. A. , Dickens W. T. , Perry W. L. , Near Rational Wage and Price Setting and the Long-run Phillips Curve [R]. Brookings Papers on Economic Activity, 2000, (1): 1 -60.

[48] Sims, Christopher A. , Stickiness Carnegie - Rochester Conference Series on Public Policy [J]. Journal of the European Economic Association, 1998, (49): 317 -356.

[49] Levy D. , Lee D. , Chen H. , et al. , Price Points and Price Rigidity [J]. Reviwe of Economics and Statistics, 2011, 93 (4): 1417 -1431.

[50] Dolado J. , Lopez S. J. , Vega J. L. , Spanish Unemployment and Inflation Persistence: are There Phillips Trade-offs? [J]. Spanish Economic Review, 2000, (2): 267 -291.

[51] Bils M. , Klenow P. J. , Some Evidence on the Importance of Sticky Price [J]. Journal of Political Economy, 2004, (112): 947 -985.

[52] Blinder A. S. , Why Are Prices Sticky? Preliminary Results from an Interview Study. [J] American Economic Review, Papers and Proceedings, 1991, (81): 89 -96.

[53] Boivin J. , Giannoni M. , Ilian M. , Sticky Prices and Monetary Policy: Evidence from Disaggregated US Data [J]. American Economic Review, 2009, 99 (1): 350 -84.

[54] Danthine J. P. , Kurmann A. Fair Wages in A New Keynesian Model of the Business Cycle [J]. Review of Economic Dynamics, 2004, 7 (1): 107 -142.

[55] Kashyap A. K. , Stick Prices: New Evidence form Retail Catalogues [J]. Quarterly Journal of Economics, 1995, (110): 245 -274.

[56] Blinder A. , Canetti E. , Lebow D. , Asking about Prices: A New Approach to Understanding Price Stickiness [M], Russell Sage Foundation, New York, 1998.

[57] Knotek E. , The Roles of Menu Costs and Nine Endings in Price Rigidity [R]. Federal Reserve Bank of Kansas City Working Paper, 2010, (10 -18).

[58] Levy D. , Young A. , the Real Thing: Nominal Price Rigidity of the Nickel Coke, 1886 -1952 [J]. Journal of Money, Credit and Banking, 2004, (36): 765 -799.

[59] Snir A. , Levy D. , Gotler A. , et al. , Not All Price Endings Are Created

Equal：Price Points and Asymmetric Price Rigidity [R]. Emory Law and Economice Research Paper，2012.

[60] Knotek K. E.，Convenient Prices and Price Rigidity：Cross – Section Evidence [J]. Review of Economics and Statistics，2011 (93)：1076 – 1086.

[61] Rotemberg J.，Fair Pricing [J]. Journal of the European Economic Association，2011，9 (5)：952 – 981.

[62] Dhyne E.，Alvarez L.，Herve L. B.，et al.，Price Setting in the Euro Area：Some Stylized Facts from Individual Price Data [R]. European Central Bank，Working Paper Series，2006，524.

[63] Anderson T.，Simester D.，Price Stickiness and Customer Antagonism [J]. Quarterly Journal of Economics，2012，(125)：729 – 765.

[64] Carroll C. D.，Macroeconomic Expectations of Households and Professional Forecasters [J]. Quarterly Journal of Economics，2003，188 (1)：269 – 298.

[65] Kiley M. T.，A Quantitative Comparison of Sticky – Price and Sticky – Information Models of Price Setting [J]. Journal of Money，Creditand Banking，2007，39 (1)：101 – 125.

[66] Dupor B.，Kitamura T.，Tsuruga T.，Integrating Sticky Prices and Sticky Information [J]. Review of Economics and Statistics，2010，92 (3)：657 – 669.

[67] Khan H.，Zhu Z.，Estimates of the Sticky Information Phillips Curve for the United States [J]. Journal of Money，Credit，and Banking，2006，39 (1)：101 – 125.

[68] Dopke J.，Dovern J.，Fritsche U.，European Inflation Expectation Dynamics，Deutsche Bundesbank Discussion Paper，Economic Series，2005.

[69] Alvarez，Fernando E.，Francesco L.，Optimal Price Setting with Observation and Menu Cost [R]. NBER Working Paper Series，2010，(15).

[70] Hannan T.，Berger A.，The Rigidity of Price：Evidence from the Banking Industry [J]. American Economic Review，1991，(81)：938 – 945.

[71] Taylor J. B.，Aggregate Dynamics and Staggered Contracts [J]. Journal of Political Economy，1980，88 (1)：1 – 23.

[72] Rotemberg J.，Customer Anger at Price Increases，Changes in the Frequency of Price Adjustment and Monetary Policy [J]. Journal of Monetary Economics，2005，(52)：829 – 852.

[73] Dotsey M.，Robet K.，Alexander W.，State – Dependent Pricing and the

General Equilibrium Dynamics of Money and Output [J]. Quarterly Journal of Economics, 1999, 114 (2): 655 -690.

[74] Golosov M., Lucas R., Menu Costs and Phillips Curves [J]. Journal of Political Economy, 2007, 115 (2): 171 -199.

[75] Caplin A., Spulber D. F., Menu Costs and the Neutrality of Money [J]. Quarterly Journal of Economics, 1997, (102): 703 -725.

[76] Dias D. C., Marques, Santos S. J., Time-or State-dependent Price Setting Rules? Evidence from Micro Data [J]. European Economic Review, 2007, (51): 1589 -1613.

[77] Klenow P. J., Oleksiy K., State - Dependent or Time - Dependent Pricing: Does it Matter for Recent US Inflation? [J]. Quarterly Journal of Economics, 2008, 73 (3): 863 -903.

[78] Justiniano A., Giorgio E., Andrea T., Investment Shocks and Business Cycles [C]. Federal Reserve Bank of New York Staff Report, 2008, 322.

[79] Lein S. M., When do Firms Adjust Prices? Evidence from Micro Panel Data [J]. Journal of Monetary Economics, 2010, 57 (6): 696 -715.

[80] Gagnon E., Price Setting during Low and High Inflation: Evidence from Mexico [J]. Quarterly Journal of Economics, 2009, 124 (3): 1221 -1263.

[81] Barsky R. B., Kilian, Oil and the Macro Economy since the 1970s [J]. Journal of Economic Perspectives, 2004, 18 (14): 115.

[82] Sims, Christopher A., Implications of Rational Inattention [J]. Journal of Monetary Economics 2003, 50 (3): 665 -690.

[83] Barsky R. B., Kilian, Do We Really Know that Oil Caused the Great Stagflation? A Monetary Approach [R]. NBER Macroeconomics Annual, 2002 (16): 137 -183.

[84] Iacoviello M., Neri S., Housing Market Spillovers: Evidence from An Estimated DSGE Model [J]. American Economic Journal: Macroeconomics, 2010 (2): 125 -164.

[85] Bernanke B. S., Gertler M., Gilchrist S., The Financial Accelerator in A Quantitative Business Cycle Framework [M]. Handbook of Macroeconomics, 1999.

[86] Peltzman, Price Rise Faster than They Fall [J]. Journal of Political Economy, 2000 (18): 466 -502.

[87] Finn M. G. Perfect Competition and the Effects of Energy Price Increases on

Economy Activity [J]. Journal of Money Credit and Banking, 1994 (32): 400 -416.

[88] George W., Stadler, Real Business Cycles [J]. Journal of EconomicsLiteratute, 2000 (2): 1750 -1753.

[89] Smets F., Wouters R., Shocks and Frictions in US Business Cycles: A Bayesian DSGE Approach [J]. American Economic Review, 2007, 97 (3): 586 -606.

[90] Sims, Christopher A., Solving Linear Rational Expectations Models [J]. Computational Economics, 2002, 20 (1 -2): 1 -20.

[91] AdolfsonM., LEO S., Optimal Monetary Policy in an Operational Medium - Sized DSGE Model [J]. Journal of Money Credit & Banking, 2008, 43 (7): 1287 -1331.

[92] Gali J., Trends in Hours, Balanced Growth, and the Role of Technology in the Business Cycle [J]. Review of Federal Reserve Bank of St. Louis, 2005: 459 -486.

[93] Ireland, Peter N., A Method for Taking Models to the Data [J]. Journal of Economic Dynamics and Control, 2004, 28 (6): 1205 -26.

[94] Justiniano, Alejandro, Giorgio E., Investment Shocks and Business Cycles [C]. Federal Reserve Bank of New York Staff Report, 2008, 322.

[95] Cogley, Timothy, Argia M., Trend Inflation, Indexation, and Inflation Persistence in the New Keynesian Phillips Curve [J]. American Economic Review, 2008, 98 (5): 2101 -2126.

[96] Andrew T., Levin, Volker W., The Performance of Forecast - Based Monetary Policy Rules under Model Uncertainty [J]. American Economic Review, 2003, 93 (3): 622 -645.

[97] Lunnemann P., Matha, Regulated and Services Prices and Inflation Persistence [R]. ECB Working Paper, 2005 (466).

[98] Matos S., Reconciling the Micro Evidence on Price Stickiness and Inflation Persistence Using Brazilian CPI [C]. Brazilian Meeting of Econometrics, 2010.

[99] Bilke L., Break in the Mean and Persistence of Inflation: A Sectoral Analysis of French CPI [R]. ECB Working Paper, 2005 (463).

[100] Clark T., Disaggregate Evidence on the Persistence in Consumer Price Inflation [J]. Journal of Applied Econometrics, 2006 (5): 563 -587.

[101] Iacoviello M., Neri S., Housing Market Spillovers: Evidence from An Estimated DSGE Model [J]. American Economic Journal: Macroeconomics, 2010 (2): 125 -164.

[102] Barsky R., Kilian K., Oil and the Macro - Economy since the 1970s

[J]. Journal of Economic Perspectives, 2004, 18 (4): 115.

[103] Cunado J., De G., Do Oil Price Shocks Matter? Evidence for Some European Countries Energy Economics [J]. Energy Economics, 2003, 25 (2): 137 - 154.

[104] Hansen G. D., Indivisible Labor and the Business Cycle [J]. Journal of Monetary Economics, 1985, 16 (3): 309 - 327.

[105] Aubhik K., Julia K., Inventories and Business Cycle: An Equlibibrium Analysis of Policies [J]. The American Economic Review, 2007 (97): 1165 - 1188.

[106] Balke, Yucel, Oil Price Shocks and the U. S. Economy: Where does the Asymmetry Originate? [J]. The Energy Journal, 2002 (23): 27 - 52.

[107] Brown, Energy Prices and Aggregate Economic Activity: An Inter-pretative Survey [J]. The Quarterly Review of Economics and Finance, 2002 (42): 193 - 208.

[108] Baharad, Eyal, Eden, et al., Price Rigidity and Price Dispersion: Evidence from Microdata [J]. Reviewof Economic Dynamics, 2004, 7 (3): 613 - 641.

[109] Grattan M., Predicting the Effects of Federal Reserve Policy in a Sticky Price Model: An Analytical Approach [R]. Federal Reserve Bank of Minneapolis Working Paper, 1999, (12): 598.

[110] Gopinath, Gita, Roberto R., Sticky Borders [J]. Quarterly Journal of Economics, 2008, 123 (2): 531 - 575.

[111] Baxter M., King R. G., Measuring Business Cycles: Approximate Band-pass Filters [J]. The Review of Economics and Statistics, 1999, 81 (4): 575 - 593.

[112] Schorfheide, Frank S., Keith K., DSGE Model - Based Forecasting of Non-modelled Variables [J]. International Journal of Forecasting, 2010, 26 (2): 348 - 373.

[113] Dixit A. K., Stiglitz J., Monopolistic Competition and Optimum Product Diversity [J]. American Economic Review, 1977, 67 (3): 297 - 308.

[114] Klein K., Cannella J., Multilevel Theory: Challenges and Contributions [J]. Academy of Management Review, 2000 (24): 243 - 248.

[115] Lucas R. J., Some International Evidence on Output - Inflation Trade - Offs. American Economic Review, 1983 (63): 326 - 34.

[116] Amato, Jeffery D., Laubach et al., Estimation and Control of An Optimization-based Model with Sticky Prices and Wages [J]. Journal of Economic Dynamics, 2003, 7 (27): 1181 - 1215.

[117] Olivier B., Jordi G., Labor M., et al., A New - Keynesian Model with

Unemployment [C]. NBER Working Paper, 2008, (3): 13 – 897.

[118] Woodford, Michael, Imperfect Common Knowledge and the Effects of Monetary Policy [M]. Princeton University Press, Princeton, 2002.

[119] Altinkilic O., Hansen R. S., Are There Economies of Scale in Underwriting Fees? Evidence of Rising External Costs [J]. Review of Financial Studies, 2000, 13 (1): 191 – 218.

[120] Choe H., Masulis, Ronald et al., the Common Stock Offerings Across the Business Cycle [J]. Journal of Empirical Finance, 1993, (52): 1 – 29.

[121] Cogley T., Sargent T., the Market Price of Risk and the Equity A legacy of the Great De pression? [J]. Journal of Monetary Economics, 2008, (55): 454 – 476.

[122] Ascari T., Ropele Trend Inflation, Taylor Principle and Indeterminacy [J]. Journal of Money, Credit and Banking, 2009, 41 (8): 1557 – 1584.

[123] Aoki K., Proudman, et al., House Prices, Consumption, and Monetary Policy: A Financial Accelerator Approach [J]. Journal of Financial Intermediation, 2004. 13 (4): 414 – 435.

[124] Mandelman F., Business Cycles: A Role for Imperfect Competition in the Banking System [J]. International Finance, 2011, 14 (1): 103 – 133.

[125] Christiano L., Motto R., Rostagnor M., Financial Factors in Economic Fluctuations [R]. ECB Working Paper, 2010: 125 – 146.

[126] Kashyap A., Anil, Stein, Monetary Policy and Credit Conditions: Evidence from the Composition of External Finance [J]. American Economic Review, 1993: 78 – 98.

[127] DelN, Marco, Frank S., Monetary Policy Analysis with Potentially Misspecified Models [J]. American Economic Review, 2009, (99): 1415 – 50.

[128] Olivier B., Jordi G., Labor Markets and Monetary Policy: A New – Keynesian Model with Unemployment [R]. NBER Working Paper, 2001, (3): 138 – 197.

[129] Francisco C., Wouter J., Haan, The Role of Debt and Equity Finance over the Business Cycle [R]. Bank of Canada Staff Working Papers, 2006: 06 – 45.

[130] Dotsey, Michael; King, Robert G. and Wolman, Alexander L., State – Dependent Pricing and the General Equilibrium Dynamics of Money and Output [J]. Quarterly Journal of Economics, 1999, 114 (2): 655 – 690.

[131] Erceg, Christopher J. Henderson, Dale W. and Levin, Andrew T., Optimal Monetary Policy with Staggered Wage and Price Contracts [J]. Journal of Monetary

Economics, 2000, 46 (2): 281 -313.

[132] Lucas, Robert E. and Stokey, Nancy L. , Optimal Fiscal and Monetary Policy in an Economy without Capital [J]. Journal of Monetary Economics, 1983, 12 (1): 55 -93.

[133] King, Robert G. and Wolman, Alexander L. , Inflation Targeting in A St. Louis Model of the 21st Century [J]. Federal Reserve Bank of St Louis Review, 1996, 78 (3): 83 -107.

[134] King, Robert G. and Wolman, Alexander L. , What Should the Monetary Authority Do When Prices Are Sticky? in John B. Taylor, ed. , Monetary Policy Rules [M]. Chicago: University of Chicago Press, 1999.

[135] Gali, Jordi and Gertler, Mark, Inflation Dynamics: A Structural Econometric Analysis [J]. Journal of Monetary Economics, 1999, 44 (2): 195 -222.

[136] Gali, Jordi, New Perspectives on Monetary Policy, Inflation, and the Business Cycle [R]. NBER Working Paper, No. 8767, 2002.

[137] Woodford, Michael, Optimal Monetary Policy Inertia [R]. NBER Working Papers, No. 7261, 1999.

[138] Dixit, Avinash K. and Stiglitz, Joseph E. , Monopolistic Competition and Optimum ProductDiversity [J]. American Economic Review, 1977, 67 (3): 297 -308.